THE DECORATOR'S HOME

MARCO A. CASTILLO

Temblores Publicaciones
nara roesler books
Albarrán Bourdais
cifo cisneros fontanals art foundation

PREFACIO

El libro *La casa del decorador*, del artista Marco A. Castillo, abarca seis años de la práctica personal del artista, desde la época en que se disolvió el colectivo artístico Los Carpinteros, del cual formó parte y con el cual obtuvo reconocimiento internacional desde los años noventa. Esta publicación, la primera del artista a nombre propio, incluye una extensa selección de cuerpos de obra, imágenes de las iteraciones expositivas de este periodo de trabajo, una línea de tiempo que muestra fragmentos de algunas de las historias del diseño industrial del siglo XX en Cuba, una conversación que tuve con el artista sobre la forma en que su obra se inserta en este presente convulso y un ensayo de Torrivilla que busca indagar en la investigación de Castillo sobre el diseño industrial y gráfico en Cuba, así como sobre los vínculos formales, conceptuales y políticos del artista, en contraste con el programa estético de la Revolución.

Esta historia del diseño en Cuba es poco conocida: Castillo la ha ido exhumando poco a poco. Se trata de una generación de diseñadores que, en las décadas de 1960 y 1970, con el apoyo del gobierno de Cuba, llevaron a cabo una ambiciosa política de producción de muebles concebidos para promover los ideales de accesibilidad, comodidad e innovación, a partir de una combinación de materiales industriales con materiales vernáculos de la isla como la madera de caoba y formas derivadas de la herencia indígena taína y afrocaribeña. Sin embargo, mientras el gobierno de Fidel Castro consolidaba su poder absoluto, murió Celia Sánchez, principal impulsora de estos proyectos, marcando un punto de inflexión para que estas iniciativas perdieran el respaldo gubernamental. Posteriormente, el gobierno aumentó la construcción de estructuras prefabricadas con tecnología importada del bloque soviético, las cuales privilegiaban la producción en masa sobre la calidad y el contexto. Además, el creciente desacuerdo con los intelectuales que habían apoyado la Revolución llevó a que varios de ellos abandonaran la isla y tuvieran que exiliarse, mientras que la mayoría de estas creaciones radicales eran destruidas, se perdían o caían en el olvido. Pero la historia oficial no contaba con la curiosidad y la obstinación de Castillo en rescatar este periodo de la historia de su país, a través de su colección de muebles de época, su producción artística y, ahora, este libro.

Las obras de Castillo logran independizarse de esta narrativa intimidante. Son artefactos híbridos, criaturas monstruosas y bellas, que a la vez reflexionan sobre los conflictos inmemorables que resultan de cualquier intento de organización de las sociedades humanas. Las batallas irreconciliables que existen entre utopía y funcionalismo, estética y radicalidad, economía de recursos y generosidad estética son algunas de las tensiones que conviven en sus obras, desplegadas tanto en bocetos ejecutados a mano por el artista —a manera de meditaciones que permiten acercarse a la figura del "decorador" de aquellos tiempos— como en obras de papel cortado con minuciosidad para entregar mensajes de doble sentido, o en objetos monumentales de materiales variados y trabajados hasta la obsesión, agarrados de las paredes como mutantes hiperespecializados. Son encarnaciones desgarradoras de la búsqueda utópica, casi quijotesca, de Castillo, por continuar una vanguardia que no llegó a concretarse. Este libro busca, entonces, tanto por su contenido como por su diseño y materialidad, guiarle en los meandros de esta odisea artística.

Dorothée Dupuis, enero de 2025

FOREWORD

The book *The Decorator's Home* by artist Marco A. Castillo encapsulates six years of the artist's personal practice following the dissolution of Los Carpinteros, the artist collective with which he gained international acclaim in the 1990s. This publication, the first under his own name, offers a comprehensive exploration of Castillo's work during this pivotal period. It features an extensive selection of artworks, documentation of exhibitions, and a timeline that traces fragments in the history of twentieth century industrial design in Cuba. Additionally, it includes a conversation I had with Castillo about the relevance of his practice in today's tumultuous world and an essay by Torrivilla, which delves into Castillo's research on Cuban industrial and graphic design. Torrivilla further examines the artist's formal, conceptual, and political ties in contrast to the Revolution's aesthetic program.

The history of Cuban design that Castillo unearths remains largely unknown. His meticulous efforts illuminate a generation of designers who, in the 1960s and 1970s, spearheaded an ambitious furniture production initiative supported by the Cuban government. This program aimed to embody ideals of accessibility, comfort, and innovation by blending industrial materials with local resources such as mahogany and forms inspired by indigenous Taíno and Afro-Caribbean heritage. However, as Fidel Castro's government consolidated its absolute power, Celia Sánchez, the principal advocate of these projects, passed away, marking a turning point that resulted in the loss of government support for these initiatives. Subsequently, the government increased the construction of prefabricated structures using technology imported from the Soviet Bloc. This transition prioritized mass production over quality and cultural context. Concurrently, intellectuals who once championed the Revolution grew disillusioned, many choosing exile, while radical designs from this era were lost, destroyed, or forgotten. Yet, official history did not account for Castillo's unrelenting curiosity and determination to resurrect this chapter of his country's creative legacy. Through his collection of period furniture, his artistic practice, and now this book, Castillo ensures this history is not forgotten.

Castillo's works transcend the constraints of this complex narrative, emerging as hybrid artifacts—at once monstrous and beautiful—that grapple with the enduring challenges of organizing human societies. His pieces embody the irreconcilable tensions between utopia and functionalism, aesthetics and radicalism, resource economy and artistic generosity. These conflicts manifest in works ranging from hand-drawn sketches meditating on the figure of the mid-century "decorator" to meticulously crafted paper collages delivering double-edged messages. Monumental objects made from diverse materials and worked obsessively, clinging to walls like hyperspecialized mutants, further extend these explorations. They are poignant incarnations of Castillo's utopian, almost quixotic quest to achieve an avant-garde vision that history never allowed to materialize.

This book is not merely a record of artistic production; it is an odyssey, a journey guided by its content, design, and materiality. It invites readers to traverse the meandering paths of Castillo's work—paths shaped by resilience, invention, and an unyielding belief in the power of art to confront and reimagine history.

Dorothée Dupuis, January 2025

ÍNDICE

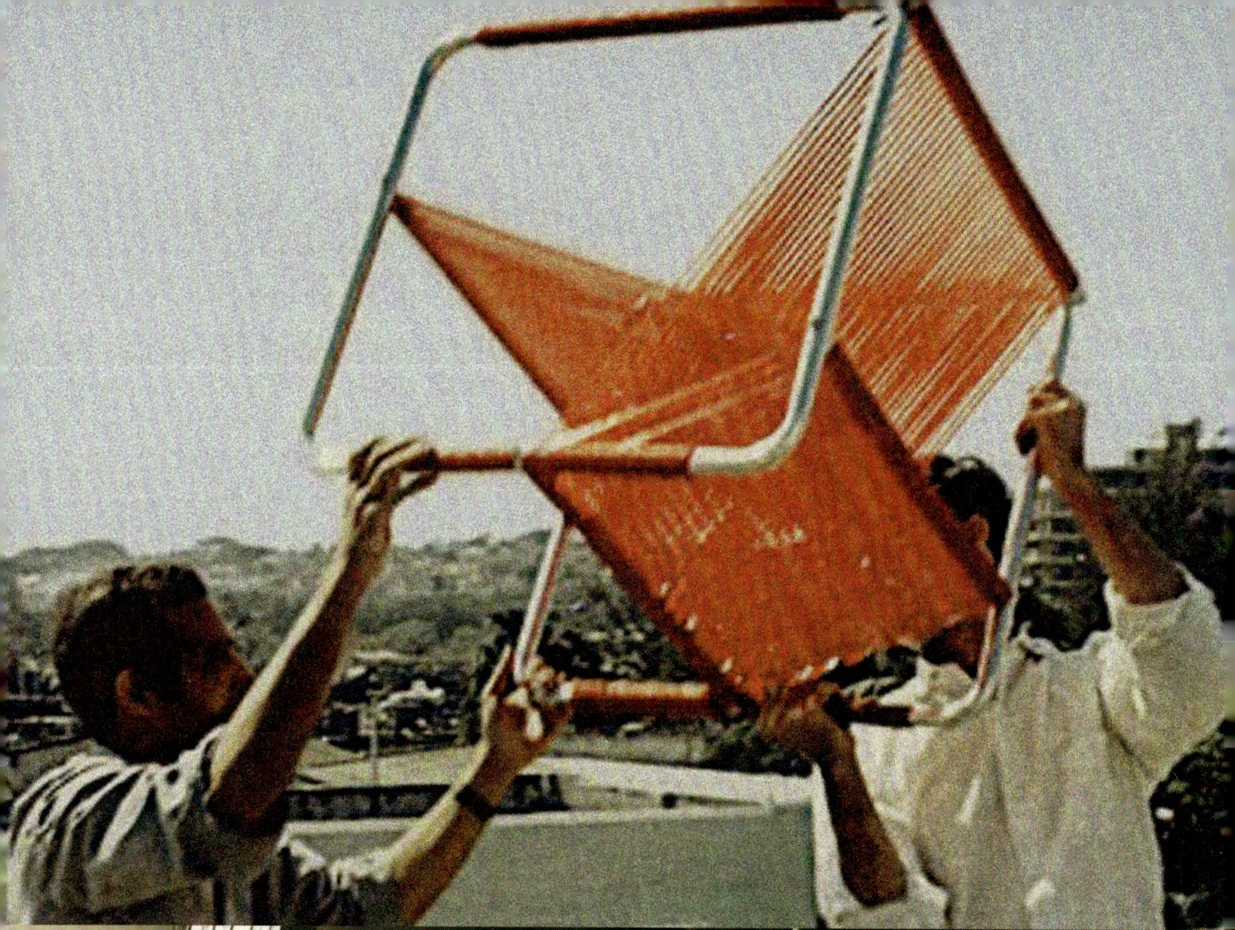

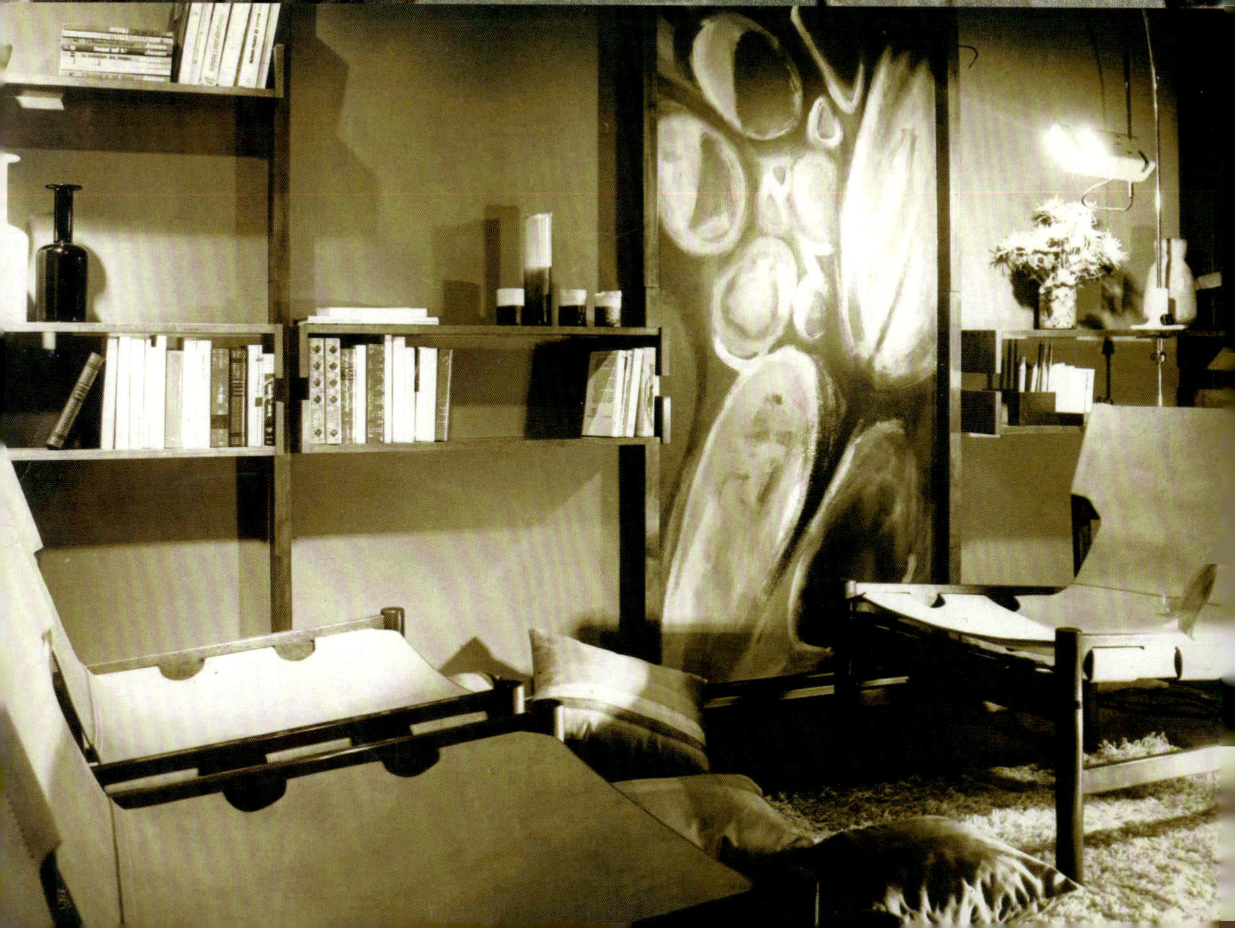

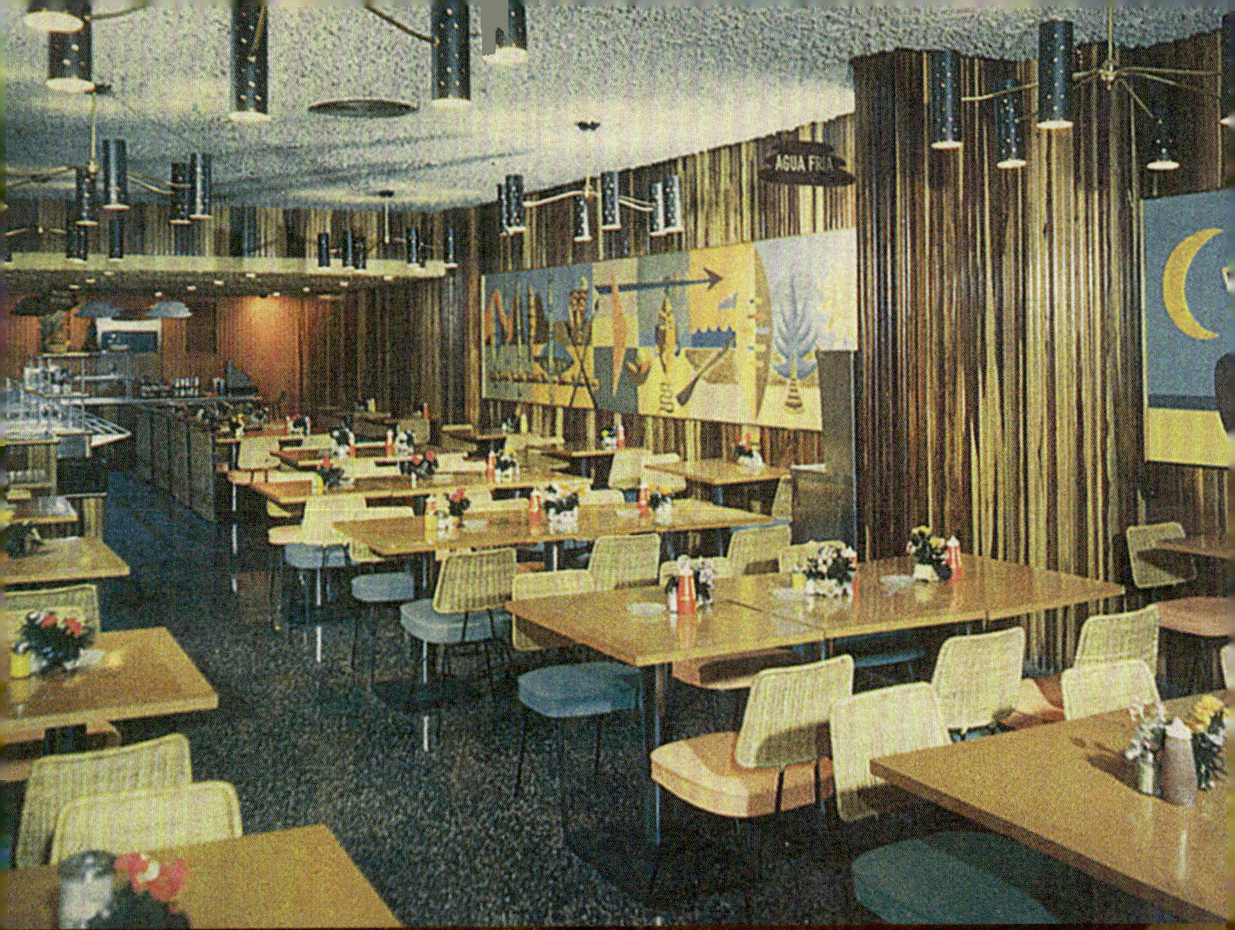

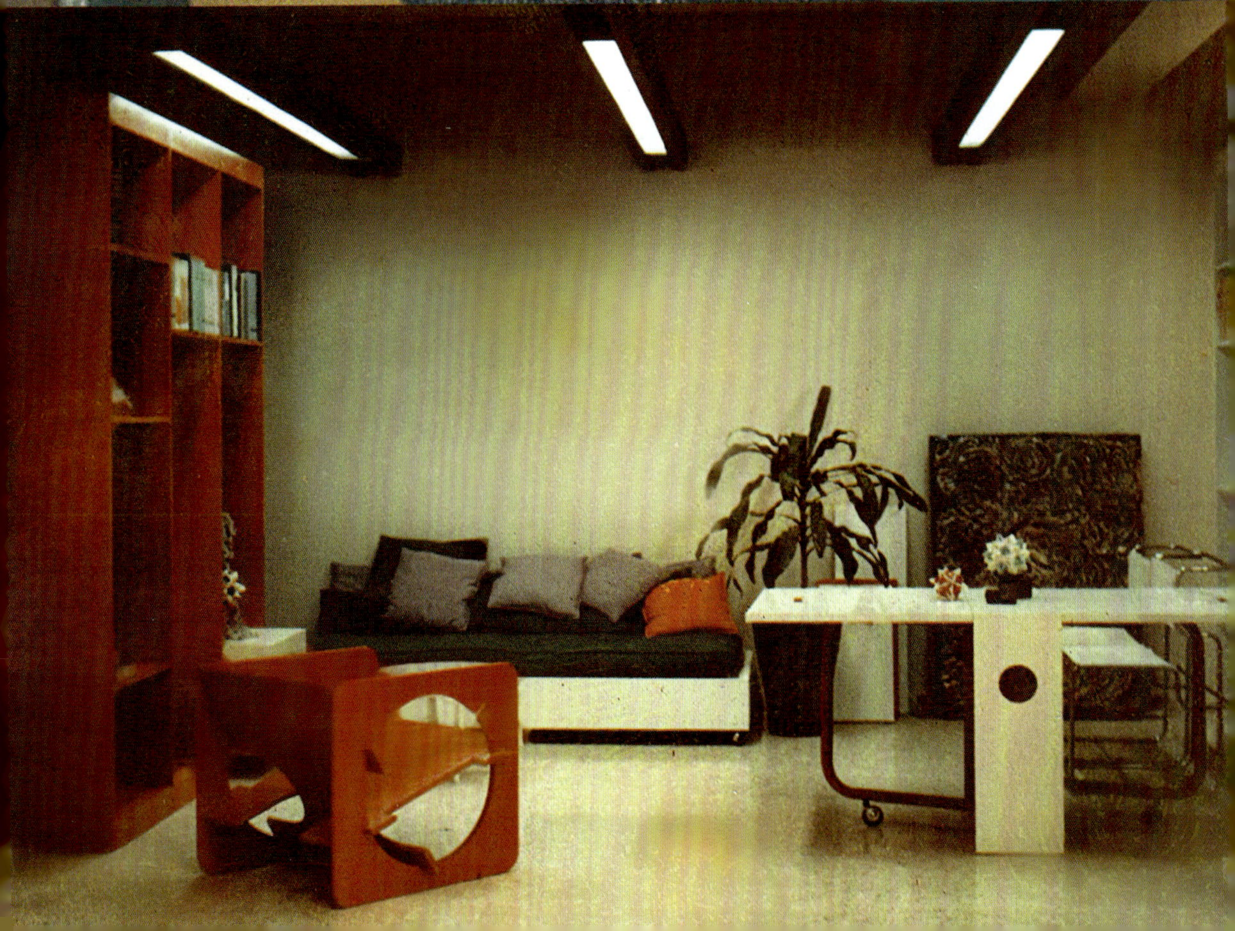

LA CASA DEL DECORADOR

CASAS PARTICULARES

CURADA POR DOROTHÉE DUPUIS
CIUDAD DE MÉXICO, 2024

CURADA POR ABEL GONZÁLEZ FERNÁNDEZ
LA HABANA, 2019

CURADA POR NEVILLE WAKEFIELD
UTA ARTIST SPACE
LOS ÁNGELES, 2019

LAS MANOS DEL COLECCIONISTA

CURADA POR LAURA MOTT
CRANBROOK ART MUSEUM
BLOOMFIELD HILLS, 2024

THE DECORATOR'S HOME

PRIVATE HOMES

CURATED BY DOROTHÉE DUPUIS
MEXICO CITY, 2024

CURATED BY ABEL GONZÁLEZ FERNÁNDEZ
HAVANA, 2019

CURATED BY NEVILLE WAKEFIELD
UTA ARTIST SPACE
LOS ANGELES, 2019

THE HANDS OF THE COLLECTOR

CURATED BY LAURA MOTT
CRANBROOK ART MUSEUM
BLOOMFIELD HILLS, 2024

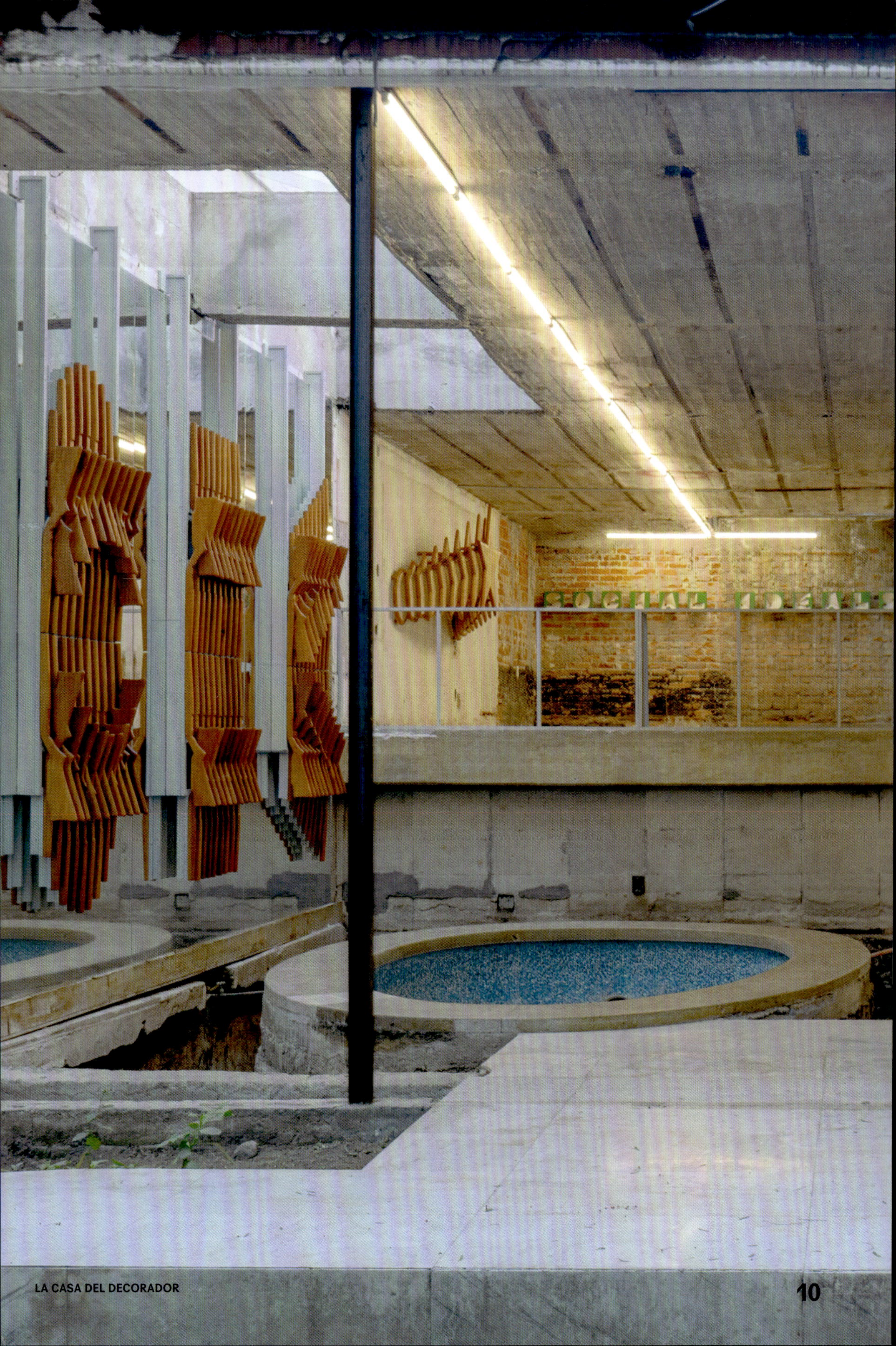

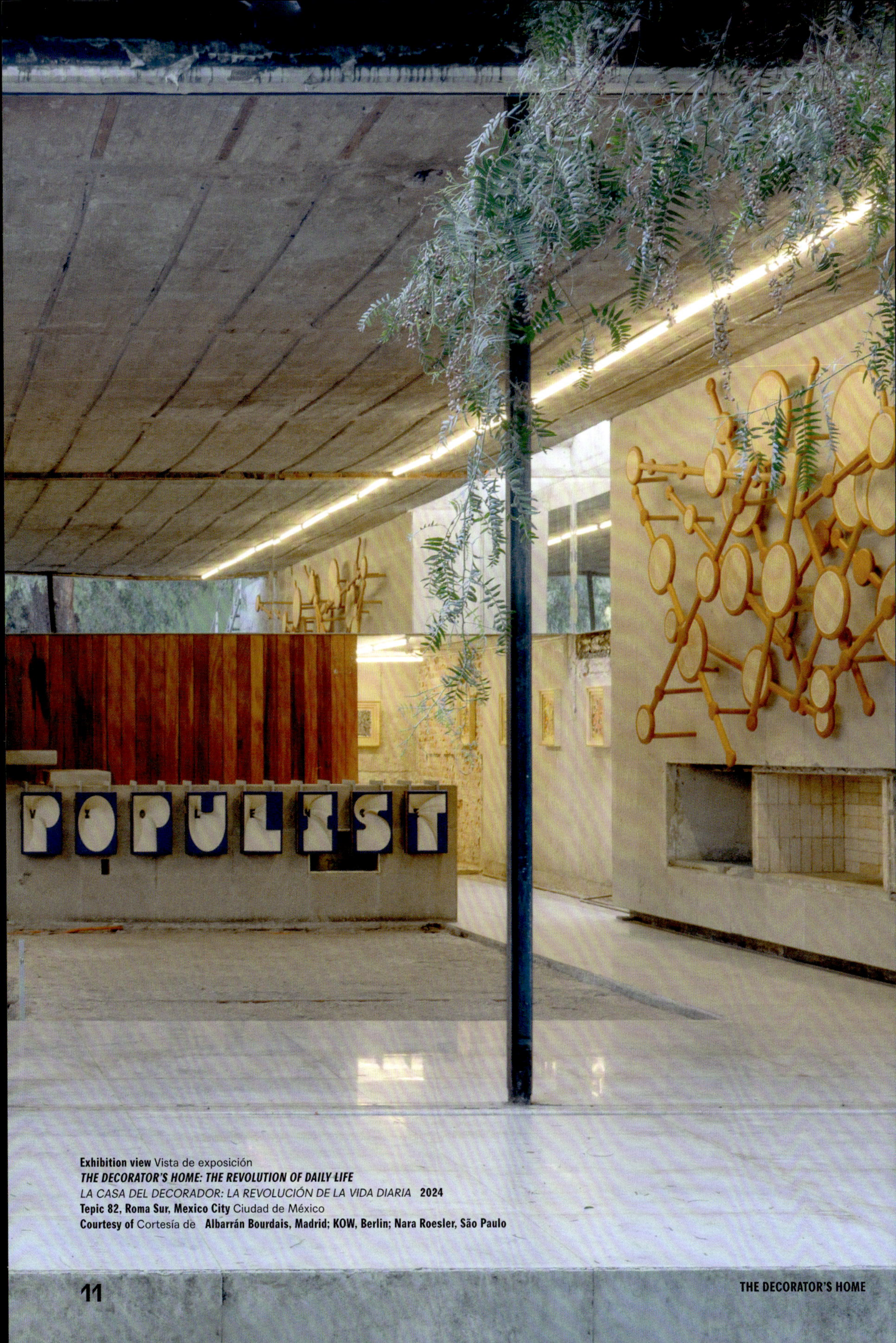

Exhibition view Vista de exposición
THE DECORATOR'S HOME: THE REVOLUTION OF DAILY LIFE
LA CASA DEL DECORADOR: LA REVOLUCIÓN DE LA VIDA DIARIA **2024**
Tepic 82, Roma Sur, Mexico City Ciudad de México
Courtesy of Cortesía de **Albarrán Bourdais, Madrid; KOW, Berlin; Nara Roesler, São Paulo**

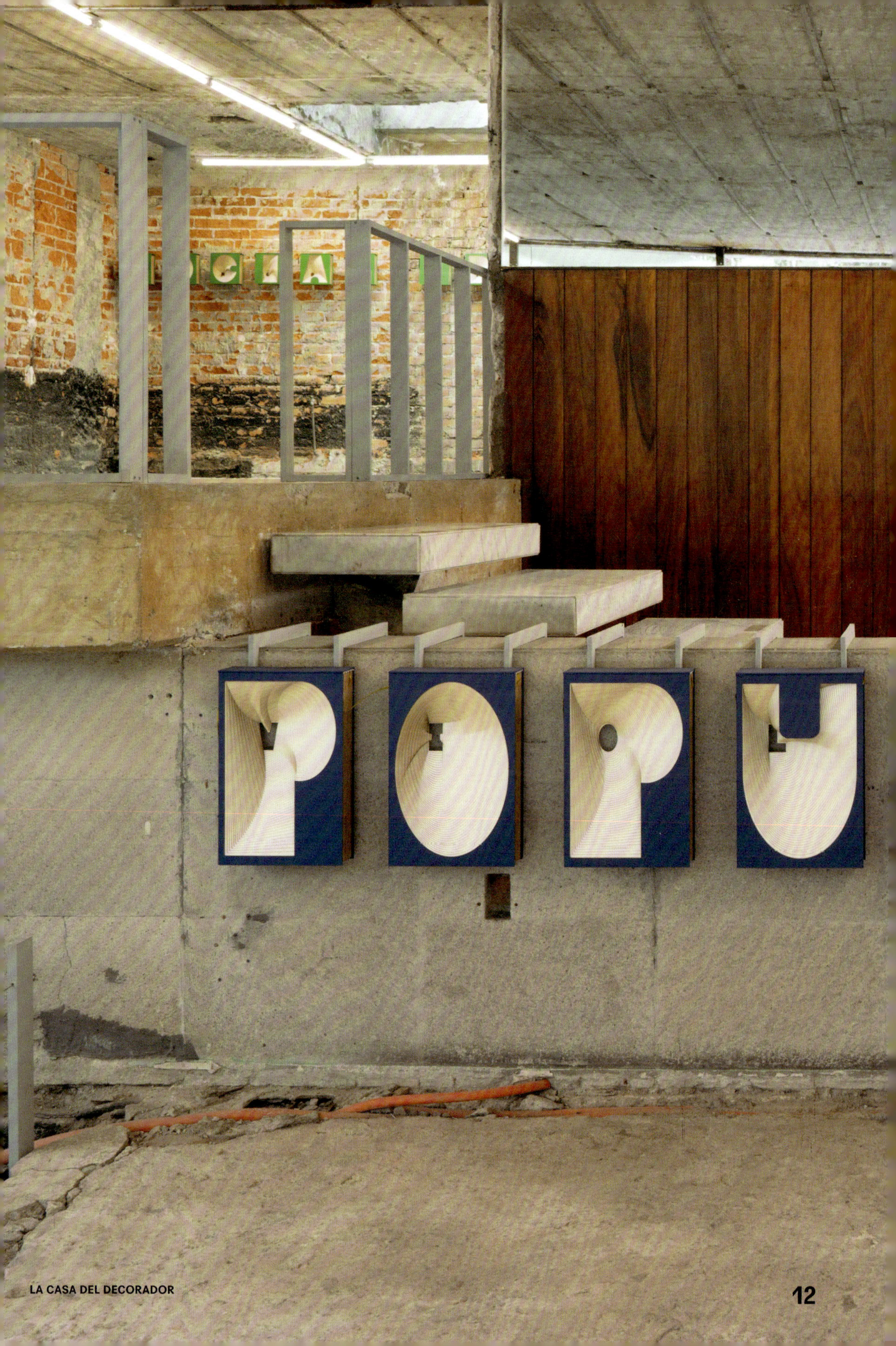
POPU

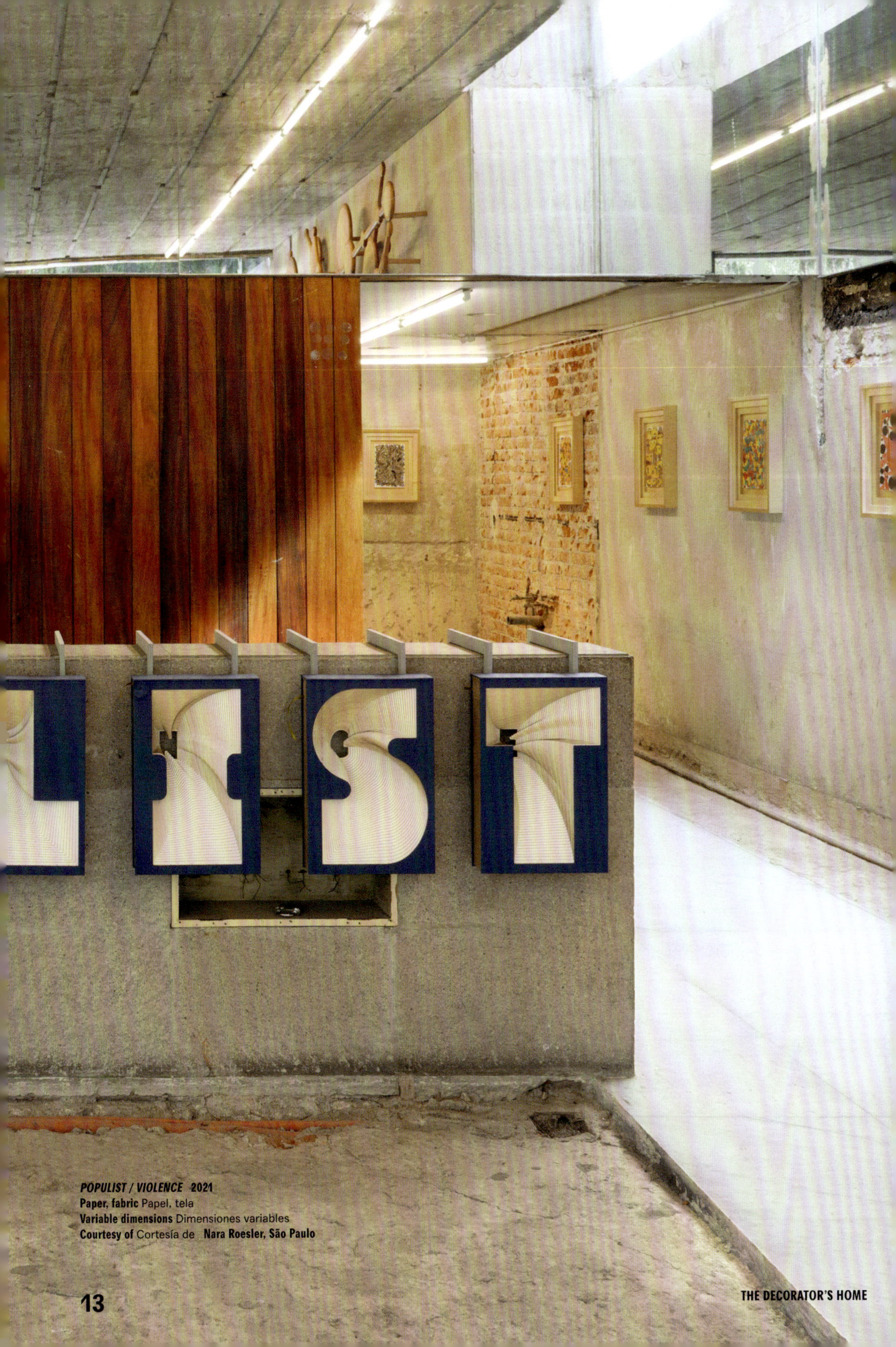

POPULIST / VIOLENCE **2021**
Paper, fabric Papel, tela
Variable dimensions Dimensiones variables
Courtesy of Cortesía de **Nara Roesler, São Paulo**

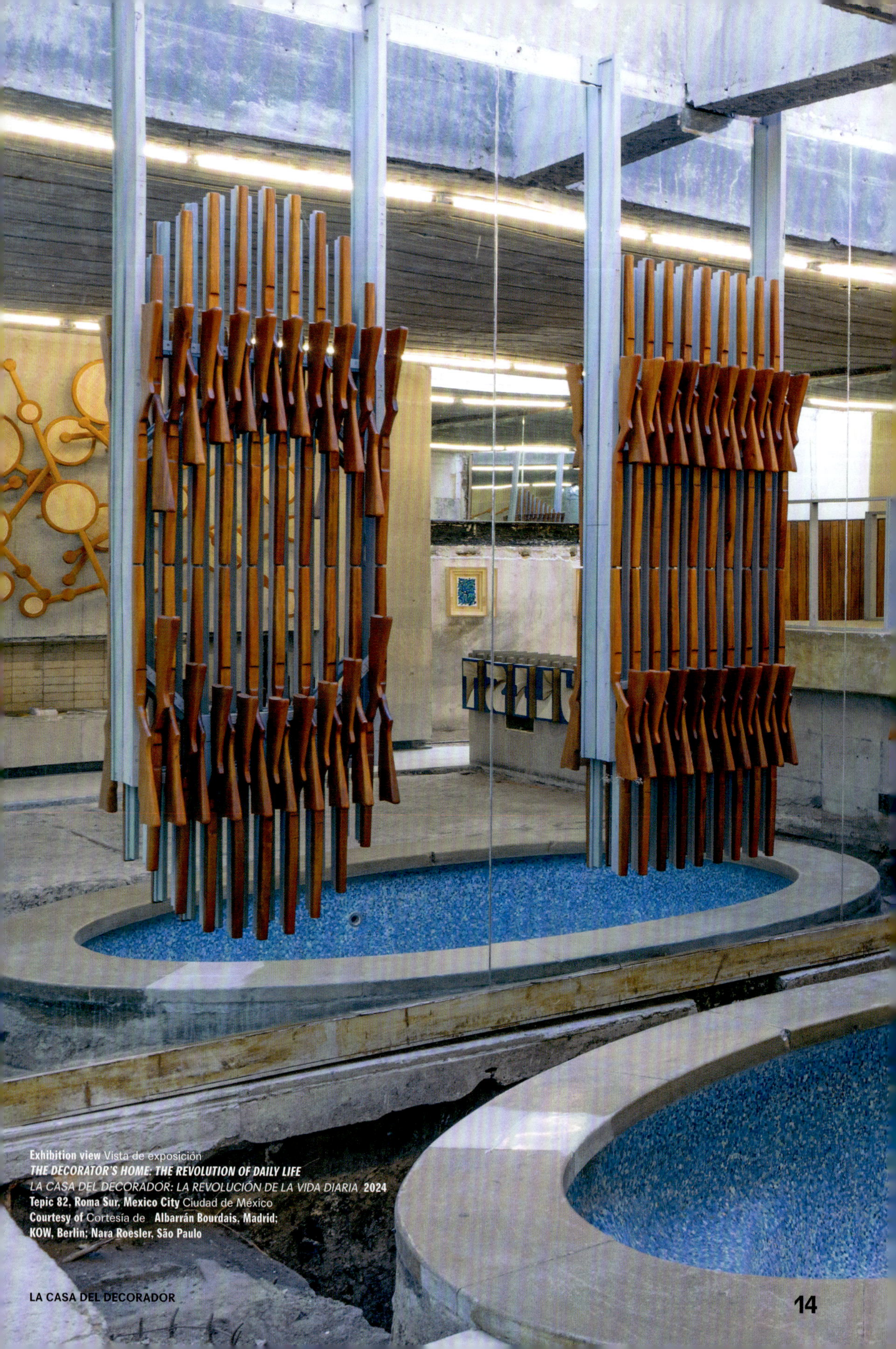

Exhibition view Vista de exposición
THE DECORATOR'S HOME: THE REVOLUTION OF DAILY LIFE
LA CASA DEL DECORADOR: LA REVOLUCIÓN DE LA VIDA DIARIA **2024**
Tepic 82, Roma Sur, Mexico City Ciudad de México
Courtesy of Cortesía de **Albarrán Bourdais, Madrid; KOW, Berlin; Nara Roesler, São Paulo**

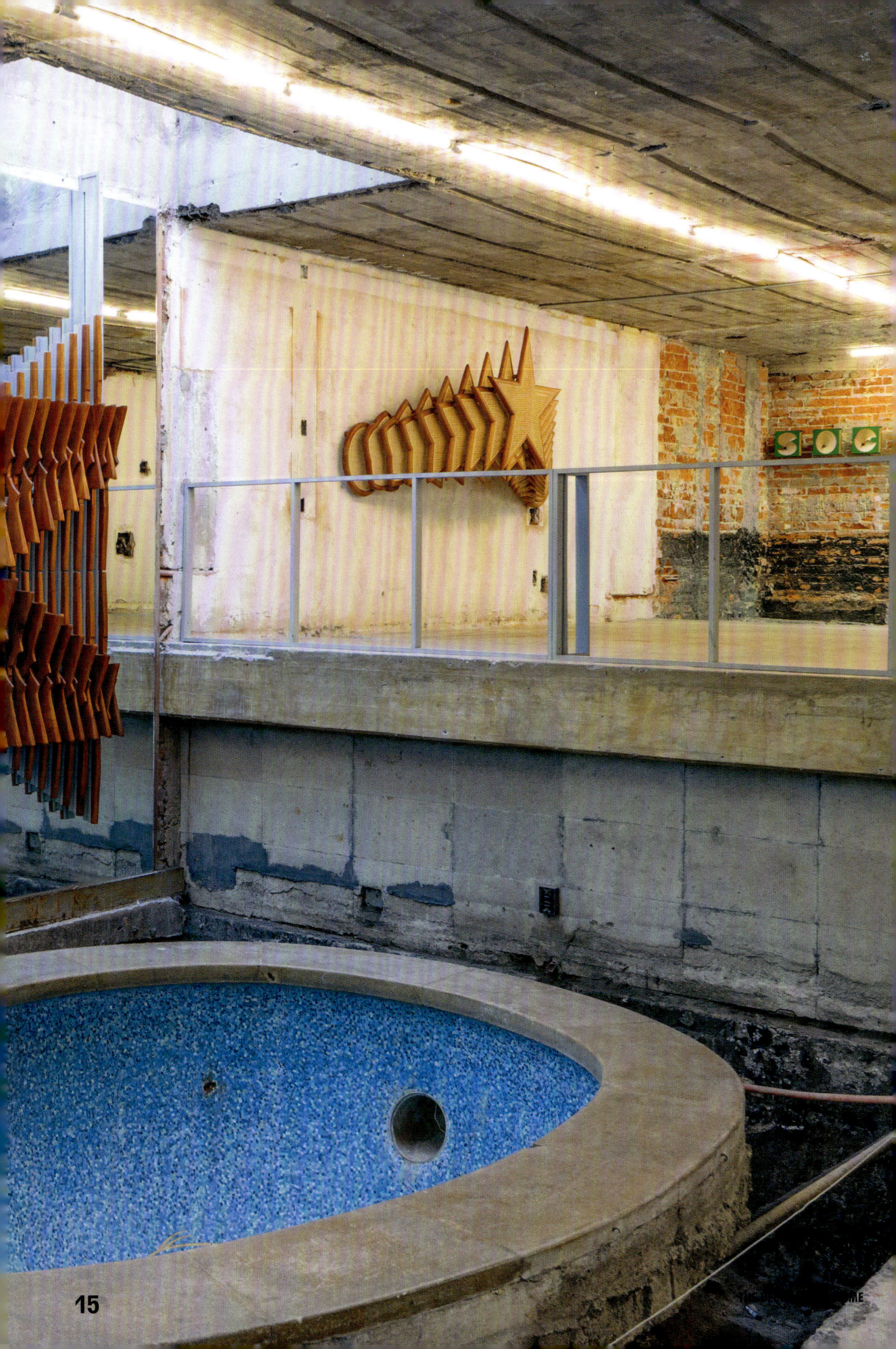

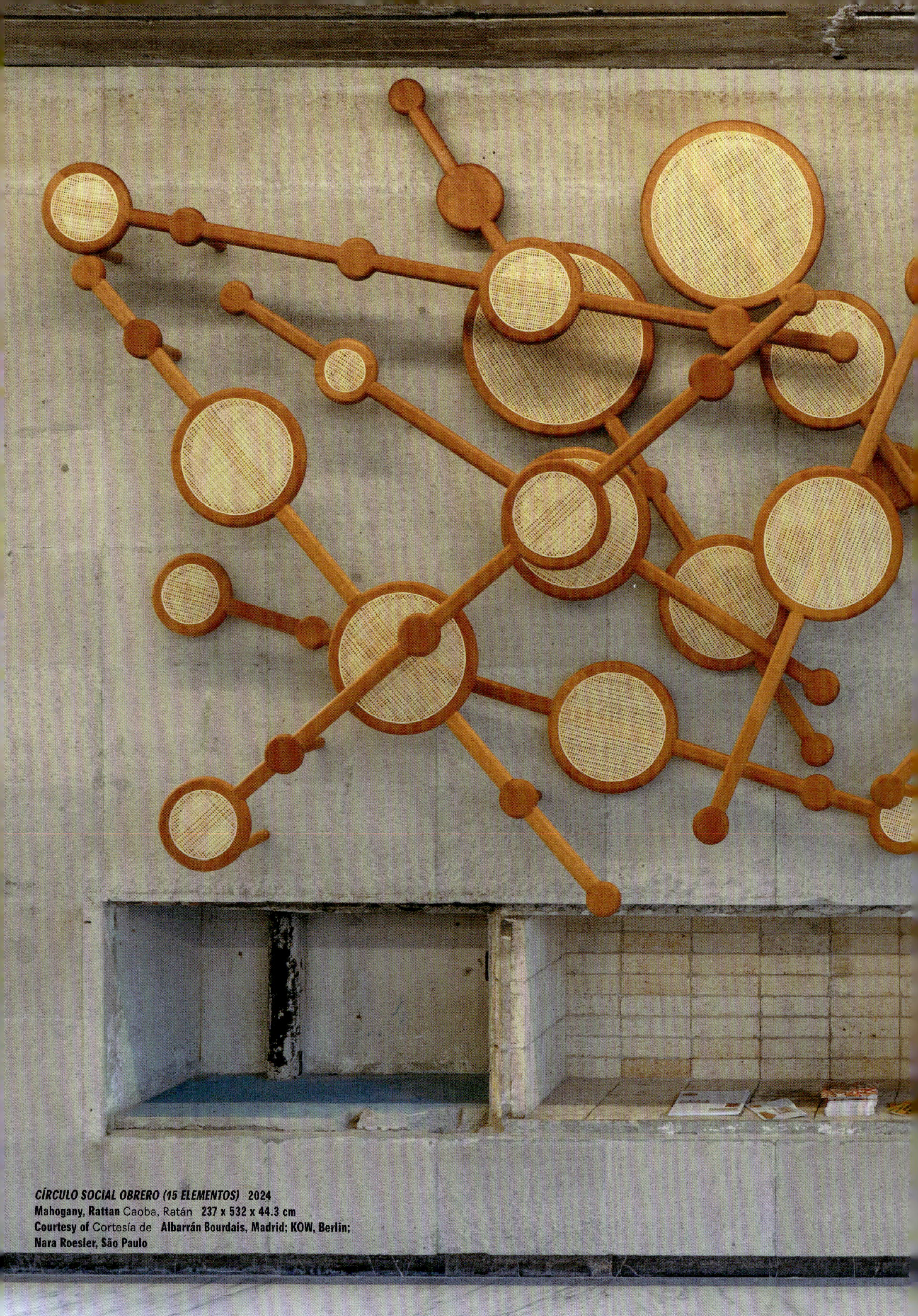

CÍRCULO SOCIAL OBRERO (15 ELEMENTOS) 2024
Mahogany, Rattan Caoba, Ratán 237 x 532 x 44.3 cm
Courtesy of Cortesía de **Albarrán Bourdais, Madrid; KOW, Berlin; Nara Roesler, São Paulo**

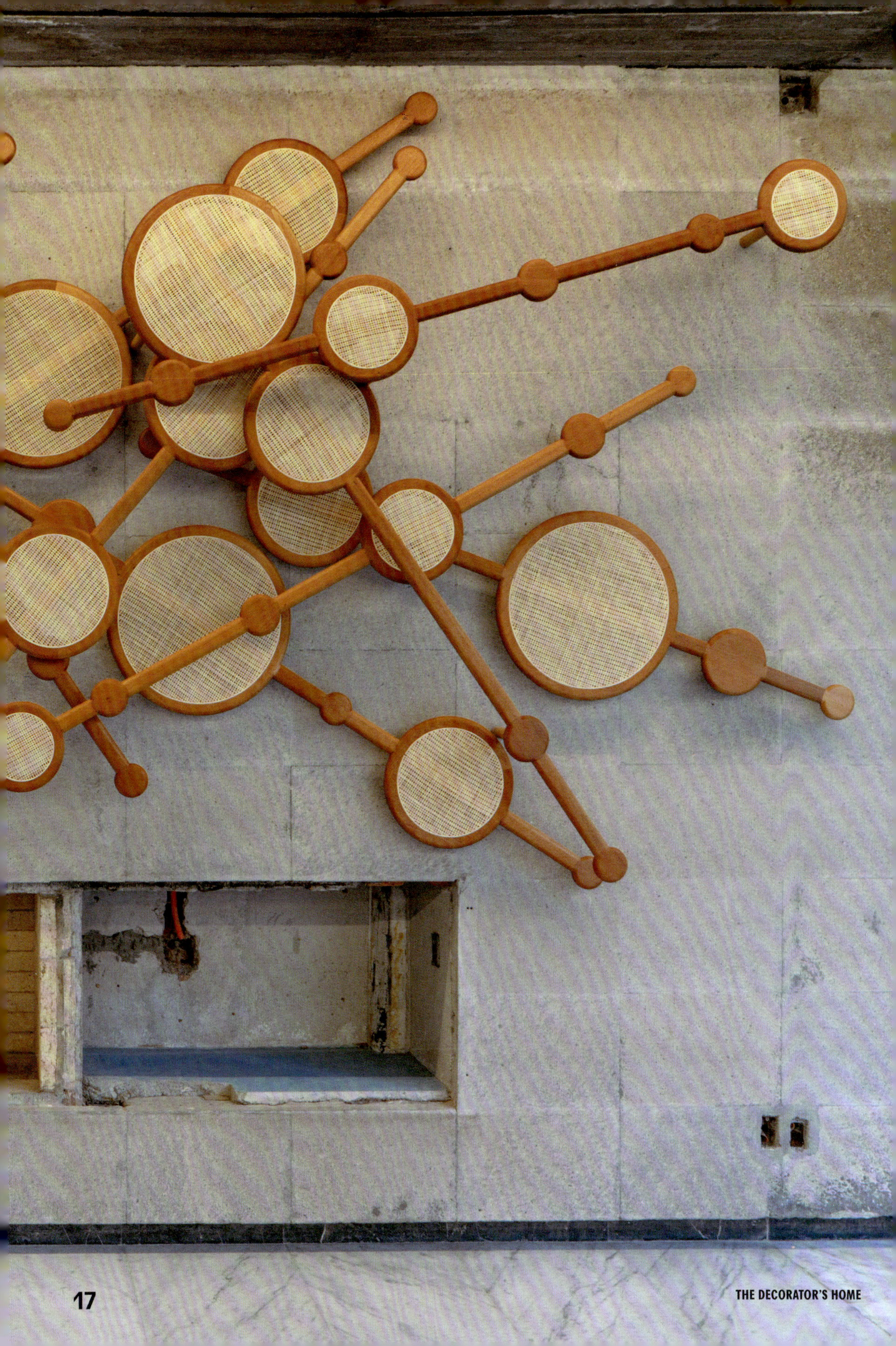

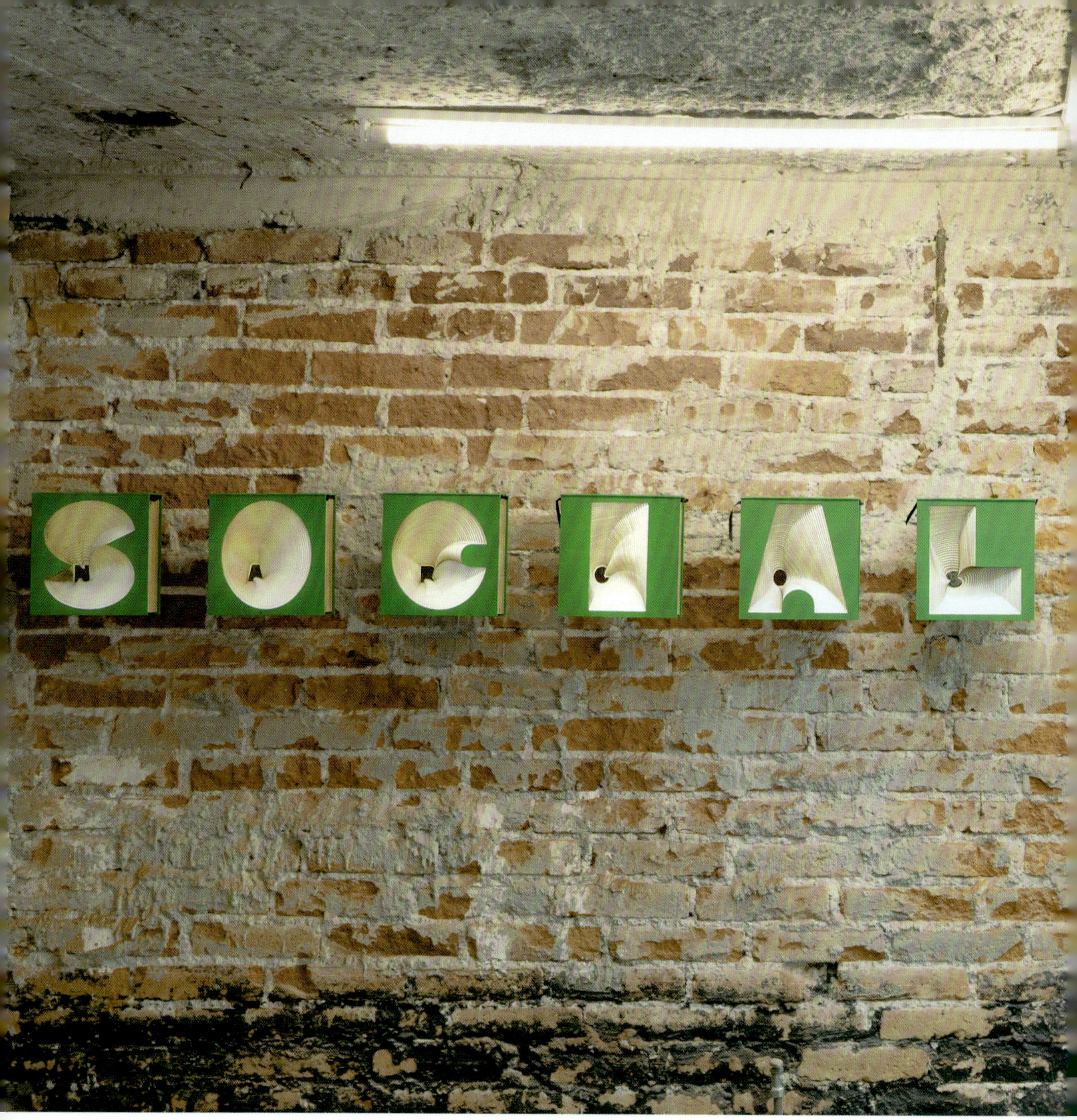

SOCIAL IDEALS / NARCOS STATES **2021**
Paper, fabric Papel, tela **Variable dimensions** Dimensiones variables
Exhibition view Vista de exposición
THE DECORATOR'S HOME: THE REVOLUTION OF DAILY LIFE
LA CASA DEL DECORADOR: LA REVOLUCIÓN DE LA VIDA DIARIA **2024**
Tepic 82, Roma Sur, Mexico City Ciudad de México
Courtesy of Cortesía de **KOW, Berlin**
Collection Colección **Hedy Fischer & Randy Shull**

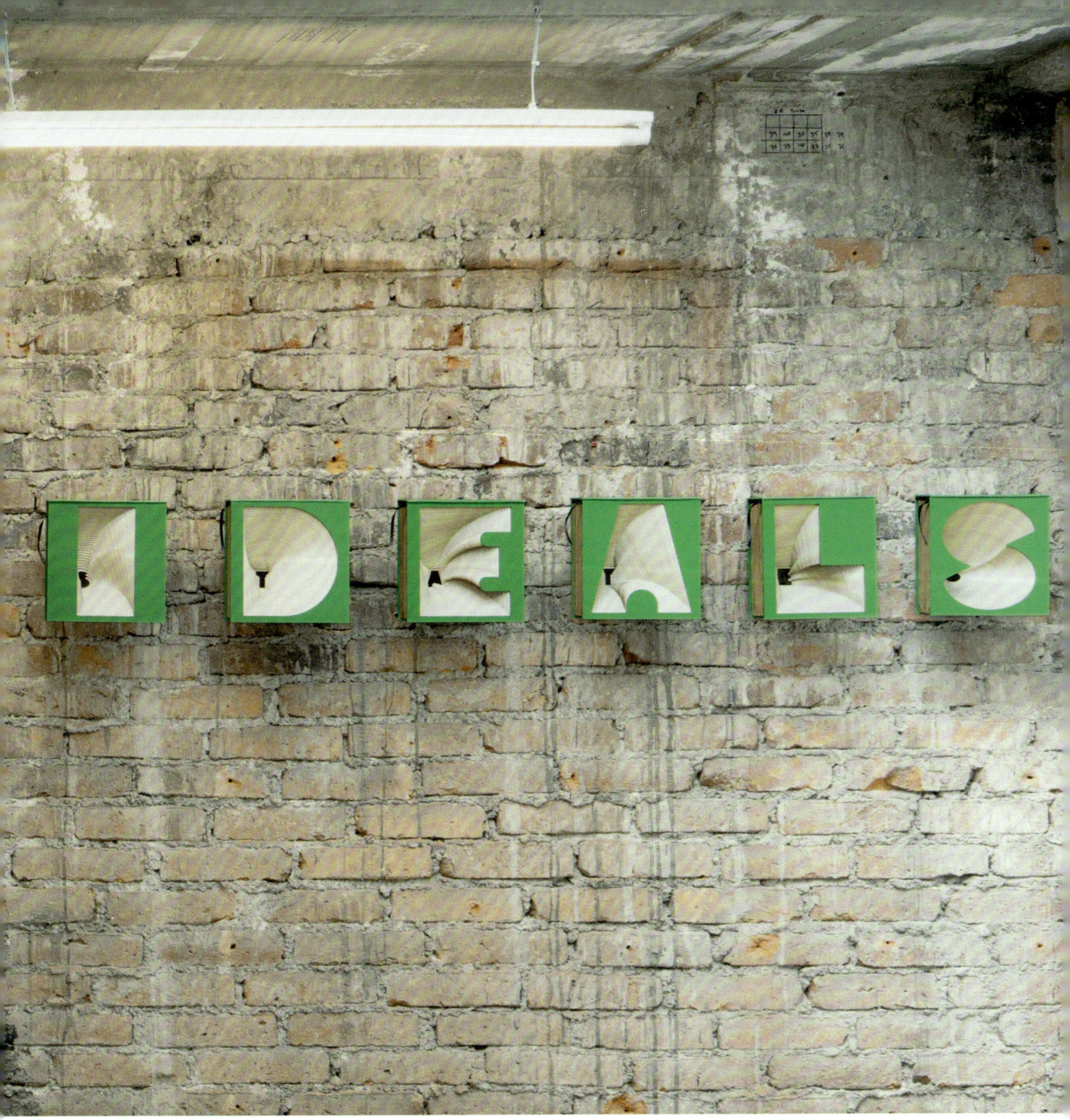
IDEALS

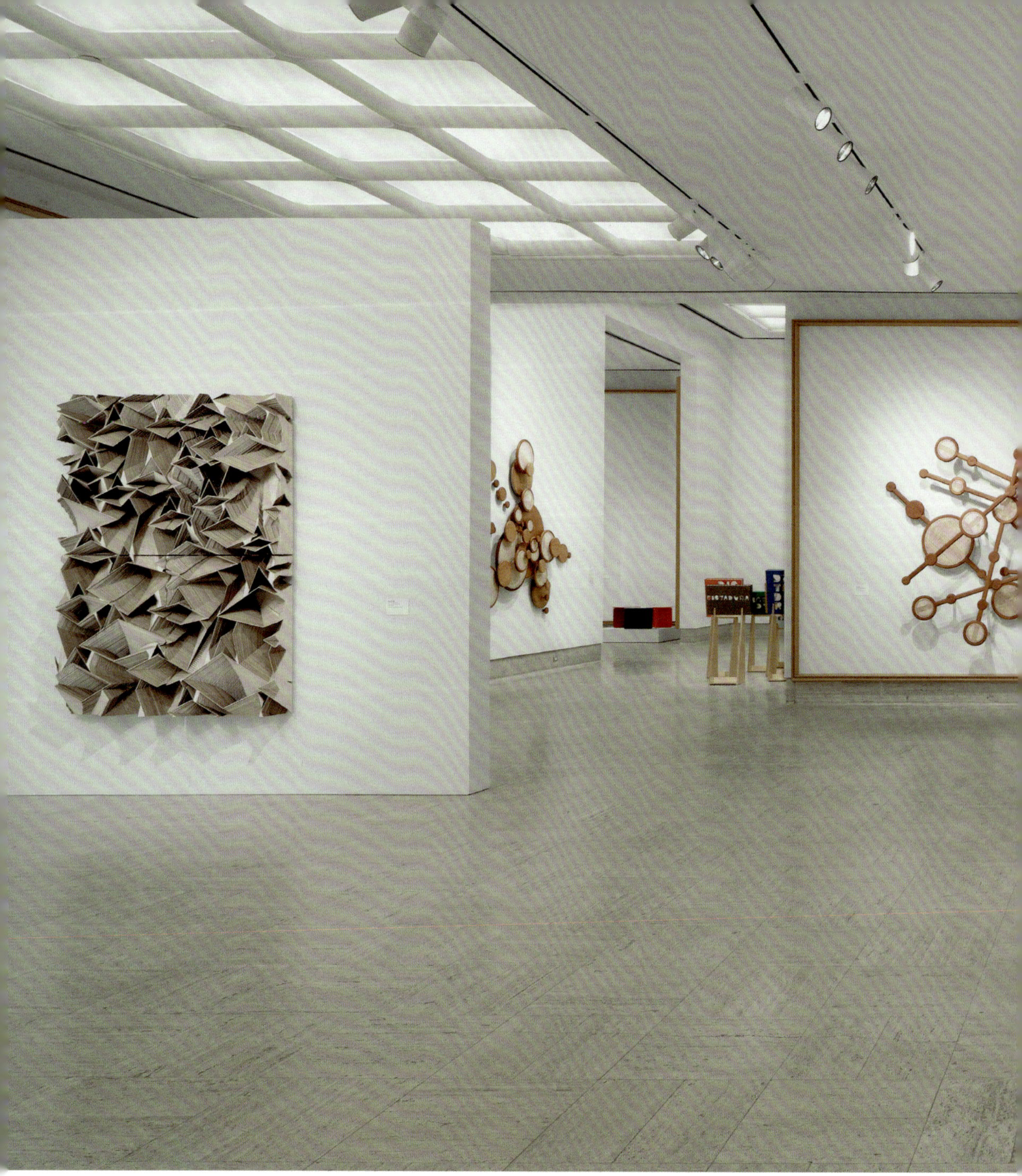

Exhibition view Vista de exposición
THE HANDS OF THE COLLECTOR *LAS MANOS DEL COLECCIONISTA* **2024**
Photography Fotografía **PD Rearick**
Courtesy of Cortesía de **Cranbrook Art Museum, Bloomfield Hills; Albarrán Bourdais, Madrid; KOW, Berlin; Nara Roesler, São Paulo**

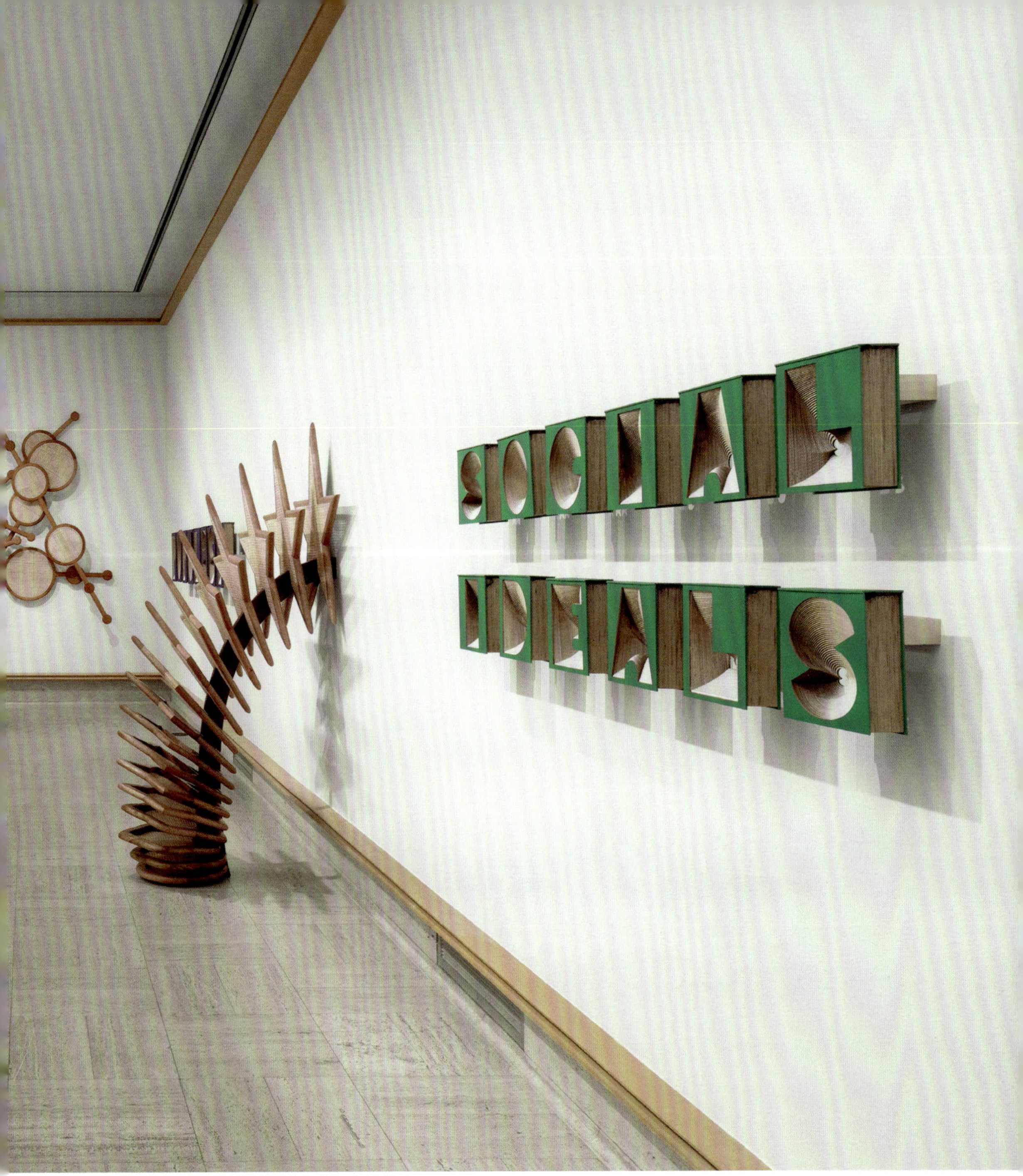
SOCIAL
IDEALS

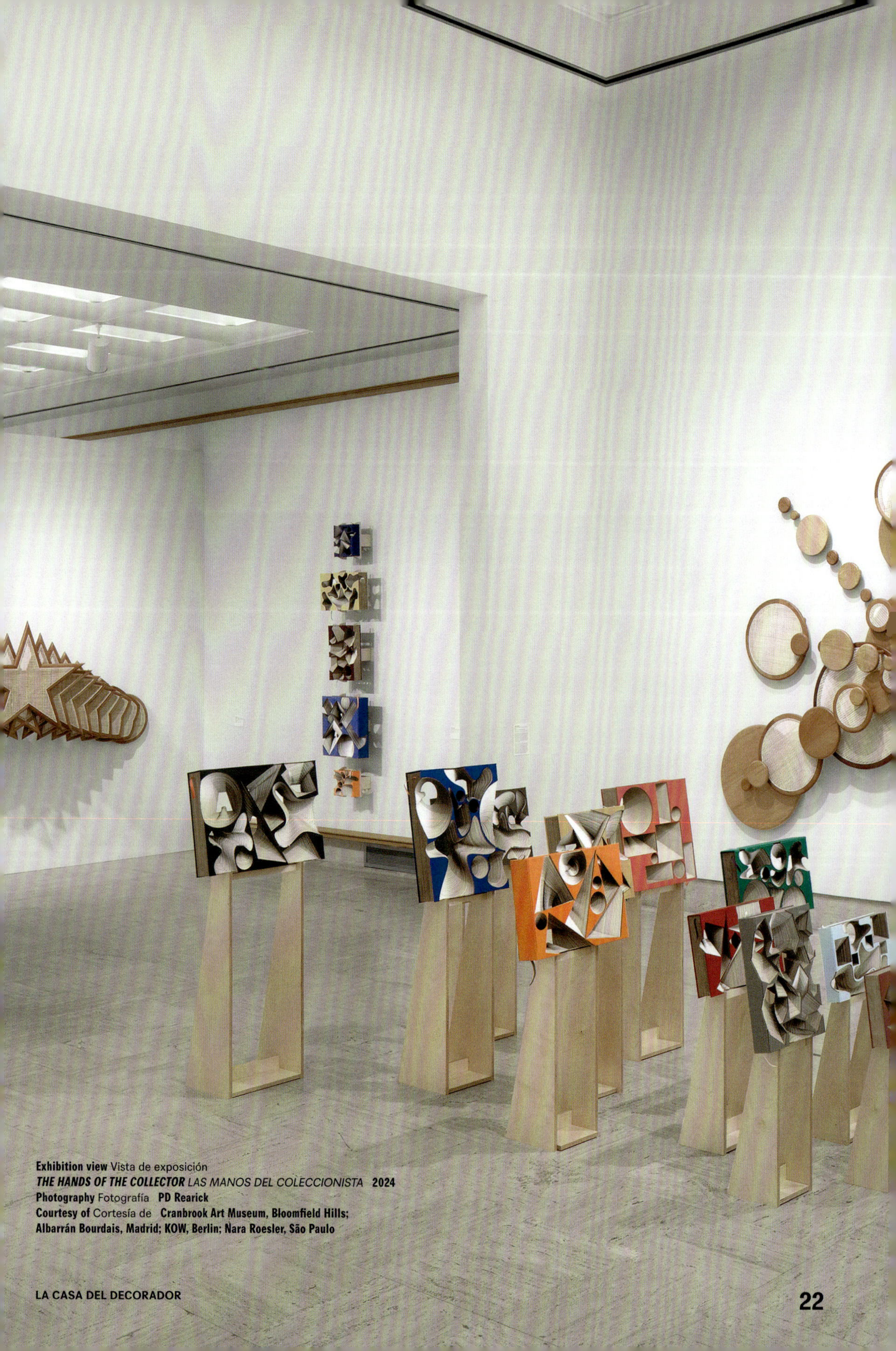

Exhibition view Vista de exposición
THE HANDS OF THE COLLECTOR *LAS MANOS DEL COLECCIONISTA* **2024**
Photography Fotografía **PD Rearick**
Courtesy of Cortesía de **Cranbrook Art Museum, Bloomfield Hills; Albarrán Bourdais, Madrid; KOW, Berlin; Nara Roesler, São Paulo**

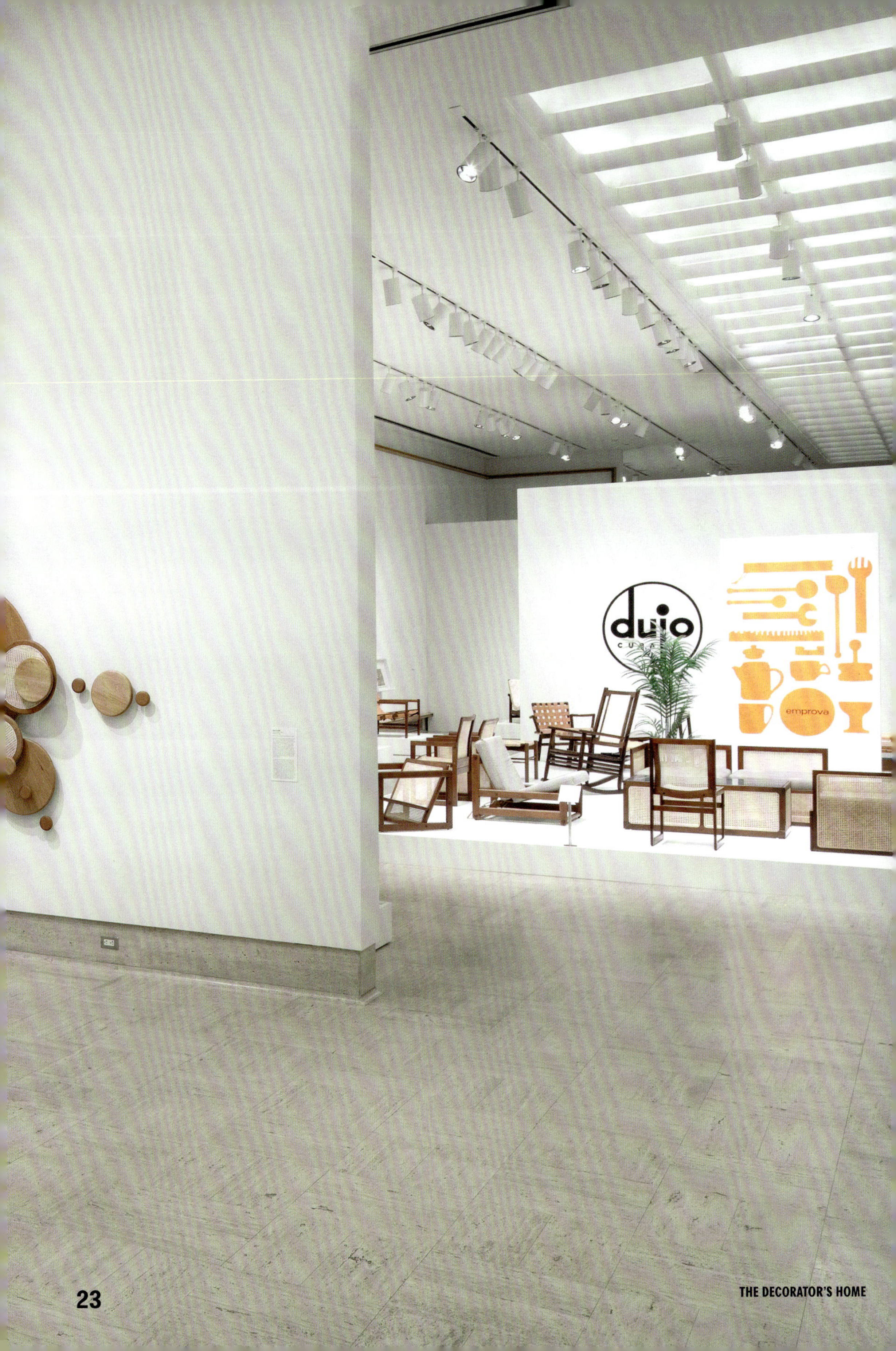
emprova

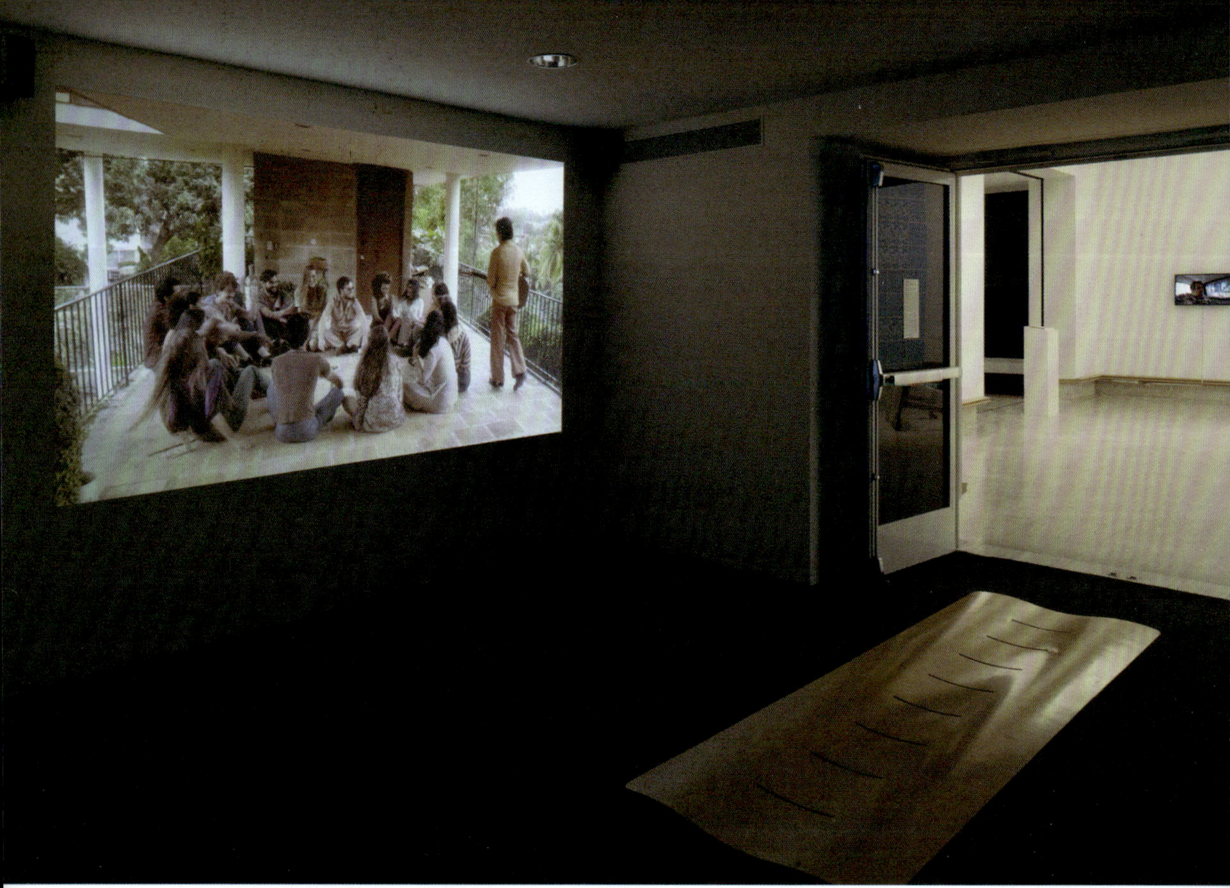

Exhibition view Vista de exposición
THE HANDS OF THE COLLECTOR *LAS MANOS DEL COLECCIONISTA* **2024**
Photography Fotografía **PD Rearick**
Courtesy of Cortesía de **Cranbrook Art Museum, Bloomfield Hills; Albarrán Bourdais, Madrid; KOW, Berlin; Nara Roesler, São Paulo**

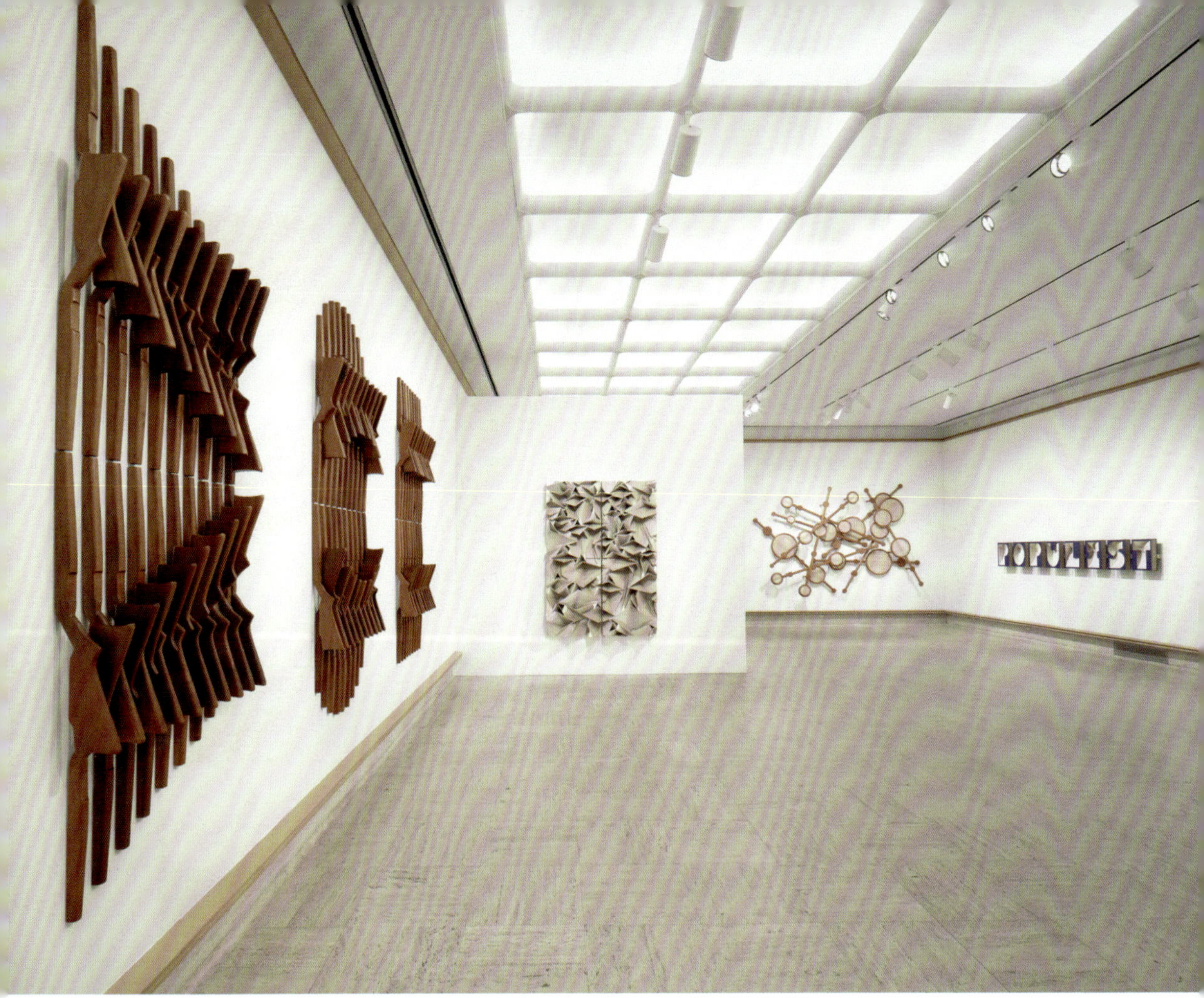

Exhibition view Vista de exposición
THE HANDS OF THE COLLECTOR *LAS MANOS DEL COLECCIONISTA* **2024**
Photography Fotografía **PD Rearick**
Courtesy of Cortesía de **Cranbrook Art Museum, Bloomfield Hills; Albarrán Bourdais, Madrid; KOW, Berlin; Nara Roesler, São Paulo**

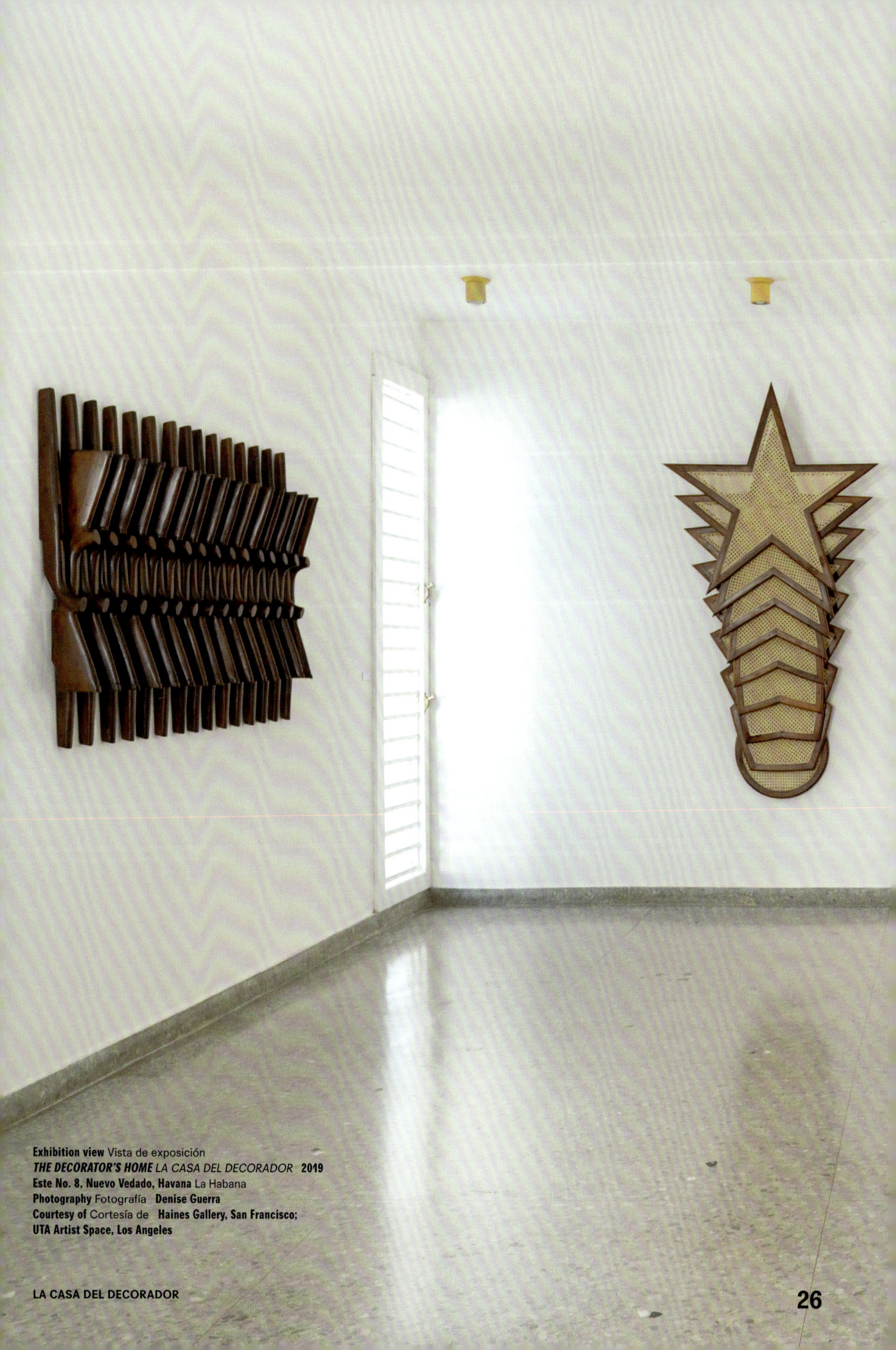

Exhibition view Vista de exposición
THE DECORATOR'S HOME *LA CASA DEL DECORADOR* **2019**
Este No. 8, Nuevo Vedado, Havana La Habana
Photography Fotografía **Denise Guerra**
Courtesy of Cortesía de **Haines Gallery, San Francisco; UTA Artist Space, Los Angeles**

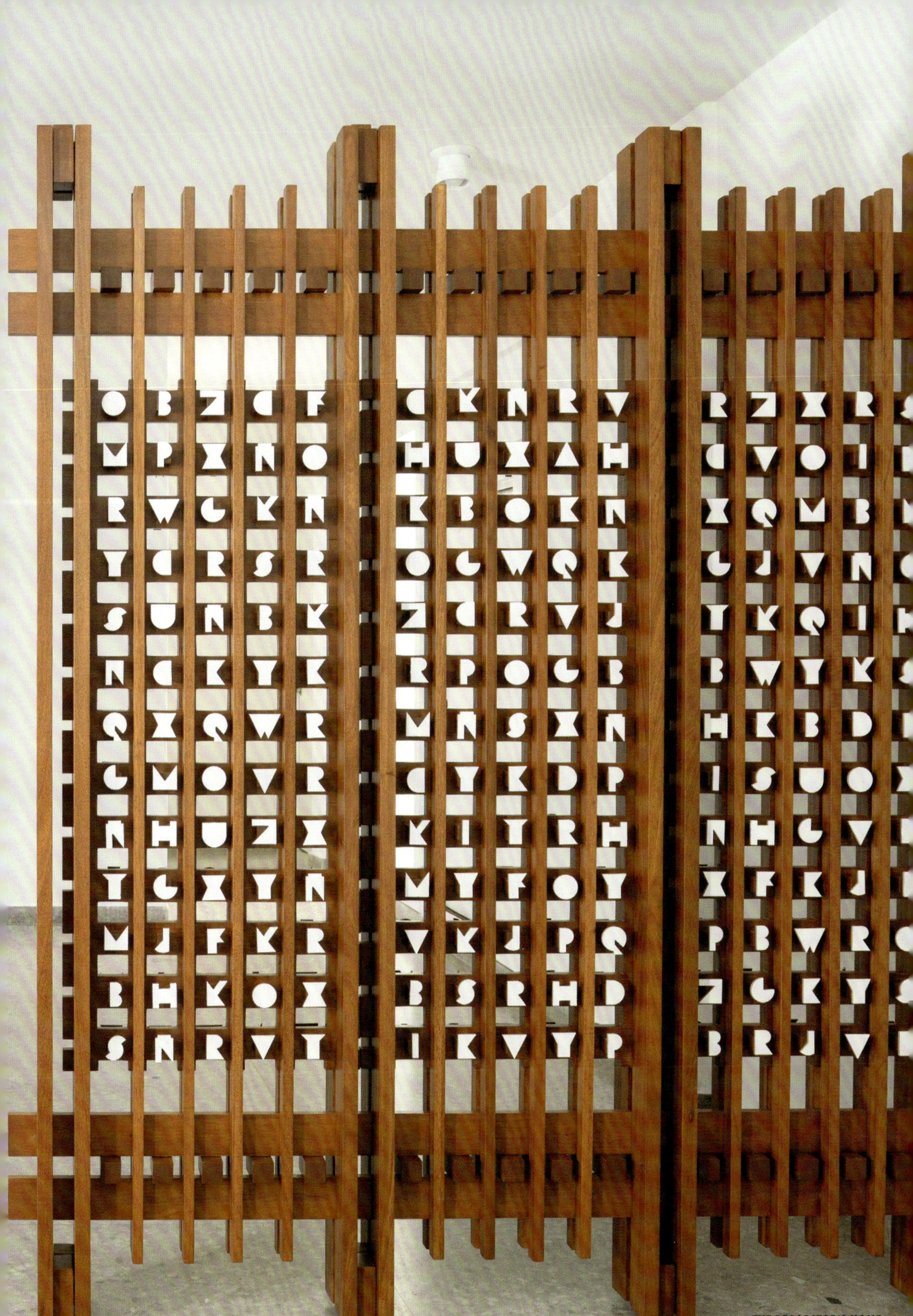

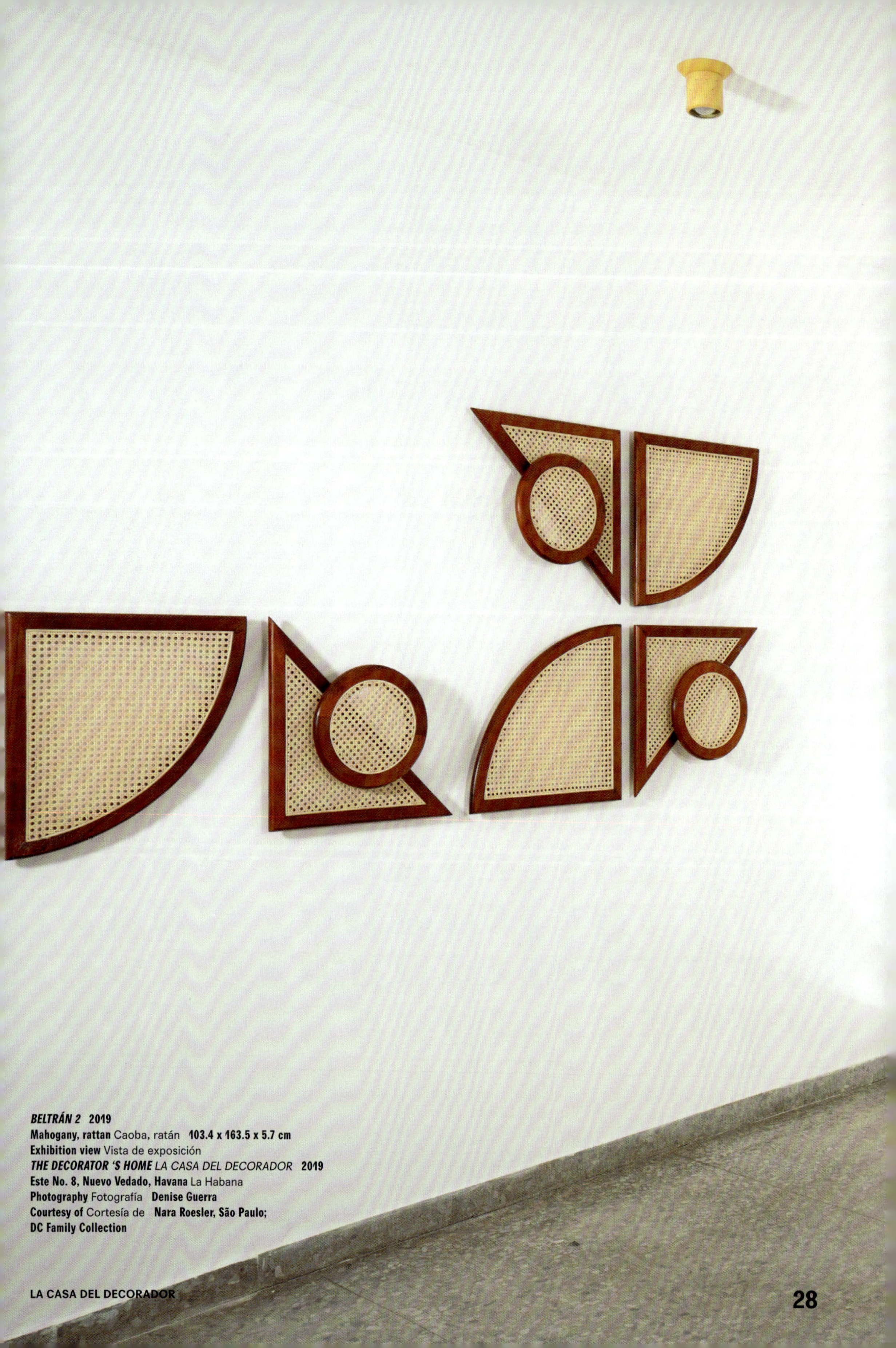

BELTRÁN 2 **2019**
Mahogany, rattan Caoba, ratán **103.4 x 163.5 x 5.7 cm**
Exhibition view Vista de exposición
THE DECORATOR 'S HOME *LA CASA DEL DECORADOR* **2019**
Este No. 8, Nuevo Vedado, Havana La Habana
Photography Fotografía **Denise Guerra**
Courtesy of Cortesía de **Nara Roesler, São Paulo;**
DC Family Collection

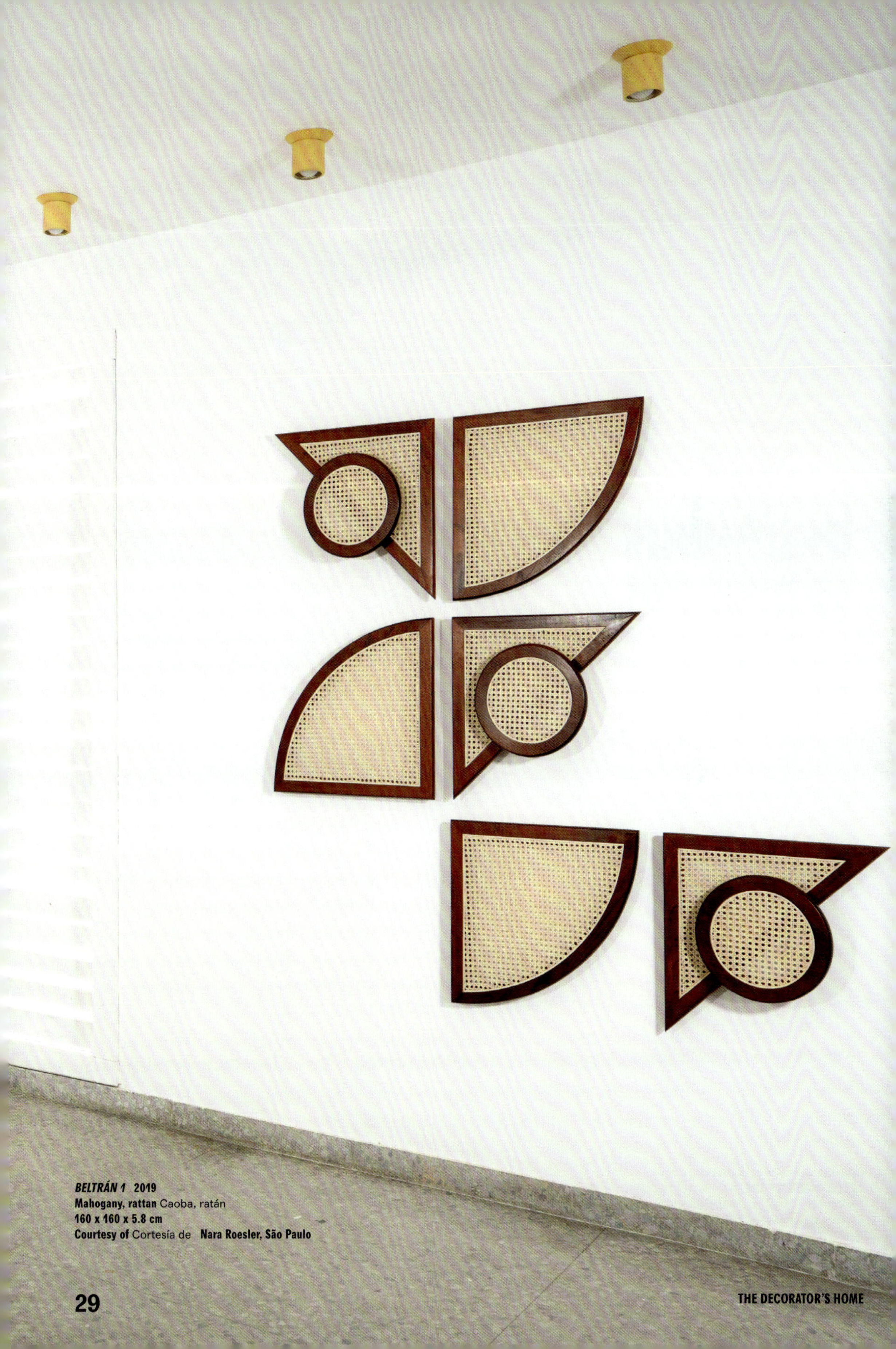

BELTRÁN 1 **2019**
Mahogany, rattan Caoba, ratán
160 x 160 x 5.8 cm
Courtesy of Cortesía de **Nara Roesler, São Paulo**

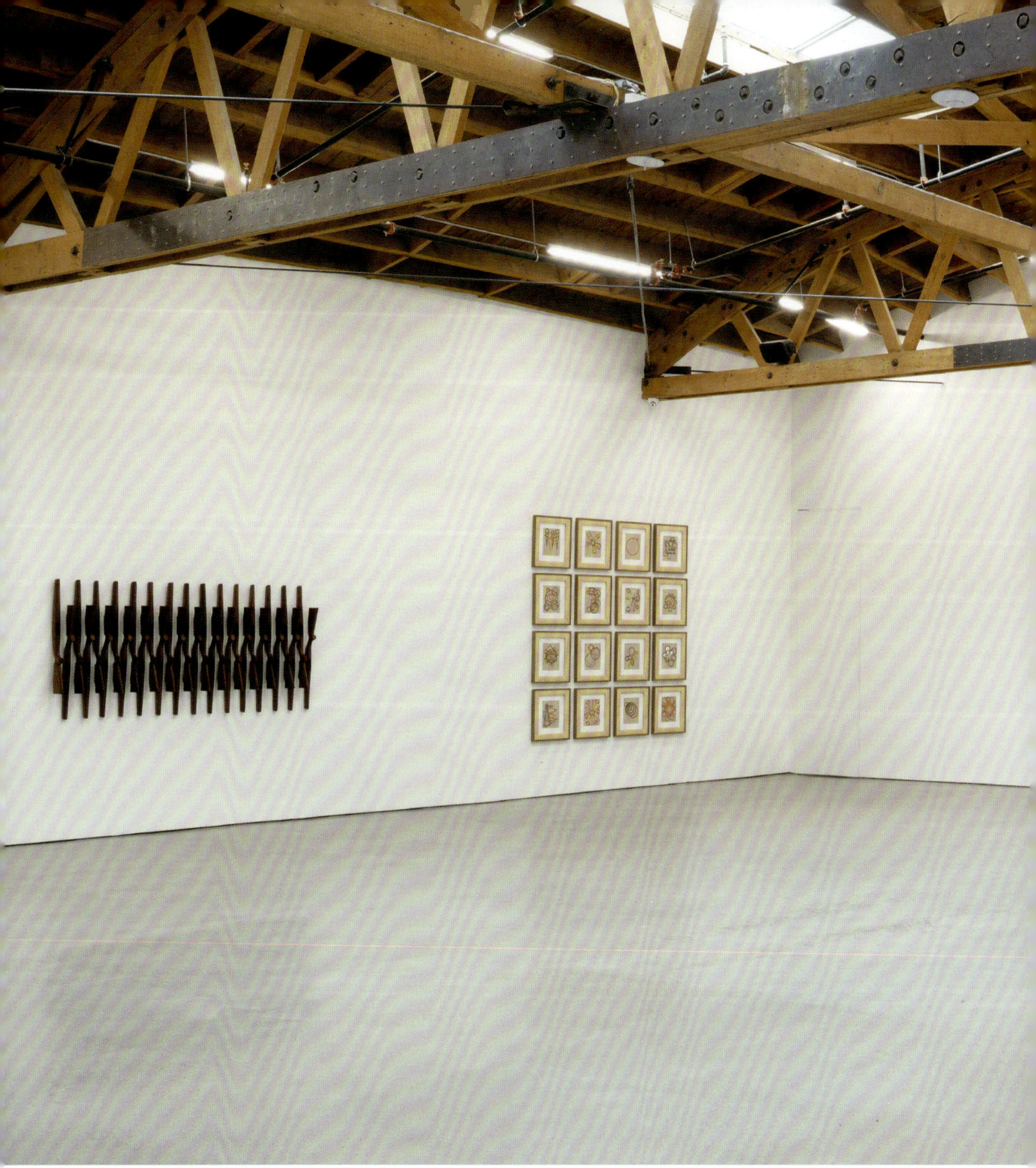

Exhibition view Vista de exposición
THE DECORATOR'S HOME *LA CASA DEL DECORADOR* **2019**
Photography Fotografía **Jeff Mclane**
Courtesy of Cortesía de **UTA Artist Space, Los Angeles; Albarrán Bourdais, Madrid; Haines Gallery, San Francisco; KOW, Berlin; Nara Roesler, São Paulo**

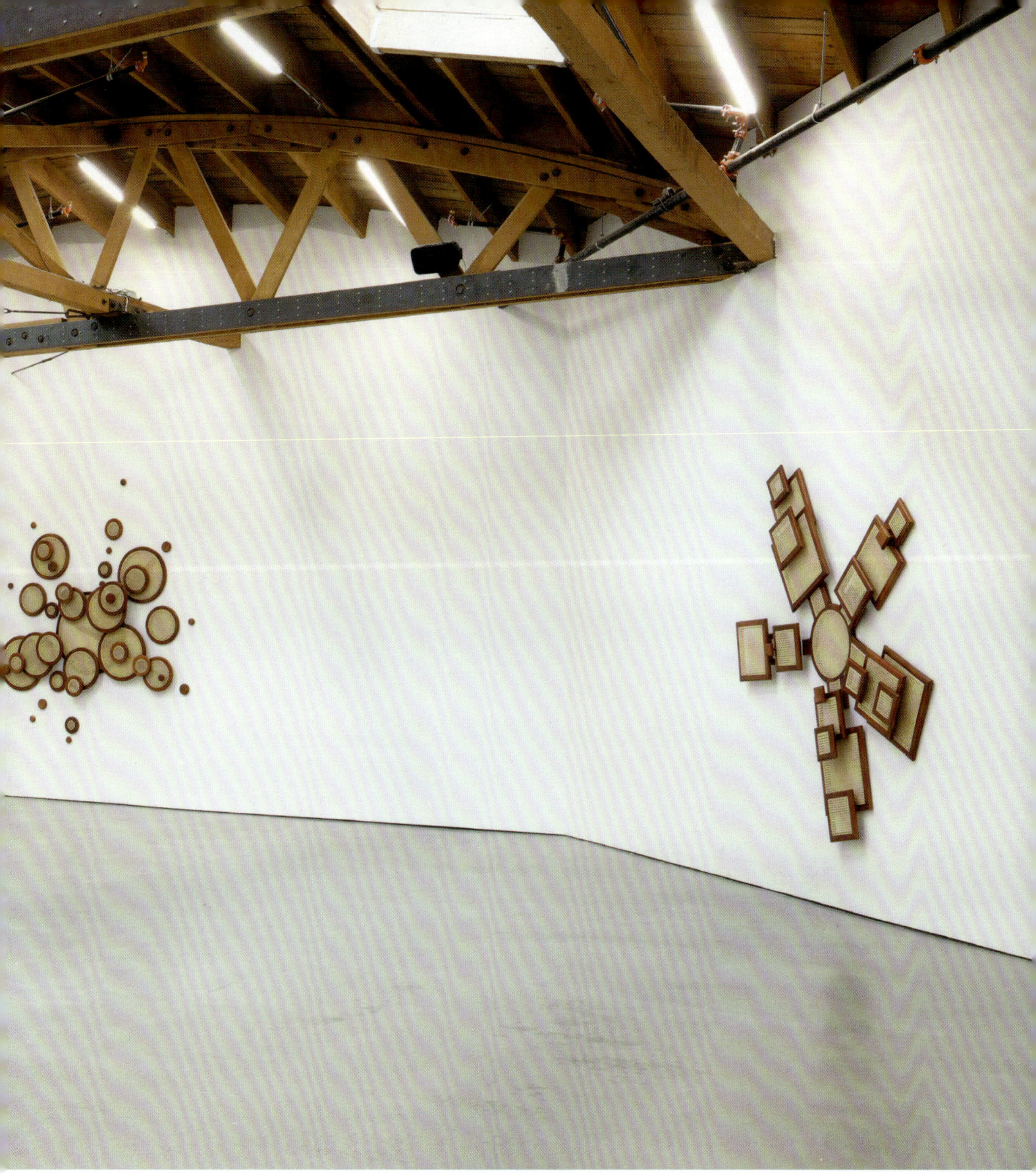

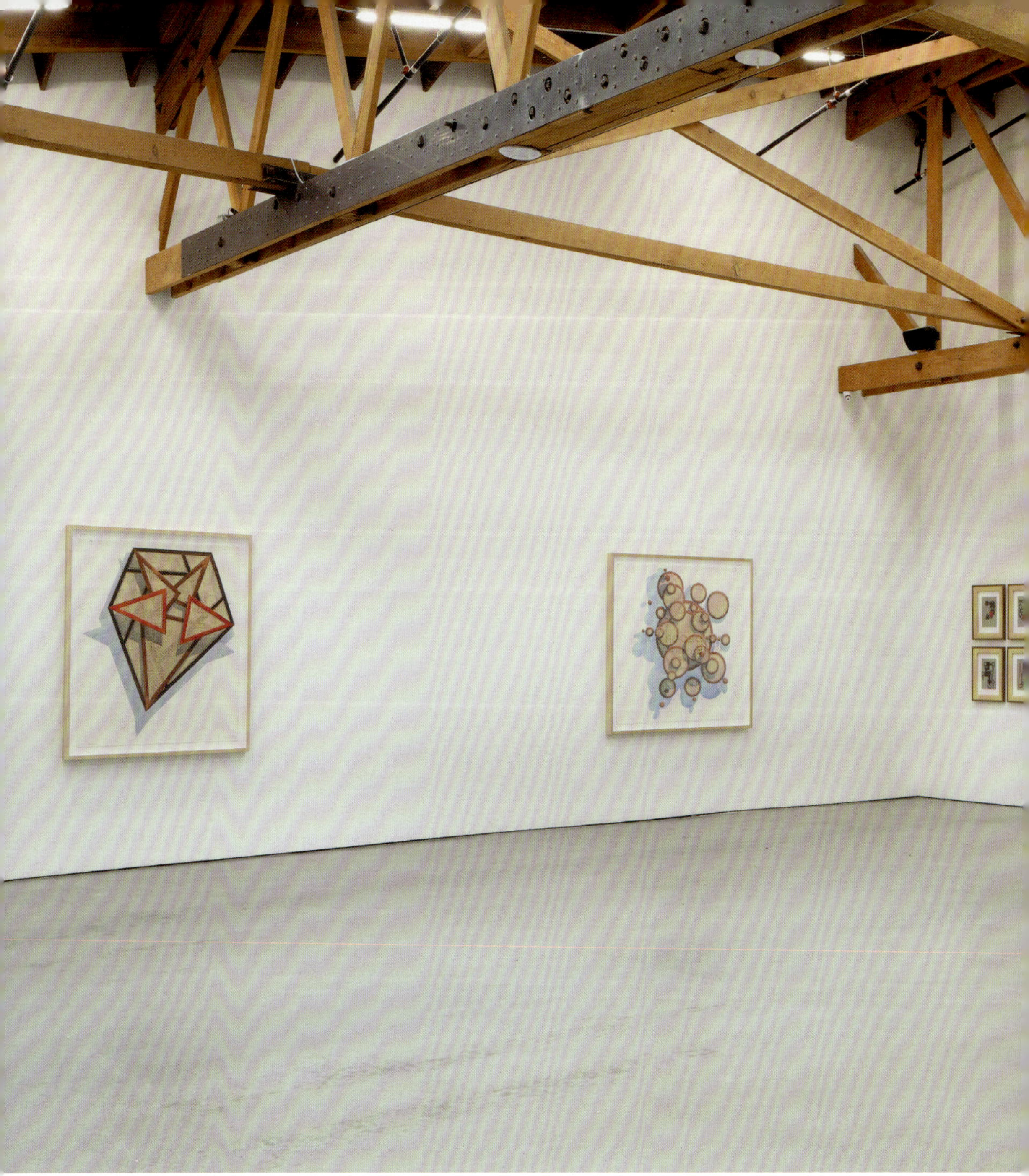

Exhibition view Vista de exposición
THE DECORATOR'S HOME *LA CASA DEL DECORADOR* **2019**
Photography Fotografía **Jeff Mclane**
Courtesy of Cortesía de **UTA Artist Space, Los Angeles; Albarrán Bourdais, Madrid; Haines Gallery, San Francisco; KOW, Berlin; Nara Roesler, São Paulo**

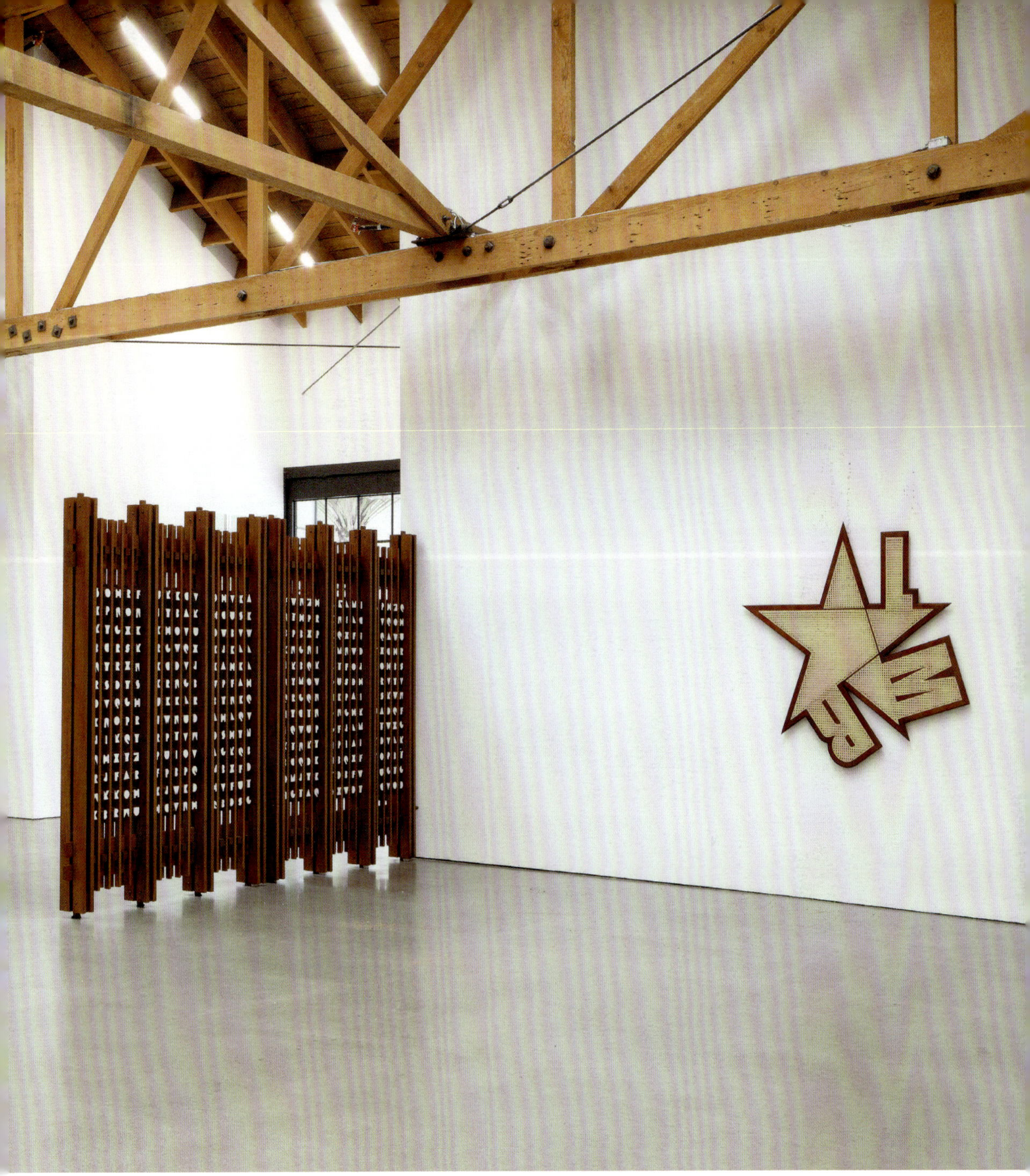

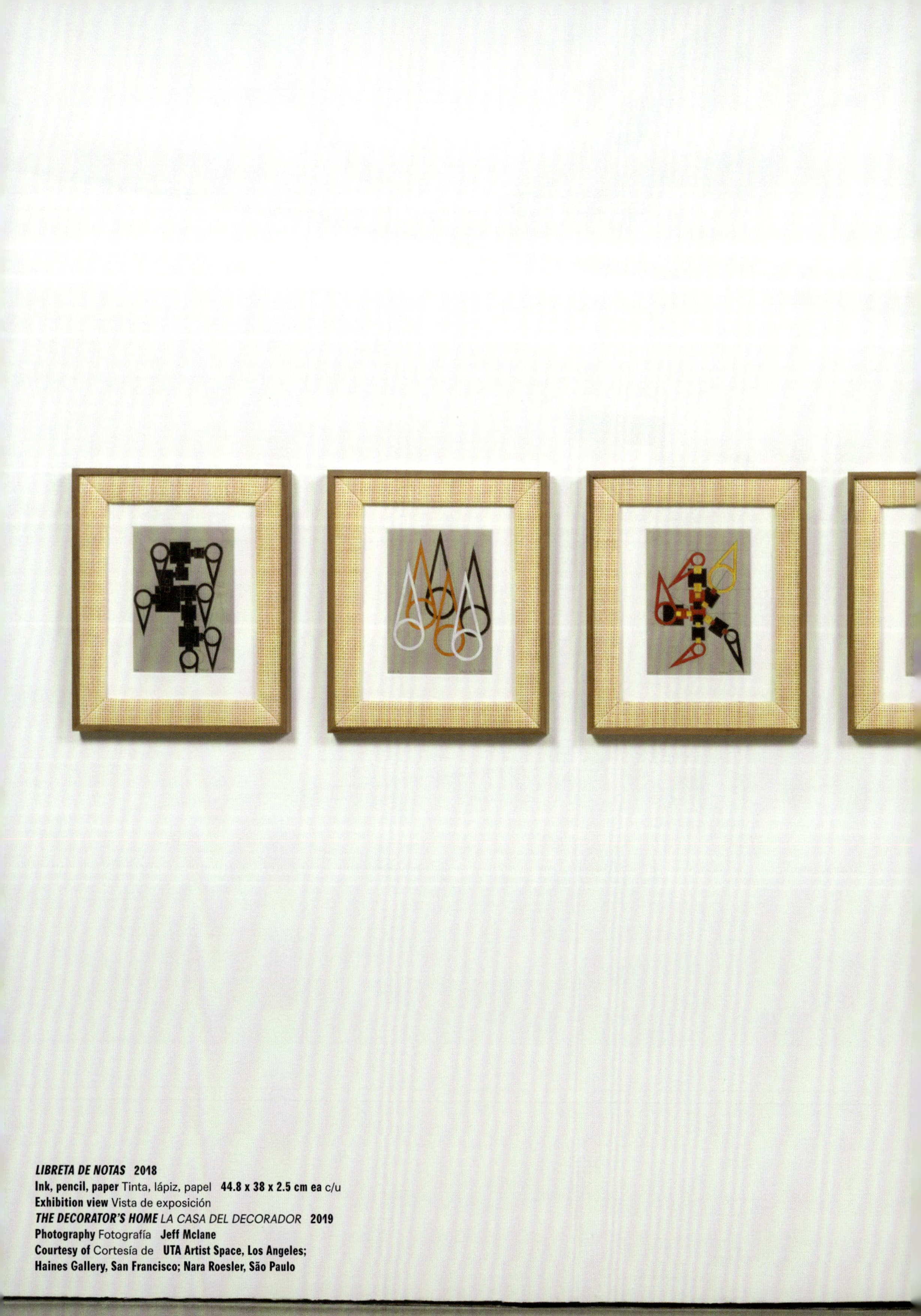

LIBRETA DE NOTAS **2018**
Ink, pencil, paper Tinta, lápiz, papel **44.8 x 38 x 2.5 cm ea** c/u
Exhibition view Vista de exposición
THE DECORATOR'S HOME *LA CASA DEL DECORADOR* **2019**
Photography Fotografía **Jeff Mclane**
Courtesy of Cortesía de **UTA Artist Space, Los Angeles; Haines Gallery, San Francisco; Nara Roesler, São Paulo**

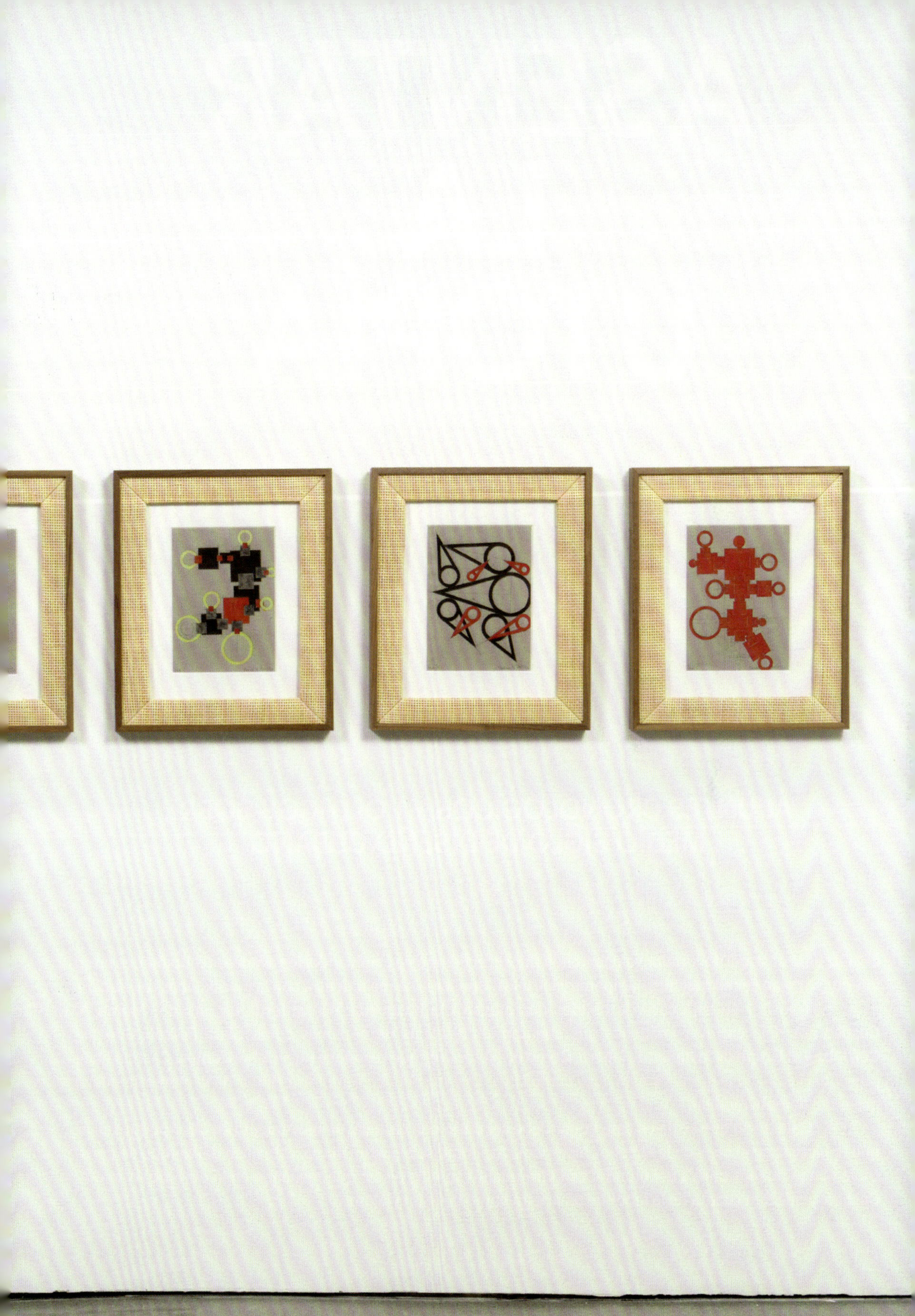

ASENTAR LA UTOPÍA

APUNTES CRONOLÓGICOS Y POLÍTICOS SOBRE MEDIO SIGLO DE DISEÑO CUBANO

El tapiz de la casa del decorador va desprendiéndose, el tiempo va cambiando; los avances tecnológicos en su interior se dejan ver en muebles, lámparas y carteles. Una frase se reencuentra con la mirada: *más revolución*.

Transitar en esta casa de objetos nos muestra la búsqueda incesante de un pasado. Marco A. Castillo nos deja entrever imágenes que cuentan las historias de personas como Clara Porset, Gonzalo Córdoba y el Grupo de la Industria Ligera. Como el explorador que reconoce nuevos horizontes, Castillo hace presente el espacio al nombrar esta casa como suya; *La casa del decorador* es el lugar de la memoria que, a pesar del tiempo, regresa.

Cada paso que se da en este hogar debe ser dado con cautela; un movimiento en falso puede hacer que te pierdas en el caos de los hechos históricos. Así como se sigue un mapa, esta línea del tiempo se construye con pequeñas partes del mundo; cada fragmento son las pistas que resuenan en la obra de Marco A. Castillo, y que dan cuenta de la labor de un artista como la de un viajero.

SITTING WITH UTOPIA

NOTES ON TIME AND POLITICS WITHIN HALF A CENTURY OF CUBAN DESIGN

The tapestry in the decorator's home is unraveling, and time is changing; technological advancements within its walls reveal themselves through furniture, lamps, and posters. A phrase reconnects with the gaze: *More Revolution.*

Exploring this house of objects unveils an unrelenting search for the past. Marco A. Castillo offers glimpses of images that narrate the stories of figures such as Clara Porset, Gonzalo Córdoba, and the Light Industry Group. Like an explorer discovering new horizons, Castillo claims this space as his own by naming it. *The Decorator's Home* becomes a place of memory that, despite the passage of time, always returns.

Every step taken in this home must be measured with caution; a single misstep might lead one astray in the labyrinth of historical events. Much like following a map, this timeline is constructed from fragments of the world. Each piece serves as a clue, resonating in Marco A. Castillo's work and reflecting the role of the artist as a traveler.

20s

The second decade of the twentieth century in Cuba saw a resurgence of appreciation for local design, led by artist and writer Lydia Cabrera.

En Cuba durante la segunda década del siglo XX surgió un fenómeno de revalorización del diseño local, liderado por la artista y escritora Lydia Cabrera.

1923

The Exposición comercial y de arte retrospectivo [Commercial and Retrospective Art Exhibition] opened. The exhibition, organized by the Retrospective Art Society founded by Lydia Cabrera, sought to revalue Cuba's past through design pieces and interior design proposals. The exhibition helped Clara Porset construct her nationalist discourse.

Se inauguró la Exposición comercial y de arte retrospectivo. La realizó la Sociedad de Arte Retrospectivo, creada por Lydia Cabrera, en la que se buscó revalorar el pasado cubano con piezas de diseño y propuestas de interiorismo, elementos que ayudaron a Clara Porset a estructurar su discurso nacionalista.

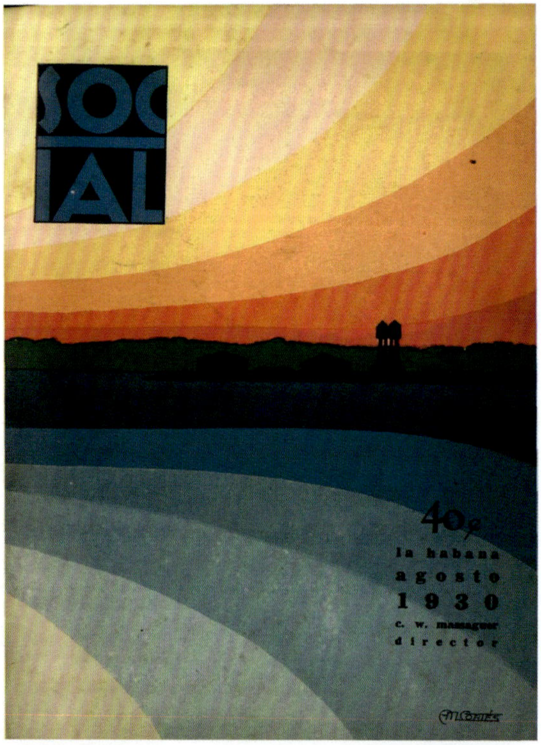

1931

Clara Porset delivered a key lecture for the development of modern Cuban and Latin American design at the Havana Auditorium, titled "Decoración de interiores contemporánea en Cuba: Su adaptación al trópico" [Contemporary Interior Decoration in Cuba: Its Adaptation to the Tropics]. At the same time, her writings in *Social* magazine presented her theoretical reflections on architecture and design in Cuba and contemporary international trends.

Clara Porset ofreció una conferencia clave para el desarrollo del diseño moderno cubano y latinoamericano en el Auditorium de La Habana, titulada "Decoración de interiores contemporánea en Cuba: Su adaptación al trópico". Paralelamente, sus escritos en la revista *Social* introdujeron sus reflexiones teóricas sobre la arquitectura y el diseño en Cuba y la actualidad internacional.

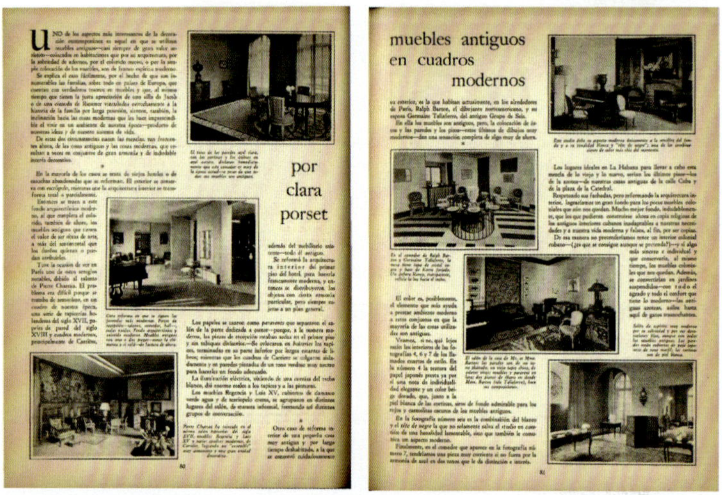
muebles antiguos en cuadros modernos

por clara porset

Clara Porset, "Muebles antiguos en cuadros modernos," in en ***Social*** **(August** agosto**, 1930)**

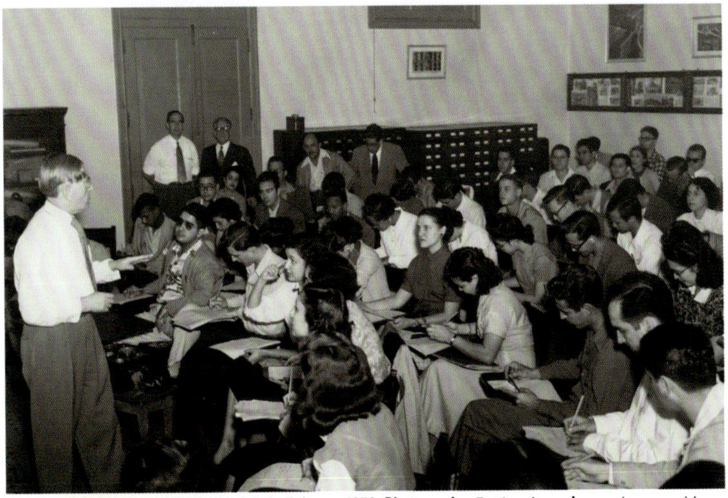

Josef Albers at the en la **Universidad de la Habana 1952 Photographer** Fotógrafo **unknown** desconocido
Courtesy of Cortesía de **Josef and Anni Albers Foundation**

1934-1935

Josef Albers visited Cuba at Clara Porset's invitation to deliver several lectures titled "Foundation of Constructive Forms" at the Havana Lyceum.

Josef Albers visitó Cuba, invitado por Clara Porset, para impartir varias conferencias tituladas "Foundation of Constructive Forms" [Fundamentos de las formas constructivas] en el Lyceum de La Habana.

1935

After taking part in the March general strike, Clara Porset was dismissed from her position as director of the Industrial Arts program at the Rosalía Abreu Foundation Technical School for Women and forced into exile in Mexico.

Tras su participación en la huelga general de marzo, Clara Porset fue destituida de su cargo como directora del programa de Artes Industriales en la Escuela Técnica para Mujeres Fundación Rosalía Abreu, y obligada a exiliarse en México.

40s

Cuba experienced an intense cultural effervescence, characterized by the search for a national identity that would combine the modern and the traditional. This fostered economic growth and attracted the attention of international architects such as Walter Gropius, Josef Albers, Richard Neutra, and Mies van der Rohe, some of whom undertook projects on the island. In the field of design, modernism was embraced and European functionalism began to be blended with local traditions.

Cuba vivió una intensa efervescencia cultural caracterizada por la búsqueda de una identidad nacional que integrara lo moderno con lo tradicional. Este contexto impulsó un crecimiento económico que atrajo la atención de arquitectos internacionales como Walter Gropius, Josef Albers, Richard Neutra y Mies van der Rohe, algunos de los cuales llevaron a cabo proyectos en la isla. En el ámbito del diseño, se adoptó un modernismo que integró el funcionalismo europeo con la tradición local.

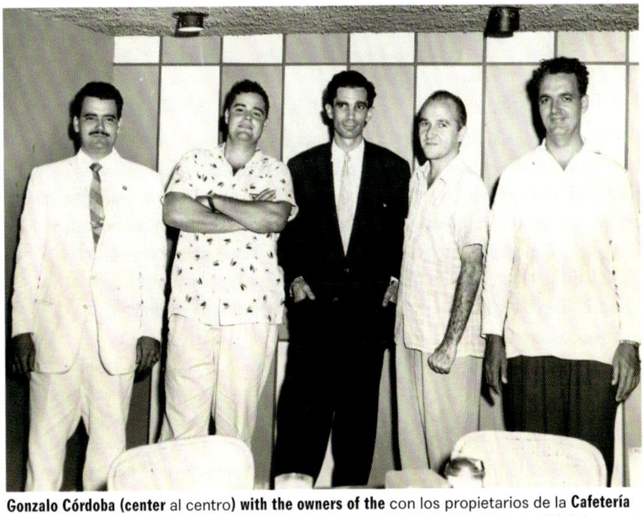

Gonzalo Córdoba (center al centro**) with the owners of the** con los propietarios de la **Cafetería Jacaranda, Havana** La Habana **1957 Courtesy of** Cortesía de **Archivo de Laura Córdoba**

1943

Gonzalo Córdoba worked in Havana as a draftsman for the French firm Maison Jansen, one of the first design firms to operate on a global scale. During the same decade, he was also part of the Cuban branch of the furniture Company owned by Theodore Bailey, an important figure in industrial design on the island.

En la Habana, Gonzalo Córdoba trabajó como dibujante para la firma francesa Maison Jansen, una de las primeras empresas de diseño que operaban a nivel global. Además, durante la misma década, formó parte de la sede cubana de la empresa de muebles de Theodore Bailey, una figura importante para el diseño industrial en la isla.

In the mid-1940s after her arrival in Mexico, Clara Porset collaborated with Xavier Guerrero to create the Butaque chair for the Organic Design in Home Furnishings competition. The design of the chair represented a study of Mexican culture and tradition, which Porset would later bring to Cuban industrial design.

A mediados de la década de los 40, tras su llegada a México, Clara Porset colaboró con Xavier Guerrero en la creación de la silla Butaque para la competencia de Diseño Orgánico en la Decoración del Hogar; el diseño de esta silla representaría un estudio de la cultura y la tradición en México, intereses que años más tarde Porset llevó al diseño industrial en Cuba.

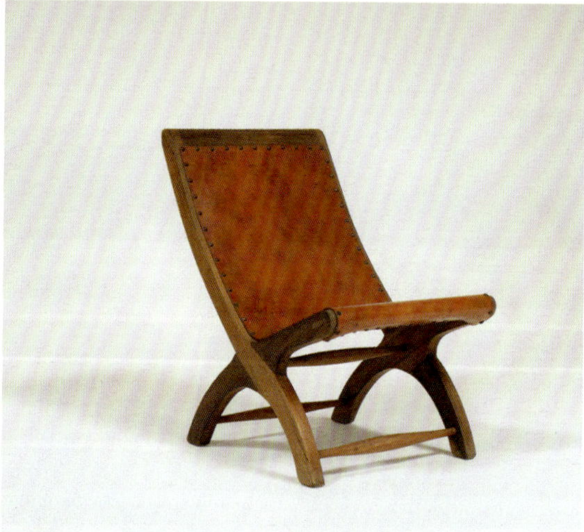

Clara Porset *BUTAQUE* 1960 Leather, wood Cuero, madera
Courtesy of Cortesía de **Colección Cuban Modern**

1948

Invited by prominent promoter of Cuban popular arts Luis de Soto y Sagarra, Clara Porset traveled to Havana to teach the course "Espacio Interior para vivir en Cuba" [Interior Space for Living in Cuba].

Por invitación de Luis de Soto y Sagarra, influyente promotor de las artes populares en Cuba, Clara Porset viajó a La Habana a impartir el curso "Espacio interior para vivir en Cuba".

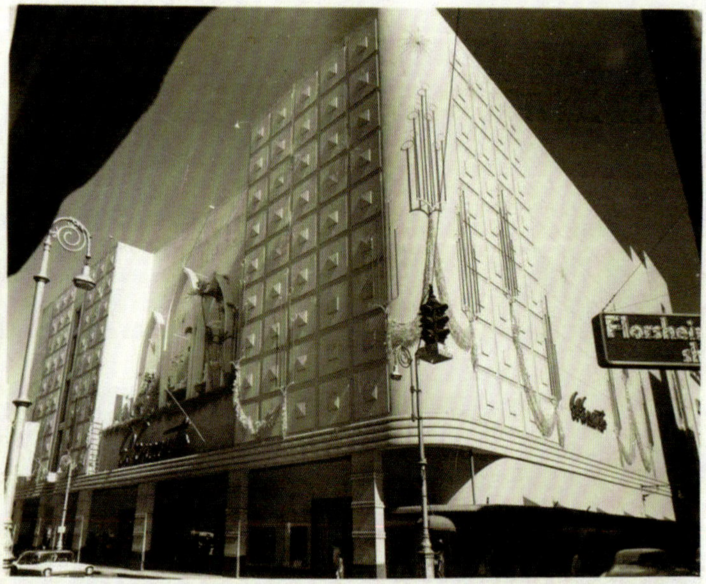

El Encanto, Havana La Habana **ca. 1940 Creative Commons Attribution**

50s

Cuba was a reflection of social inequality. The windows of large department stores became places where Cubans projected their desire for change. Under authoritarian governments, a political struggle unfolded over a project that promised to bring progress to an entire nation. In art and design, there was a concerted effort to foster a radical social transformation toward a new society. Meanwhile, Cuban architects such as Mario Romañach, Antonio Quintana, Frank Martínez, and Max Borges, among others, produced a prolific body of architectural work that now forms the core of modern architecture in Havana.

La Cuba de los años 50 fue el reflejo de la desigualdad social. Las vitrinas de los grandes almacenes eran lugares donde los cubanos acumulaban el deseo de cambio. Tras el mando de gobiernos autoritarios, estaba en juego a nivel político un proyecto que pudiera brindarle bienestar a toda la nación. Desde el arte y el diseño, se buscó impulsar una transformación social radical hacia una nueva sociedad. Paralelamente, arquitectos cubanos como Mario Romañach, Antonio Quintana, Frank Martínez y Max Borges, entre otros, crearon una prolífica producción arquitectónica que hoy forma el corazón de la arquitectura moderna en La Habana.

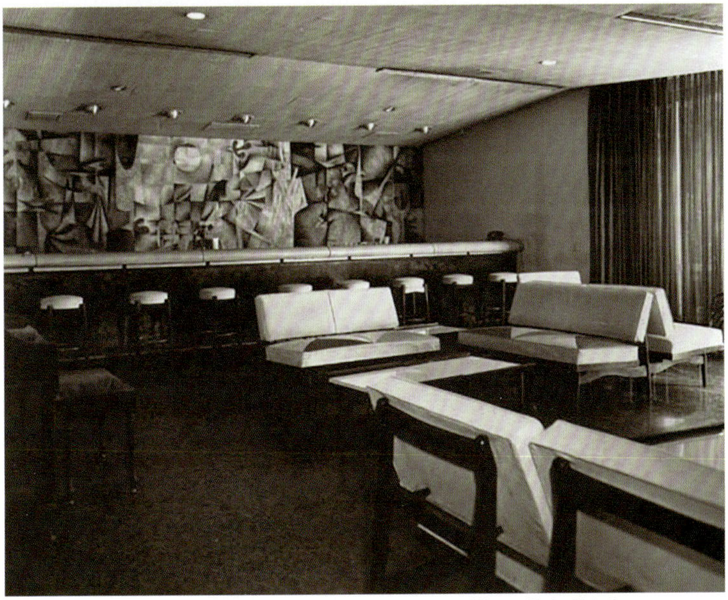

Gonzalo Córdoba **Furniture and interiors of** Mobiliario e interiores de **Miramar Yacht Club, Havana** La Habana **1950** **Courtesy of** Cortesía de **Ernestico Martín** **(https://miramaryachtclub.com/)**

1950

In the early 1950s, Gonzalo Córdoba was hired as a designer for the popular furniture store Decor, located in Old Havana.

A principios de la década de los 50, Gonzalo Córdoba fue contratado como diseñador de la popular tienda de muebles Decor, ubicada en La Habana Vieja.

1952

Gonzalo Córdoba traveled to New York and secured exclusive rights to sell Herman Miller furniture at his new firm, Contempor.

Gonzalo Córdoba viajó a Nueva York y obtuvo los derechos exclusivos para vender los muebles de Herman Miller en su nueva firma: Contempor.

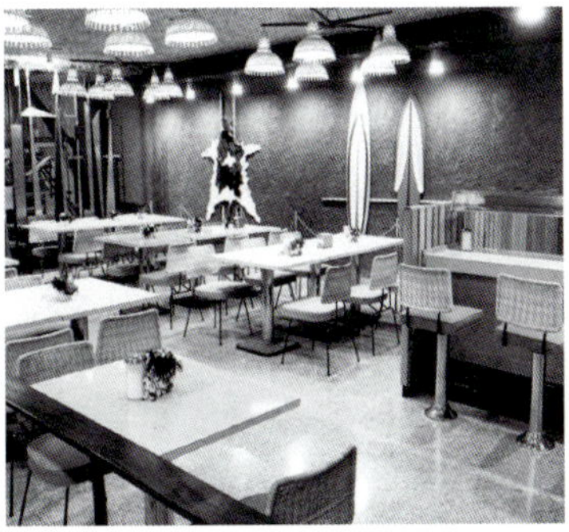

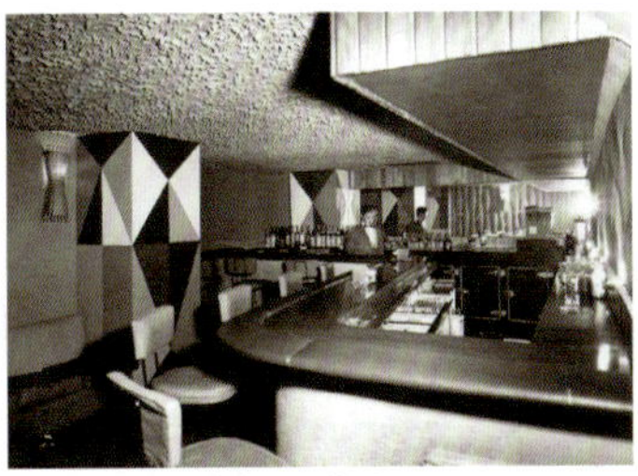

Gonzalo Córdoba **Furniture and interiors of** Mobiliario e interiores de **Cafetería Kimboo at the building** en el edificio **Retiro Odontológico, Havana** La Habana **1957**
Courtesy of Cortesía de **Archivo de Laura Córdoba**

1955

Gonzalo Córdoba introduced his style for the first time with a furniture series for the Miramar Yacht Club that used Cuban wood and natural rattan fibers.

Gonzalo Córdoba creó una serie de muebles para el Miramar Yacht Club, en la que presentó por primera vez su estilo, utilizando madera proveniente de Cuba y fibras naturales de ratán.

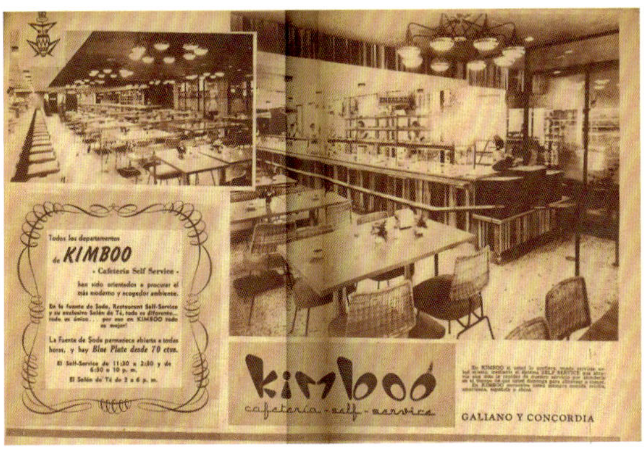

Advertisement for the Publicidad del ***Diario de la Marina*** **managed by** a cargo de **Heliodoro García** **1957**
Courtesy of Cortesía de **Archivo de Laura Córdoba**

1955-1958

Córdoba was commissioned to design the interiors of Havana's most emblematic places, including the Wakamba and Kimbo cafés, which were inspired by the local landscape as well as the "tiki" style found in places like California, Hawaii, and Mexico.

Gonzalo Córdoba recibió encargos para diseñar los interiores de los lugares más emblemáticos de La Habana, como las cafeterías Wakamba y Kimbo, inspiradas en el paisaje local, así como en el estilo "tiki" de lugares como California, Hawái y México.

1959

When Fidel Castro entered the streets of Havana with the insurgent armed forces, a considerable number of artists and designers saw an opportunity to promote a transformative aesthetic project and create socially-engaged architecture and design.

Cuando Fidel Castro entró en las calles de La Habana con las fuerzas armadas insurgentes, un número considerable de artistas y diseñadores vio la oportunidad de impulsar un proyecto estético transformador y producir una arquitectura y diseño socialmente comprometidos.

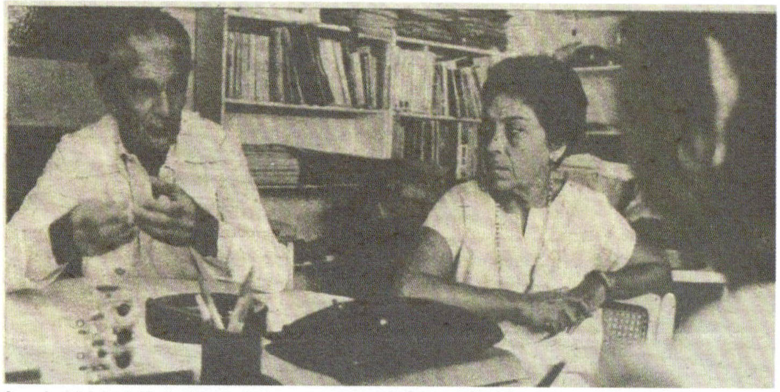

Gonzalo Córdoba & María Victoria Caignet Interview for the magazine Entrevista para la revista ***Bohemia* 1981 Courtesy of** Cortesía de **Archivo de Laura Córdoba**

60s

Celia Sánchez, one of the most influential women in the Cuban government, developed multiple architectural and interior design programs using domestic materials, thus avoiding imports. Gonzalo Córdoba and María Victoria Caignet were key figures in these programs, designing collaborative spaces and projects. This decade was noted for the presentation of design products at major international cultural fairs and exhibitions.

Celia Sánchez, una de las mujeres más influyentes del gobierno cubano, desarrolló múltiples programas de arquitectura e interiorismo con materiales nacionales, evitando así las importaciones. Gonzalo Córdoba y María Victoria Caignet fueron figuras clave de estos programas, al realizar el diseño de espacios y proyectos colaborativos. Esta década se caracterizó por la presentación de productos de diseño en importantes ferias y exposiciones internacionales culturales.

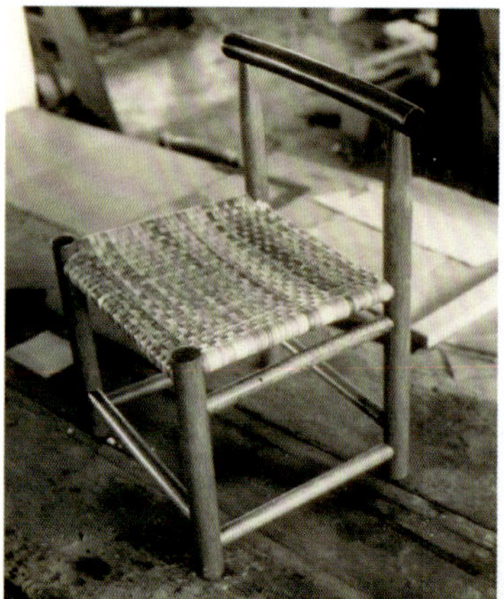

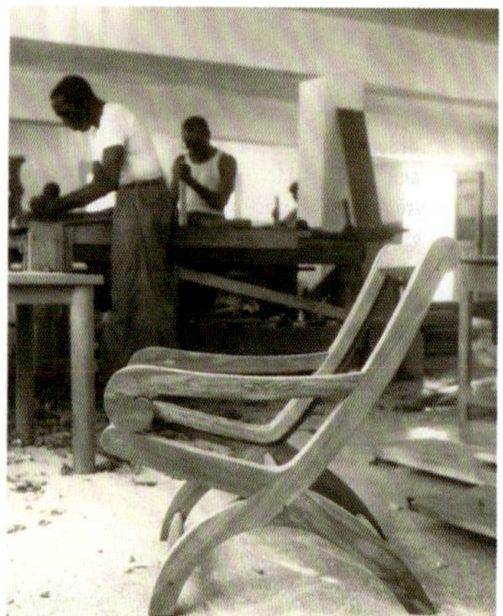

1960

Clara Porset returned to Havana and was commissioned by the Cuban Minister of Industry to design furniture for the Camilo Cienfuegos School Complex which was planned to accommodate over 4,000 students in the Sierra Maestra.

Clara Porset volvió a La Habana y recibió el encargo del Ministro de Industrias de Cuba de diseñar el mobiliario de la Ciudad Escolar Camilo Cienfuegos que planeaba acoger a más de 4,000 estudiantes en la Sierra Maestra.

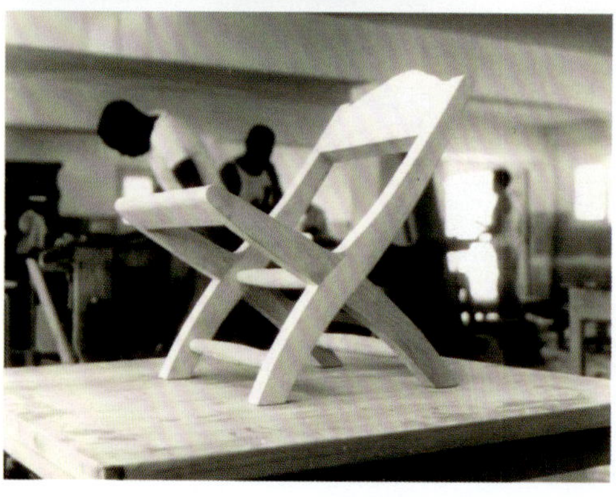

Clara Porset
Furniture prototypes for the Prototipos del mobiliario para la **Ciudad Escolar Camilo Cienfuegos 1960 Courtesy of** Cortesía de **Archivo de Luis Ramírez**

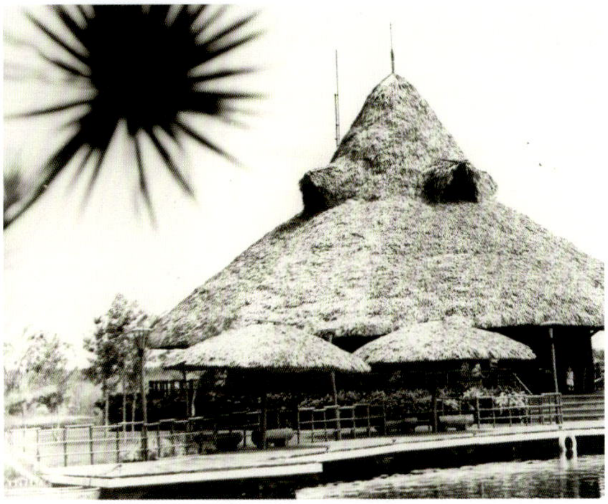

1960-1961

Gonzalo Córdoba was commissioned to design the furniture for the Guamá Hotel in Ciénaga de Zapata, a destination intended for the working class. Inspired by the setting of an Indigenous Taino community, Córdoba chose to reflect the Cubanía of the surrounding area in his creations.

Le dieron el encargo a Gonzalo Córdoba del proyecto mobiliario para el hotel Guamá, destinado a la clase trabajadora en la Ciénaga de Zapata. Inspirado por el contexto de una aldea indígena taína, Córdoba decidió reflejar la cubanía en sus diseños a partir del paisaje de la localidad.

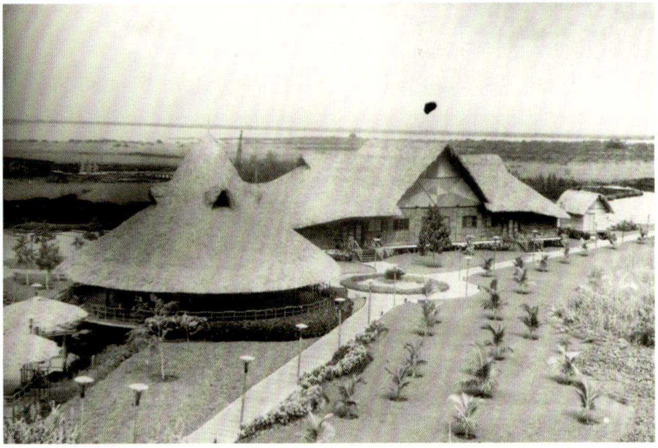

Gonzalo Córdoba
Furniture and interiors Mobiliario e interiores de **Guamá, Matanzas, Cuba 1960 - 1961**
Architecture Arquitectura **Mario Girona & Aquiles Maza Photography** Fotografía **Alberto Korda**
Courtesy of Cortesía de **Archivo de Laura Córdoba**

1961

The Cuban government invited architects Ricardo Porro, Vittorio Garatti, and Roberto Gottardi to design the National Art Schools in Havana, an ambitious cultural project promoted by Fidel Castro and Che Guevara that sought to dedicate five different buildings to the visual arts, dramatic arts, music, ballet, and modern dance. Clara Porset was tasked with designing furniture for some of these buildings, but after conflicts with government authorities and the rejection of her proposal for an Industrial Design School in Havana, she left Cuba permanently, leaving several of her projects unfinished.

El gobierno cubano comisionó a los arquitectos Ricardo Porro, Vittorio Garatti y Roberto Gottardi el diseño de las Escuelas Nacionales de Arte en La Habana, un ambicioso proyecto cultural impulsado por Fidel Castro y el Che Guevara, cuyo fin era dedicar cinco edificios diferentes a las artes plásticas, las artes dramáticas, la música, el ballet y la danza moderna. Clara Porset fue la encargada de diseñar el mobiliario para algunos de estos edificios; sin embargo, tras varias confrontaciones con autoridades gubernamentales y ante la negativa de inaugurar su propuesta de Escuela de Diseño Industrial se va definitivamente de Cuba, dejando varios de estos proyectos inconclusos.

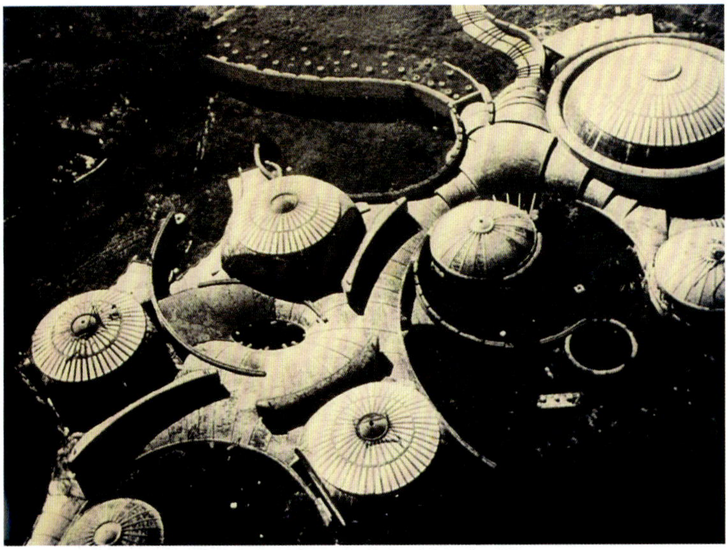

Ricardo Porro, Vittorio Garatti & Roberto Gottardi National Schools of Art Escuelas Nacionales de Arte **1961 Creative Commons Attribution-Share Alike 3.0**

1964

Gonzalo Córdoba collaborated with architects Antonio Quintana Simonetti, Rodolfo Fernández, and Joaquín Galván to design furniture for the new Government Palace (now the Palace of the Revolution).

Gonzalo Córdoba comenzó el diseño del mobiliario para el nuevo Palacio de Gobierno (hoy Palacio de la Revolución), en colaboración con los arquitectos Antonio Quintana Simonetti, Rodolfo Fernández y Joaquín Galván.

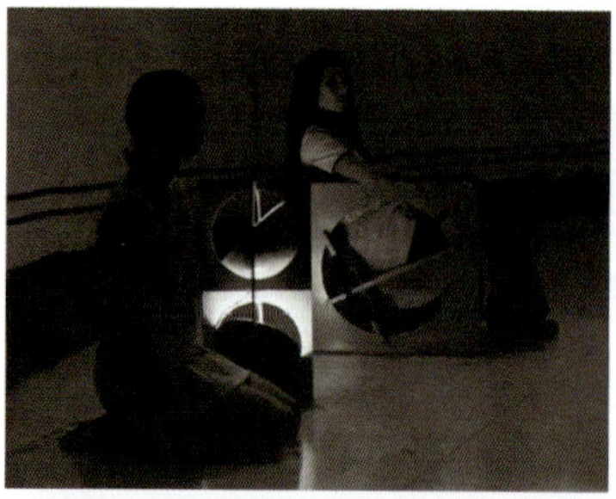

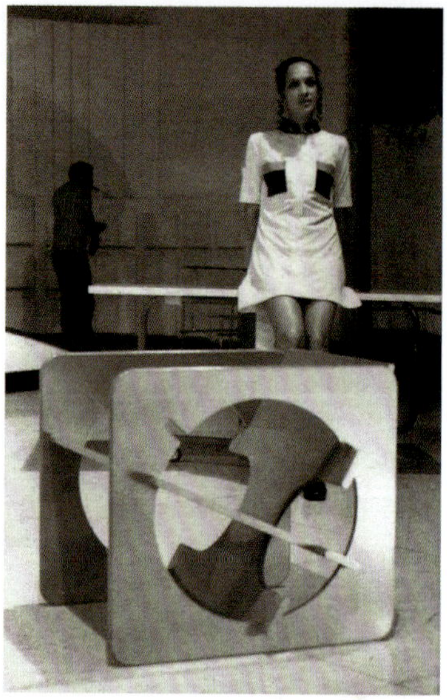

1965

Vilma Espín launched the Experimental Design Workshop in La Rampa under the leadership of Fernando Ayuso. This space focused on the garment industry, encompassing both production and small-scale sales. The workshop brought together collaborators such as architects, costume designers, graphic designers, painters, photographers, and musicians, all of whom also participated in the runaways.

Por iniciativa de Vilma Espín, se fundó el Taller Experimental de Diseño en La Rampa, dirigido por Fernando Ayuso. Este espacio se dedicó a la industria de confecciones y abarcó tanto la producción como la venta a pequeña escala. Contó con la colaboración de arquitectos, diseñadores de vestuario, diseñadores gráficos, pintores, fotógrafos y músicos, quienes también participaron en los desfiles.

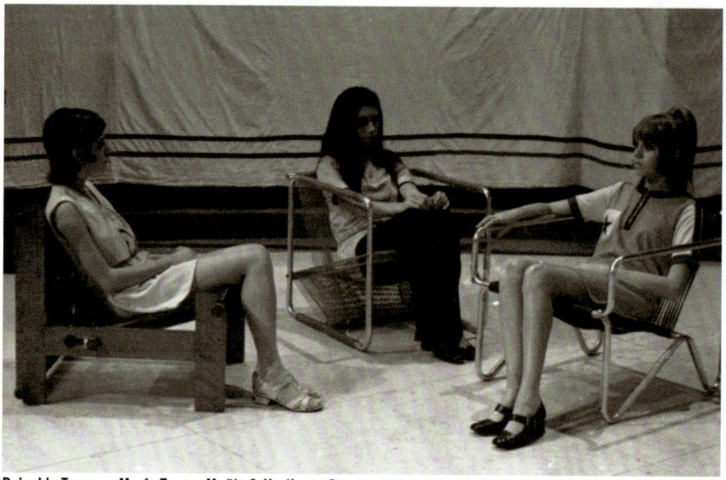

Reinaldo Togores, María Teresa Muñiz & Heriberto Duverger
Furniture of the fashion runway at Mobiliario del desfile de modas en **La Rampa, Havana** La Habana **1971**
Photography Fotografía **Jesus García Saavedra (Kuko)** **Courtesy of** Cortesía de **Archivo de Reinaldo Togores y María Teresa Muñiz**

1966

Gonzalo Córdoba and María Victoria Caignet led the Cuban government's Special Plan for the Exportation of Furniture and Crafts in Paris, France. They presented the Dujo Muebles collection, a state-owned enterprise with designs by Antonio "Ñiko" Peralta, Lázaro Rosado, María Victoria Caignet, and Gonzalo Córdoba.

Gonzalo Córdoba y María Victoria Caignet se trasladaron a París, Francia, al frente del Plan Especial de Exportaciones de Muebles y Artesanías del Gobierno cubano, para presentar la colección Dujo Muebles, una empresa estatal con diseños de Antonio "Ñiko" Peralta, Lázaro Rosado, Caignet y Córdoba.

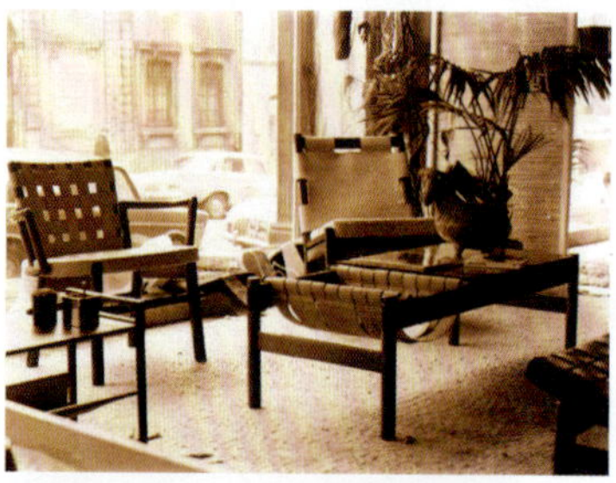

Gonzalo Córdoba, A. Peralta & R. Navarro
Furniture by Mobiliario de **Muebles Dujo**
Exhibition Exposición ***SOL DE CUBA***
Boulogne-sur-Mer, France Francia **1968**
Photography Fotografía **Alberto Korda**
Courtesy of Cortesía de **Archivo de Laura Córdoba**

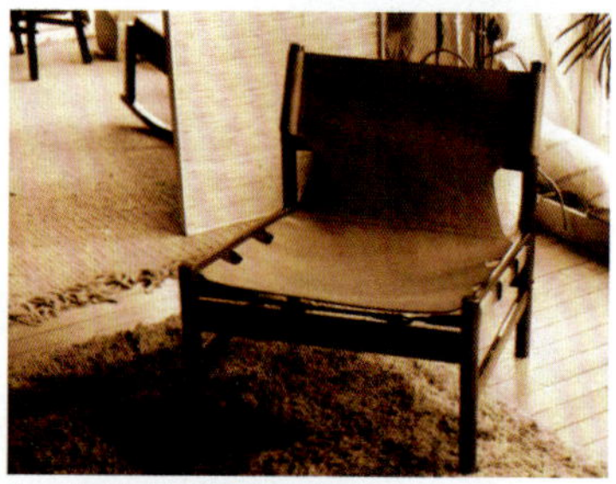

Gonzalo Córdoba (Muebles Dujo)
***BUTACA HABANA* 1968**
Exhibition Exposición ***SOL DE CUBA***
Boulogne-sur-Mer, France Francia **1968**
Photography Fotografía **Alberto Korda**
Courtesy of Cortesía de **Archivo de Laura Córdoba**

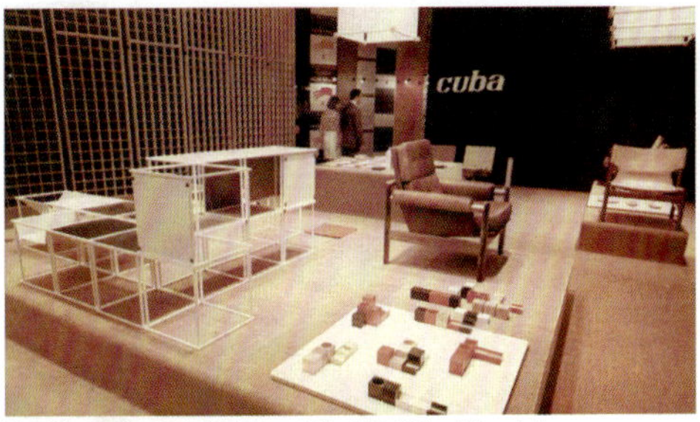

Muebles Dujo Cuba Pavilion at the 14th Milan Triennial
Pabellón de Cuba en la 14 Trienal de Milán, **Italy** Italia **1968**
Photography Fotografía **Alberto Korda**
Courtesy of Cortesía de **Archivo de Laura Córdoba**

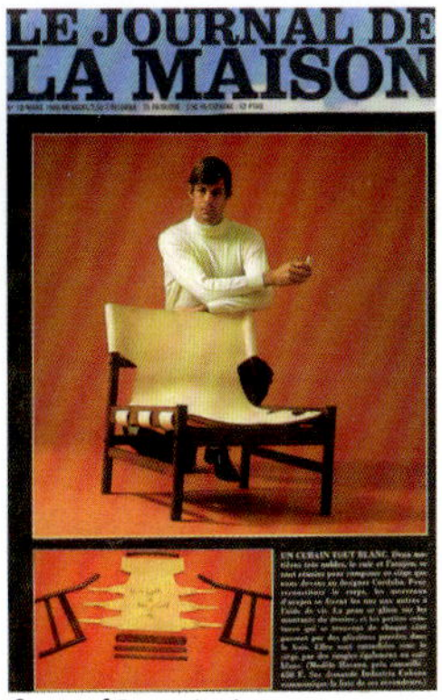

Cover of Portada de
***Le journal de la maison* with the**
con la ***HABANA LOUNGE CHAIR***
by de **Gonzalo Córdoba 1969**
Courtesy of Cortesía de
Archivo de Laura Córdoba

1967-1972

When the Plan de Exportaciones [Export Plan] began, the Dujo brand established itself at several international exhibitions, including the Salon International du Meuble in Paris, the Triennale di Milano, and the Liljevalchs Konsthall in Stockholm.

Con el inicio del Plan de Exportaciones, la marca Dujo se estableció en varias exhibiciones internacionales, entre las que se incluyen el Salone International du Meuble de Paris, la Triennale di Milano y el Liljevalchs Konsthall en Estocolmo.

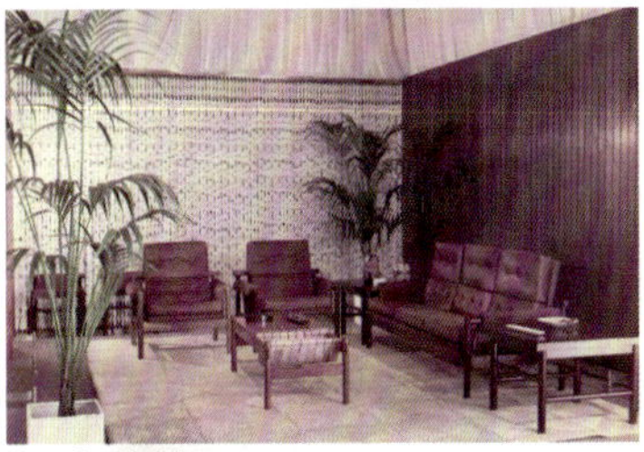

Gonzalo Córdoba
***ISLA* (table** mesa**) & *TURIGUANÓ* (group** grupo)
Muebles Dujo stand in the International Furniture Salon en el Salón Internacional del Mueble, **Paris** París, **France** Francia **1968**
Photography Fotografía **Alberto Korda**
Courtesy of Cortesía de **Archivo de Laura Córdoba**

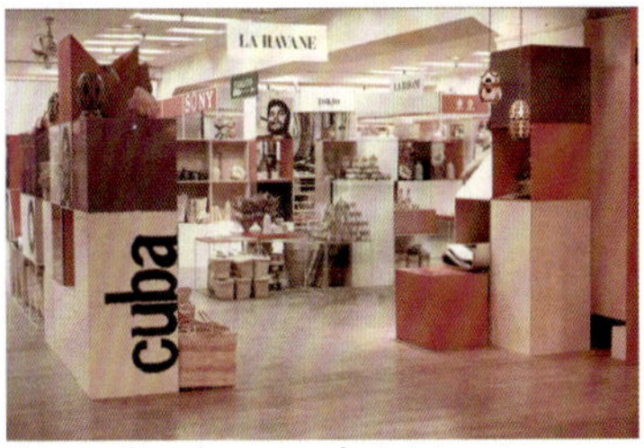

Cuban crafts and export products Artesanías y productos de exportación cubanos **Galerías Lafayette, Paris** París, **France** Francia **1968**
Courtesy of Cortesía de **Archivo de Laura Córdoba**

1967

Fidel Castro delivered a speech during the inauguration of a group of works constructed in Gran Tierra, in the easternmost part of Cuba. Castro proposed a massive construction project to build one million houses in the country between 1970 and 1980, introducing a system of prefabricated apartment buildings made with concrete panels. The construction of these buildings also involved the production of furniture, which was entrusted to the Ministry of Light Industry.

Fidel Castro pronunció un discurso en la inauguración de un grupo de obras realizadas en Gran Tierra, en el extremo oriental de Cuba. Castro propuso un proyecto de construcción masivo en el que, a partir de 1970 y hasta 1980, se tenían que construir un millón de viviendas en el país, introduciendo un sistema de edificios de apartamentos prefabricados con paneles de hormigón. La construcción de estos edificios también implicaba la fabricación del mobiliario; por ello, esta tarea fue encomendada al Ministerio de la Industria Ligera.

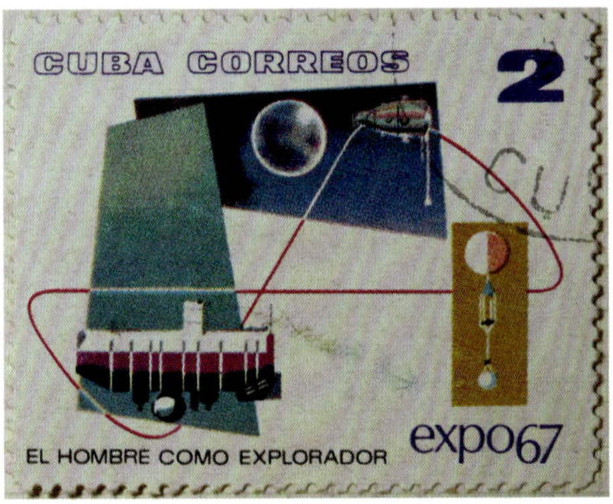

Stamp Estampilla **Expo 67 Cuba Correos 1967**

Expo 67 was held in Montreal. Cuba took part in this international exhibition, and architects Sergio Varoni, Vittorio Garatti, and Hugo D'Acosta designed the pavilion. Cuban graphic design was vital for this show since it served as a model for graphic design in the years that followed, with Félix Beltrán's work forming the basis of the entire visual program.

Se llevó a cabo la Expo 67 en Montreal. Fue una feria internacional que contó con la participación de Cuba, el diseño del pabellón estuvo a cargo de los arquitectos Sergio Varoni, Vittorio Garatti y Hugo D'Acosta. El diseño gráfico cubano fue esencial para esta exhibición, ya que fue un referente de la gráfica en años posteriores, con la obra de Félix Beltrán como la base de todo el programa visual.

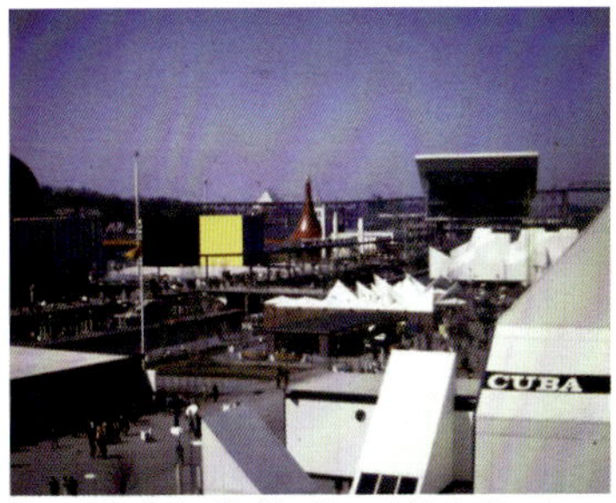

View of the Cuban Pavilion Vista del Pabellón de Cuba ***EXPO 67*** **Montreal, Canada** Canadá **1967**
CC BY-SA 2.0 License

1968

The Cuban government launched a revolutionary drive in which small- and medium-sized businesses were expropriated, effectively seizing control of the furniture industry.

El gobierno cubano llevó a cabo una ofensiva revolucionaria en la que se expropiaron pequeñas y medianas empresas, tomando el control de la industria del mueble.

In the late 1960s, the Ministry of Light Industry established the Department for the Development of the Furniture Industry, headed by architect Iván Espín. Among its members were Reinaldo Togores, Heriberto Duverger, and María Teresa Muñiz. The group's proposals explored innovative technologies in furniture design. Influenced by Scandinavian countries and in collaboration with Eva Björklund, they developed furniture that was stackable, foldable, and transformable, paving the way for a new era in Cuban industrial design.

A finales de los años 60, el Ministerio de la Industria Ligera creó el Departamento para el Desarrollo de la Industria del Mueble, a cargo del arquitecto Iván Espín. En este espacio trabajaron Reinaldo Togores, Heriberto Duverger y María Teresa Muñiz. Las propuestas de este grupo exploraron diversas tecnologías aplicadas al diseño del mobiliario. Influenciados por países escandinavos y la colaboración de Eva Björklund, este grupo desarrolló muebles que podían apilarse, plegarse y transformarse, marcando un nuevo rumbo para el diseño industrial en Cuba.

Antonio Pérez Ñico
***MÁS REVOLUCIÓN* 1967**
Offset 73 x 43 cm
Courtesy of Cortesía de
Archivo de Pepe Menéndez

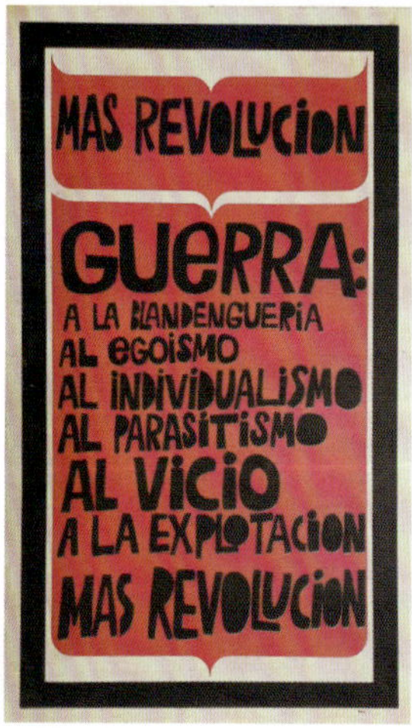

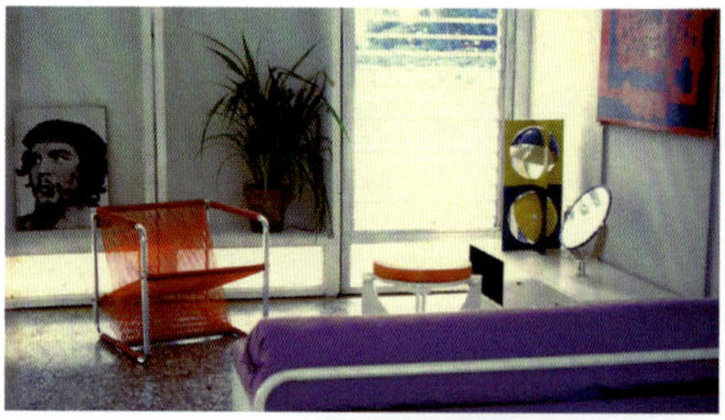

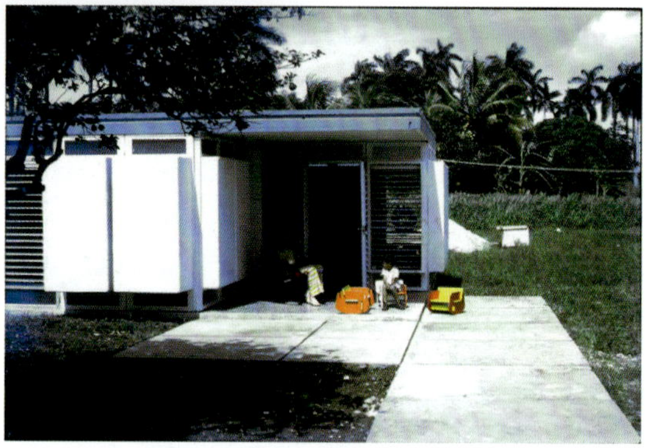

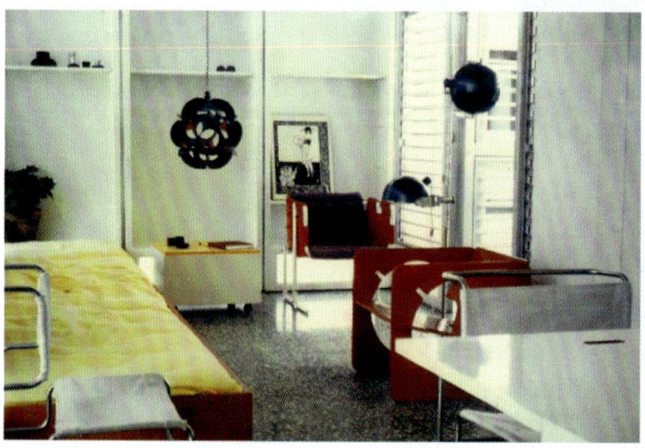

Reinaldo Togores, María Teresa Muñiz & Heriberto Duverger
Furniture for Fernando Salinas' Multiflex Modular Housing System
Mobiliario para el Sistema Modular de Vivienda Multiflex de Fernando Salinas
Wajay, Cuba 1971
Photography Fotografía
Reinaldo Togores
Courtesy of Cortesía de
Archivo de Reinaldo Togores & María Teresa Muñiz

70s

During the 1970s, Cuban-USSR relations were strengthened and the first five-year plan was initiated. At the beginning of the decade, architect Iván Espín and the Light Industry Group founded the Informational and Industrial Design School, the first higher-level design school in Cuba.

La década de los 70 fue una etapa en la que se fortalecieron las relaciones entre Cuba y la URSS, e iniciaron los primeros planes quinquenales. A inicios de esta década, con la iniciativa del arquitecto Iván Espín y el Grupo de la Industria Ligera, se creó la primera escuela de diseño a nivel superior en Cuba: la Escuela de Diseño Informacional e Industrial.

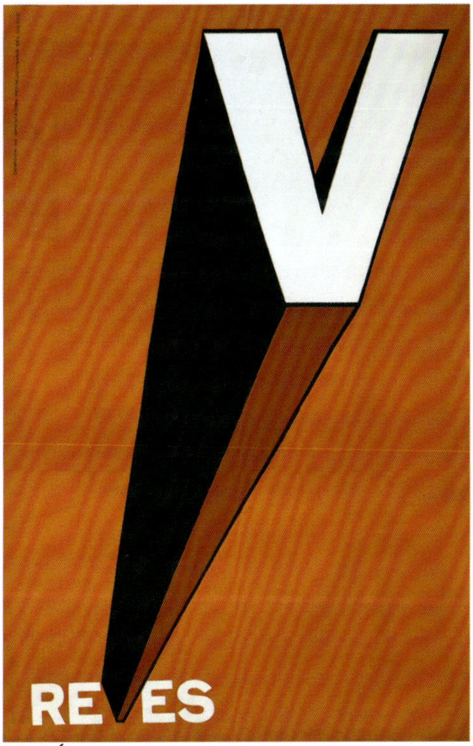

Eufemia Álvarez
REVÉS EN VICTORIA 1970
Screen print Serigrafía **101.5 x 68.5 cm**
Courtesy of Cortesía de **Archivo de Pepe Menéndez**

1970

Fidel Castro presented the "Zafra de los Diez Millones" [Ten-Million-Ton Sugar Harvest] a project aimed at improving the country's economic situation by boosting sugar production, with the goal of funding projects like Gran Tierra. This initiative led to the creation of significant propaganda posters, such as *Revés en Victoria* [Victory in Setback] by Eufemia Álvarez. However, its failure prevented the realization of several key investments, including the development of a Cuban furniture industry and the manufacture of boards made from the residual bagasse from sugarcane production that were intended for both the furniture industry and construction.

Fidel Castro propuso la "Zafra de los Diez Millones", un proyecto que buscaba mejorar la situación económica del país mediante el aumento de la producción de azúcar, con el objetivo de financiar proyectos como el de Gran Tierra. Esta iniciativa generó el diseño de importantes carteles propagandísticos, como *Revés en victoria* de Eufemia Álvarez. Sin embargo, su fracaso impidió la realización de diversas inversiones, entre ellas el desarrollo de una industria cubana del mueble y la fabricación de tableros a partir del bagazo residual de la caña, destinados tanto a la industria del mobiliario como a la construcción.

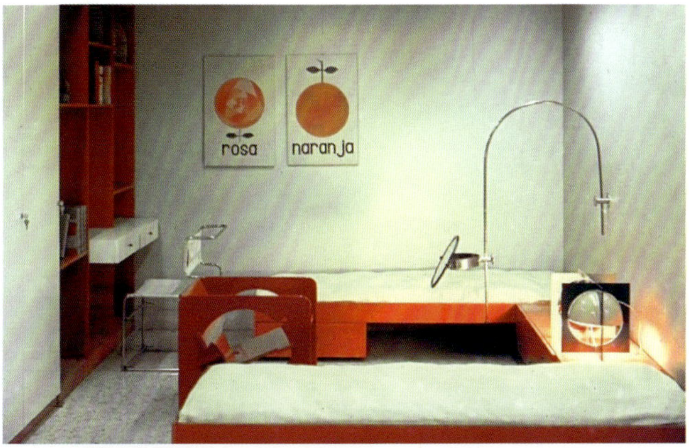

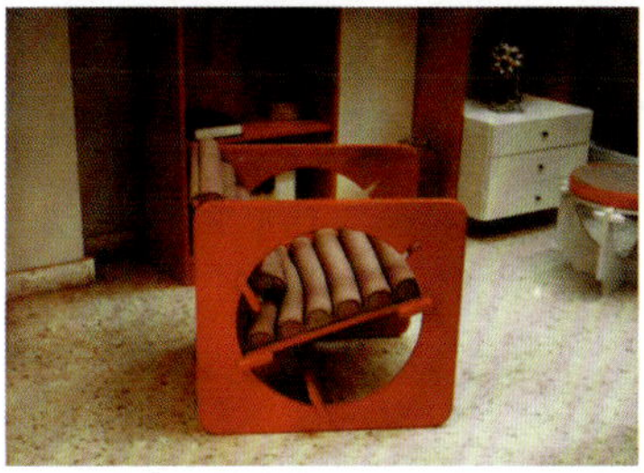

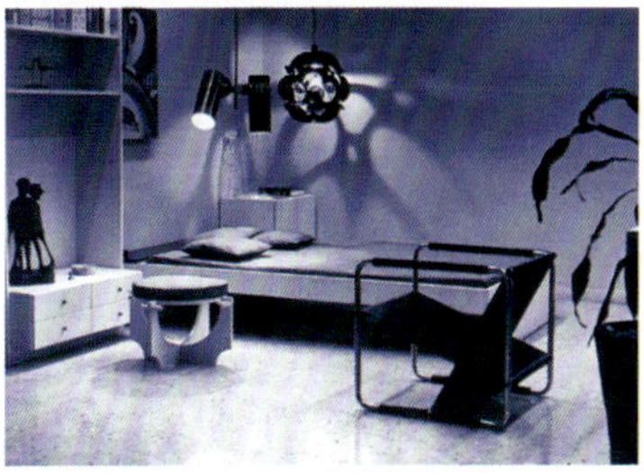

Reinaldo Togores, María Teresa Muñiz & Heriberto Duverger **Exhibition** Exposición ***MUEBLEPARED***
Havana La Habana **1971** **Photography** Fotografía **Reinaldo Togores**
Courtesy of Cortesía de **Archivo de Reinaldo Togores & María Teresa Muñiz**

1971

The *MueblePared* exhibition was held, marking the first presentation of the Light Industry Group, in which all of its industrial design proposals were displayed. During this period, furniture was developed for several schools, along with the experimental housing module designed by Fernando Salinas.

Se realizó la exposición *MueblePared*, la primera presentación del grupo de la Industria Ligera, donde se exhibieron todas sus propuestas de diseño industrial. En este periodo se desarrolló el mobiliario para varias escuelas y el módulo de vivienda experimental de Fernando Salinas.

1972

The design group for the Ministry of Light Industry was disbanded, as the state industry found no use for its design proposals. As a result, not all of its members returned to the Ministry of Construction. In this new context, Reinaldo Togores focused on designing schools, while María Teresa Muñiz devoted most of her time to ceramics.

El grupo de diseño del Ministerio de la Industria Ligera se desintegró, ya que la industria estatal no encontró utilidad en sus propuestas. Como resultado, todos sus integrantes regresaron al Ministerio de la Construcción. En este nuevo ámbito, Reinaldo Togores se dedicó al diseño de escuelas y María Teresa Muñiz comenzó a dedicar la mayor parte de su tiempo a la cerámica.

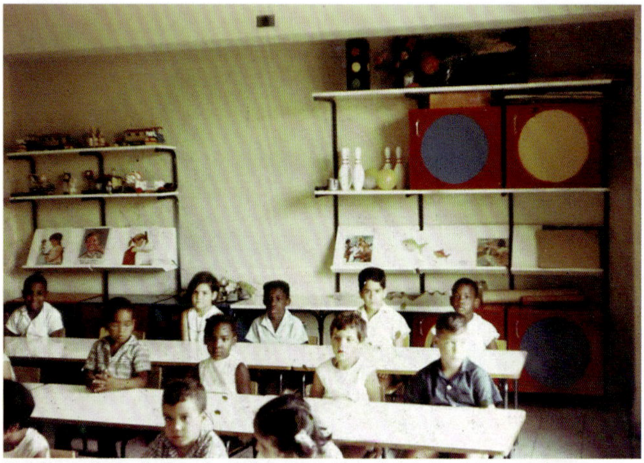

María Teresa Muñiz Furniture for the Experimental School of the Plastic Footwear Factory Mobiliario para la Escuela Experimental de la Fábrica de calzado plástico, **Havana** La Habana **1970 Courtesy of** Cortesía de **Archivo de Reinaldo Togores & María Teresa Muñiz**

1974

Thanks to Celia Sánchez's initiative, the Empresa de Productos Varios (EMPROVA) was created, dedicated to the production of textiles, furniture, and office supplies. Designers Gonzalo Córdoba and María Victoria Caignet were responsible for the Design Department. Until 1993, EMPROVA furnished over 100 hotels, 100 protocol houses, small offices, the Convention Palace, and the Palace of the Revolution, in addition to developing plans for affordable and youth housing.

Gracias a la iniciativa de Celia Sánchez, se creó la Empresa de Productos Varios (EMPROVA), que se dedicó a la producción de textiles, muebles y suministros de oficina. Los diseñadores Gonzalo Córdoba y María Victoria Caignet estuvieron al frente del Departamento de Diseño. Hasta 1993, EMPROVA amuebló más de 100 hoteles, 100 casas de protocolo, pequeñas oficinas, el Palacio de Convenciones y el Palacio de la Revolución, además de desarrollar planes para la vivienda económica y la vivienda joven.

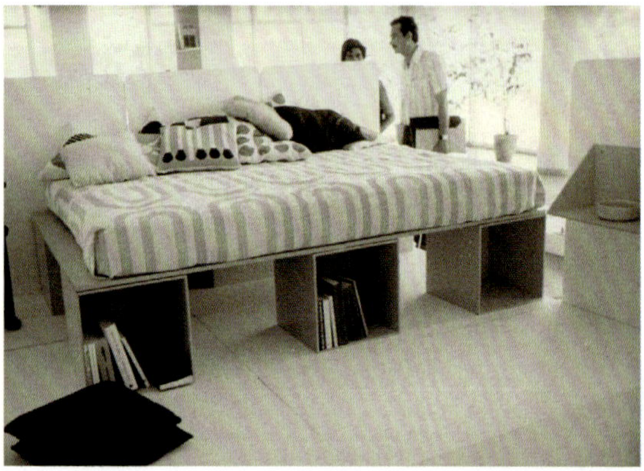

Gonzalo Córdoba (EMPROVA)
Bed for the exhibition
Cama para la exposición
***AMBIENTE JOVEN*,**
Hotel Habana Libre,
Havana La Habana **1982**
Courtesy of Cortesía de
Archivo de Laura Córdoba

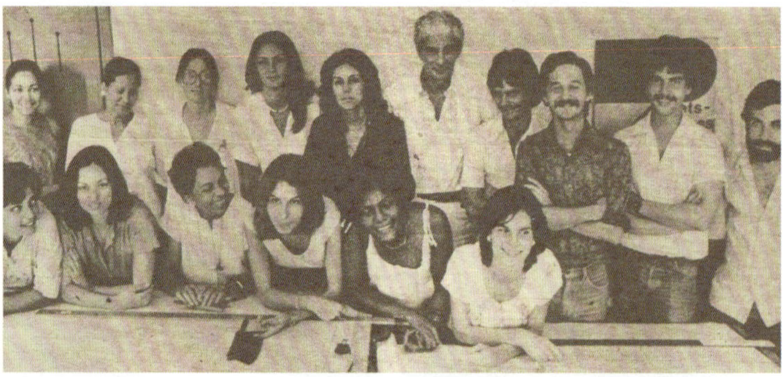

Team of the Equipo de la **EMPROVA *Revista Bohemia* 1981**
Gonzalo Córdoba, María Victoria Caignet, Rosa Brelel, Yara Díaz, Gladys Bidot, Bojidara Jristova, Beatriz Córdoba, Marianela Puig, Blanca Córdoba, Salvador Grau, Jesús Tesoro, Ángel Álvarez, Julián Argilagos, Eduardo Fariñas, Elena León, Thelma Quintana & María Victoria Quesada
Courtesy of Cortesía de **Archivo de Laura Córdoba**

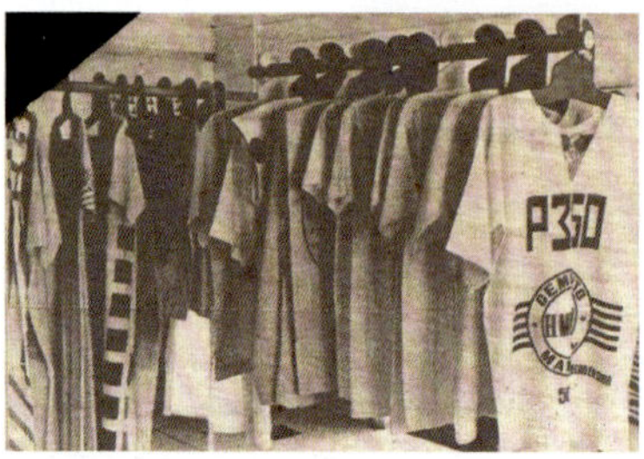

EMPROVA
Clothing Vestimenta
***Revista Bohemia* 1981**
Courtesy of Cortesía de
Archivo de Laura Córdoba

Gonzalo Córdoba (EMPROVA)
Table Mesa ***RONDA*****,**
seats butacas ***PLANIA***
Exhibition Exposición
OUR CULTURE IN DAILY LIFE *NUESTRA CULTURA EN LA VIDA DIARIA*
Galería Habana 1981
Courtesy of Cortesía de
Archivo de Laura Córdoba

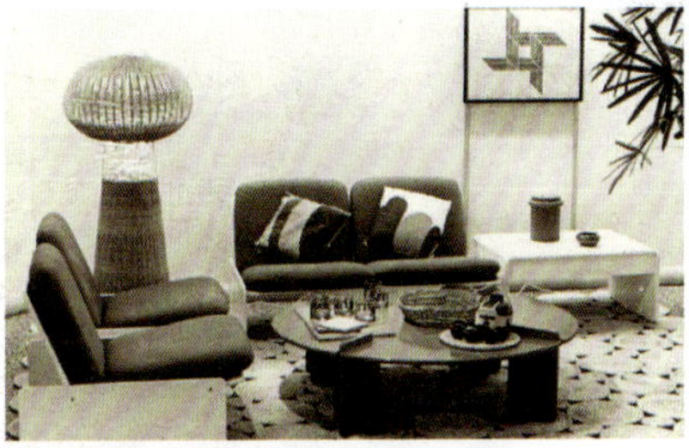

During his tenure as director of EMPROVA, Córdoba organized design exhibitions such as *Diseños de Gonzalo Córdoba* [Designs by Gonzalo Córdoba] at Galería Habana in 1979 and *Diez años de la Emprova* [Ten Years of EMPROVA] at the La Rampa Experimental Design Workshop in 1984. These exhibitions represented the final remnants of the project led by Celia Sánchez, which began to be abandoned after her death in 1980.

En la misma época en que fue director del Departamento de Proyectos y Diseños de la EMPROVA, Gonzalo Córdoba presentó exposiciones de diseño, entre ellas: *Diseños de Gonzalo Córdoba*, en Galería Habana, en 1979; y *Diez años de la EMPROVA*, en el Taller Experimental La Rampa, en 1984. Estas muestras representaron los últimos ecos del proyecto liderado por Celia Sánchez, que comenzó a ser abandonado tras su muerte en 1980.

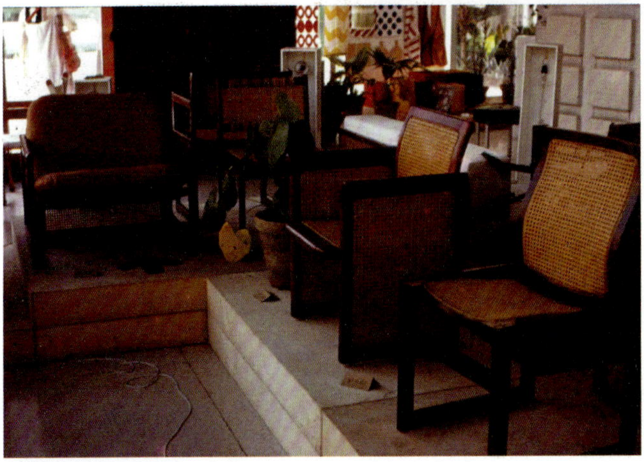

Exhibition view Vista de exposición
TEN YEARS OF TH EMPROVA *DIEZ AÑOS DE LA EMPROVA*
Havana La Habana **1984** **Courtesy of** Cortesía de **Archivo de Laura Córdoba**

90s

After the dissolution of the USSR in the 1990s, Cuba faced a severe national economic crisis that profoundly impacted plans for industrial development and the daily life of the population. As a result, Cuba shifted its economy toward tourism as a means of generating income in more stable currencies. In 1992, Reinaldo Togores and María Teresa Muñiz left Cuba to settle in Spain. During the same decade, María Victoria Caignet and Gonzalo Córdoba left their positions at EMPROVA, marking the end of an era and a shift in the way the design industry was conceived on the island.

Tras la caída de la URSS en los años 90, Cuba enfrentó una severa crisis económica nacional que impactó profundamente los planes de desarrollo industrial y la vida cotidiana de la población. En respuesta, el país redirigió su economía hacia el turismo como una alternativa clave para generar ingresos en divisas más estables. En 1992, Reinaldo Togores y María Teresa Muñiz dejaron Cuba para establecerse en España. Durante esta misma década, María Victoria Caignet y Gonzalo Córdoba abandonaron su labor en la EMPROVA, marcando el fin de una era y de la forma de concebir la industria del diseño en la isla.

BIBLIOGRAPHY BIBLIOGRAFÍA

A Modernist Regime. Cuban Mid-Century Design **(exh. cat.** cat. exp.**),** **curated by** curada por **Abel González Fernández, Laura J. Mott, Andrew Satake Blauvelt, Andrew Ruys de Perez (Bloomfield Hills: Rizzoli Electa-Cranbrook Art Museum, 2024).**

Alejandro Alonso Suárez & Isabel Quintela Rodríguez, *A lo Córdoba: recuperar, analizar la obra de Gonzalo Córdoba y diseñar desde ella* (Undergraduate Thesis Trabajo de diploma, **Instituto Superior de Diseño, Havana** La Habana, **2013).**

Clara Porset. Diseño y cultura**, selection and foreword by** selección y prólogo de **Jorge R. Bermúdez (Letras cubanas, 2005).**

Gladys Bidot Peláez & Flor de Lis López Hernández, "Celia y el diseño industrial en Cuba," in en ***CUBADEBATE*** **(9 May** mayo, **2020). In** En: **http://www.cubadebate.cu/especiales/2020/05/09/celia-y-el-diseno-industrial-en-cuba/.**

Lucila Fernández Uriarte, et al., *Modernidad, identidad y valor social. El diseño en Cuba de 1960 a 2000* (Havana La Habana: **ediciones forma, 2016).**

Clara Porset, *La vida en el arte*, Ana Elena Mallet (ed.), (Mexico City Ciudad de México: Alias, **2020).**

Mayra Pombo García, "Cuba redescubre a Clara Porset," in en ***Cuban Art News*** **(8 July** julio, **2014). In** En: **https://cubanartnewsarchive.org/es/2014/07/08/cuba-redescubre-a-clara-porset/.**

Reinaldo N. Togores, "1969-1972: El olvidado diseño industrial cubano de fines de los sesenta," in en ***formas & funciones.*** **In** En: ***https:*****//www.togores.net/arquitectura-y-diseno/premisas.html.**

Reinaldo N. Togores, "MUEBLEPARED: Una Propuesta", *formas & funciones.* **In** En: **https://www.togores.net/arquitectura-y-diseno/premisas/mueblepared.**

DE LOS PELIGROS DE LA DECORACIÓN

MARCO A. CASTILLO y DOROTHÉE DUPUIS
Sisal, Yucatán, México, junio 2024

ON THE DANGERS OF DECORATION

MARCO A. CASTILLO and DOROTHÉE DUPUIS
Sisal, Yucatán, Mexico, June 2024

Dorothée Dupuis: ¿Cómo surgió la investigación que iniciaste tras la disolución de Los Carpinteros en 2018, después de 26 años de colaboración?

Marco A. Castillo: Mi interés por los objetos y el diseño latinoamericano viene desde antes, cuando iba con Dago (Dagoberto Rodríguez) a visitar anticuarios y mercados en Brasil, Buenos Aires y otros países. Me puse en la tarea de estudiar y coleccionar la obra de grandes maestros del diseño internacional como Sergio Rodrigues, José Zanine Caldas, Martin Eisler, entre otros. En 2016, me mudé de regreso a La Habana con la intención de desarrollar un nuevo estudio y crear un espacio expositivo para invitar a curadores a realizar proyectos específicos que beneficiaran al contexto cubano. Uno de mis intereses fundamentales era investigar qué había sobrevivido en Cuba de la estética y el funcionalismo que caracterizaron a nuestra sociedad hasta el inicio del proceso revolucionario. Conocía algunos nombres aislados, sobre todo de arquitectos como Mario Girona, Ricardo Porro, Roberto Gottardi y Vittorio Garatti, quienes hicieron un maravilloso trabajo durante los años sesenta. En 2017, invitamos al curador Abel González Fernández al estudio para realizar una exposición sobre el patrimonio del interiorismo cubano en los inicios del periodo revolucionario. De ahí surgió *El museo de las máquinas: arquitectura de espacios cerrados en las décadas de los 60 y 70 de la Revolución Cubana*. Una vez disuelto el colectivo, esta investigación fue la base de mi proyecto *La casa del decorador*.

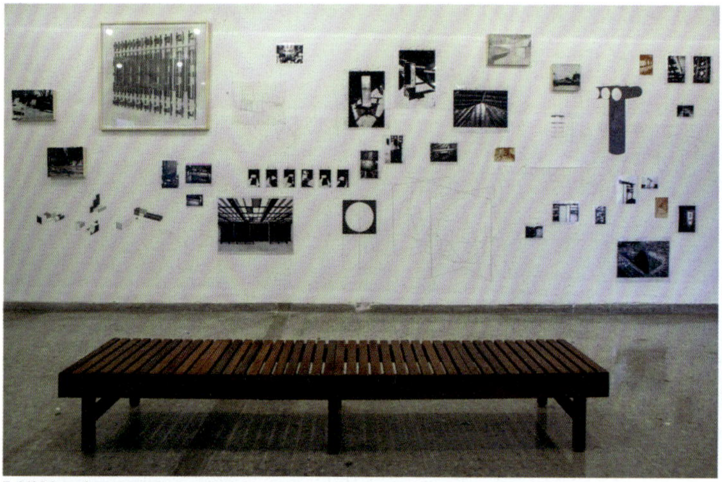

Exhibition view Vista de exposición
EL MUSEO DE LAS MÁQUINAS: ARQUITECTURA DE ESPACIOS CERRADOS EN LAS DÉCADAS DEL 60 Y 70 DE LA REVOLUCIÓN CUBANA **2017** **Este No. 8, Nuevo Vedado, Havana** La Habana
Photography Fotografía **Leandro Feal** **Courtesy of** Cortesía de **Los Carpinteros**

Dorothée: Los Carpinteros buscaron alejarse de la etiqueta de "artista cubano" a través de un comentario político-social que evitaba hacer referencias directas a Cuba, aunque siempre estabas presente para participar de una conversación más amplia sobre la situación política del país. Ahora, te estás enfocando en un episodio histórico muy específico: parece que ya dispuesto a abordar directamente la historia de Cuba y las consecuencias de la dictadura. Es como si estuvieras preparando el terreno para hablar abiertamente sobre el tema, citando eventos históricos y fuentes específicas, sin diluirlo en generalidades. ¿Qué opinas de este cambio?

Marco: Las cuestiones generacionales influyen en nuestro comportamiento y en nuestras ideas. Por ejemplo, la generación de artistas de los 80, anterior a la nuestra, estuvo marcada por la relación con Europa del Este y la posibilidad de mejorar y corregir la utopía. La Cuba de los años 90 se vincula con la caída del Muro de Berlín y la apertura hacia el mundo exterior de una forma exponencial; fue el momento en el que comenzamos a tener contacto con extranjeros, lo que expandió nuestra perspectiva. Recuerdo, por ejemplo, a

Dorothée Dupuis: How did the research you started after the dissolution of Los Carpinteros in 2018, after 26 years of collaboration, come about?

Marco A. Castillo: My interest in Latin American objects and design comes from before, when Dago (Dagoberto Rodríguez) and I used to visit antique shops and markets in Brazil, Buenos Aires, and other places. I set myself the task of studying and collecting the work of great masters of international design such as Sergio Rodrigues, José Zanine Caldas, and Martin Eisler, among others. In 2016, I moved back to Havana with the intention of establishing a new studio and exhibition space where curators could carry out specific projects that would benefit the Cuban context. One of my main interests was investigating what had survived in Cuba of the aesthetics and functionalism that characterized our society until the beginning of the revolutionary process. I knew some specific names, mainly architects such as Mario Girona, Ricardo Porro, Roberto Gottardi, and Vittorio Garatti, who produced wonderful work during the 1960s. In 2017, we invited curator Abel González Fernández to the studio to present an exhibition on the heritage of Cuban interior design in the early revolutionary period. This was the origin of *El museo de las máquinas: arquitectura de espacios cerrados en las décadas de los 60 y 70 de la Revolución Cubana* [The Museum of Machines: Architecture of Closed Spaces of the Cuban Revolution in the 60s and 70s]. Once the collective disbanded, this research was the basis of my project *La casa del decorador* [The Decorator's Home].

Dorothée: Los Carpinteros sought to move away from the label of "Cuban artists" by engaging in a sociopolitical discourse that avoided direct references to Cuba, yet you were always willing to join in a broader conversation about the country's political situation. You are now focusing on a very specific historical period, and you seem to be ready to engage directly with Cuban history and the aftermath of the dictatorship. It's as if you were laying the groundwork for an open discussion about the subject, noting specific historical events and sources rather than reducing it to broad generalizations. What do you think of this change?

Marco: Generational issues influence our behavior and our ideas. For instance, the artists of the 1980s, the generation that came before us, were marked by the link with Eastern Europe and the prospect of improving and rectifying the utopia. The Cuba of the 1990s is inextricably tied to the fall of the Berlin Wall and the exponential opening to the outside world; it was the point at which we began to interact with outsiders, broadening our perspective. For example, I recall Dan Cameron, Okwui Enwesor, and many others who visited Cuba at the time with an open mind and an interest in what was occurring on the island in terms of art. Now, after sixty years of an endless historical pro-

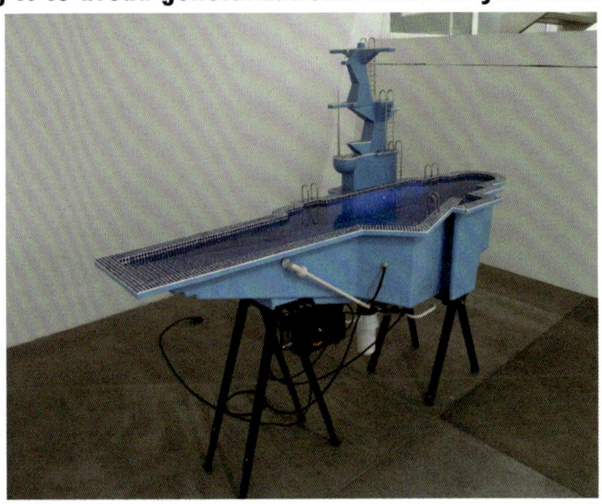

Los Carpinteros ***PORTAVIONES*** **2005**
Water, fiber glass, epoxy resin, stainless steel, PVC tubes, optical fiber, water pump, glass pills Agua, fibra de vidrio, resina epoxi, acero inoxidable, tubos de PVC, fibra óptica, bomba de agua, pastillas de vidrio **171 x 78 x 219 cm**
Courtesy of Cortesía de **Fortes D' Aloia & Gabriel** **Collection** Colección **TBA-21, Vienna** **© Los Carpinteros**

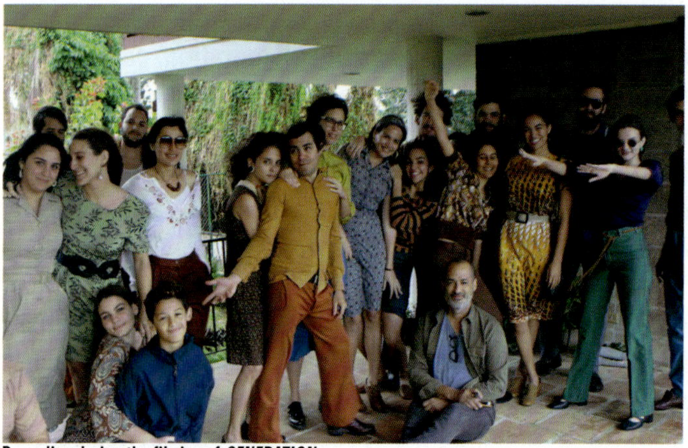

Recording during the filming of *GENERATION*
Documentación durante la filmación de *GENERACIÓN* **2019**
Photography Fotografía **Joao Hojas**

Dan Cameron, Okwui Enwesor y tantos otros que visitaron Cuba en ese momento, con una mentalidad de apertura y una fascinación por lo que sucedía en la isla en materia de arte. Ahora, después de 60 años de un proceso histórico interminable, estamos ante un "cadáver viviente", incapaz incluso de autotransformarse o generar una discusión que vaya más allá de la oposición caduca entre capitalismo y socialismo. Cuando me mudé de vuelta a La Habana en el 2017, mi generación ya no estaba. Así que coincidí con la generación que estaba operante en ese momento. Algunos de sus miembros, como los artistas Hamlet Lavastida, Lester Álvarez, José Manuel Mesías, o curadores como Abel González, estaban muy interesados en el revisionismo histórico. Sus proyectos usan el archivo y su conocimiento histórico para cuestionar el presente. Encontré en esta Cuba un ambiente propicio para mi investigación. Me encanta colaborar y estos acercamientos enriquecieron mis propuestas artísticas, me llevaron a ideas inusitadas.

Dorothée: Me encanta lo que dices. Desde el año 2010, hay una tendencia fuerte conocida como el "giro archivista", con la que se ha incrementado el interés por incorporar la noción de archivo en las prácticas artísticas. Esta práctica ya había sido bastante usada por feministas y artistas racializades en los 70 y 80 para cuestionar cómo se construye la historia, ya que estas voces no tenían un lugar en la historia del arte. También en los 90, surgieron colectivos y movimientos de artistas gays como Art and Language y el AIDS Art Movement, los cuales usaron en sus obras material gráfico empleado para el activismo como afiches y postales, o realizaron acciones ante el aparato burocrático y judicial de estado como cartas, reportes o artículos de prensa, con el fin de cuestionar el propósito del quehacer artístico y deconstruir relatos que son parte de las herramientas del poder. Siento que los aportes de esos años, especialmente desde una mirada feminista decolonial, renovaron el arte al poner atención en artistas ignorades y no coleccionades que no formaban parte del arte *mainstream* occidental. En 2010, estas prácticas empezaron a difundirse en las escuelas de arte y eso permitió a gestores como Abel darse cuenta de que podían trabajar con el archivo en sus proyectos. Me interesa que, como artista con una trayectoria amplia, decidas retarte a incorporar tendencias y lenguajes contemporáneos, inspirándote en agentes más jóvenes. Es un riesgo, ya que muchos artistas de 50 años siguen haciendo lo mis-

cess, we are faced with a "living corpse" incapable even of self-transformation or producing a discussion that goes beyond the old conflict between capitalism and socialism. When I moved back to Havana in 2017, my generation was gone, so I fell in with the generation that was active at the time. Some of its members, including artists Hamlet Lavastida, Lester Álvarez, and José Manuel Mesías, and curator Abel González Fernández, were very interested in historical revisionism. Their projects use the archive and its historical knowledge to question the present. In this Cuba, I found an environment conducive to my research. I love collaborating, and these approaches enhanced my artistic proposals, leading me to unexpected ideas.

Dorothée: **I love to hear you say that. Since 2010, there has been a strong trend known as the "archival turn," which has resulted in growing interest in incorporating the concept of the archive into artistic activities. This approach had previously been widely adopted by feminists and racialized artists in the 1970s and 1980s to challenge how history is constructed, as these voices weren't given space in art history. In the 1990s, gay artists' collectives and movements such as Art & Language and the AIDS art movement emerged, using graphic material intended for activism, such as posters and postcards, or performing actions before the bureaucratic and judicial state apparatus, such as letters, reports, or news articles, with the goal of questioning the purpose of artistic work and deconstructing narratives that are part of the tools of power. I believe that the contributions of those years, particularly from a decolonial feminist perspective, revitalized art by focusing on overlooked and uncollected artists who were not part of mainstream Western art. In 2010, these practices began to spread in art schools, allowing cultural managers like Abel to realize that they could work with the archive in their projects. I find it interesting that, as an artist with an extensive background, you choose to challenge yourself to incorporate contemporary trends and languages, pulling inspiration from younger talent. It represents a risk, since many fifty-year-old artists just keep doing the same thing for fear of confronting new languages. It's a valuable risk to take, as interesting art continues to emerge as a result of these decisions.**

Marco: **You've connected me with something I hadn't considered: the idea of the archive. I have been researching, collecting material, and restoring objects from 1960s and 1970s Cuba,[1] dusting off an overlooked history and knowledge, all as research tools for my current work. This collection, without a doubt, is creating an archive that will bring to light a heritage tied to the materiality and aesthetics of my childhood. So you are right; this archive serves as the foundation for my individual work, allowing me to challenge and create new narratives.**

Dorothée: **Now I have a question, a bit serious and a bit joking: You used to be a "carpenter" and now you emphasize being a "decorator"; are**

1 This archive has inspired and formed part of other projects such as an exhibition at the Cranbrook Art Museum in 2024 focusing on the Cuban interior design of the time. See: *A Modernist Regime: Cuban Mid-Century Design and A Modernist Regime: The Contemporary Cuban Lens*, curated by Abel González Fernández and Laura Mott (Detroit: Cranbrook Art Museum, July 11, 2024-September 22, 2024).

mo por miedo a enfrentar nuevos lenguajes. Es valioso que tomes ese riesgo, ya que el arte interesante sigue surgiendo de estas decisiones.

Marco: Me has conectado con algo que no había considerado: la idea del archivo. He estado investigando, recopilando material y restaurando objetos de la Cuba de los años 60 y 70,[1] desempolvando una historia y un conocimiento ignorado; todo esto como herramientas de investigación para mi trabajo actual. Este cúmulo sin duda está generando un archivo que da visibilidad a un legado relacionado con la materialidad y la estética en la que crecí. Así que tienes razón, este archivo es el punto de partida de mi práctica individual y me sirve para cuestionar y construir nuevas narrativas.

Dorothée: Ahora tengo una pregunta, un poco en serio y un poco en broma: antes eras un "carpintero" y ahora haces énfasis en ser un "decorador", ¿te da miedo identificarte como "artista"? Parece que quieres mantener cierta distancia con este término.

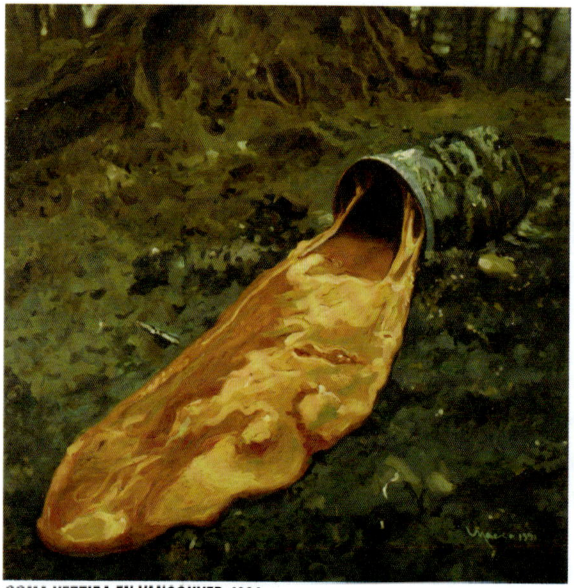

GOMA VERTIDA EN VANCOUVER **1991**
Oil on Canvas Óleo sobre tela **145 x 146 cm**
Courtesy of Cortesía de **Museo Nacional de Bellas Artes, Havana** La Habana

Marco: Cuando hice mi primera exposición y aquel título me insinuaba como el "decorador", varios amigos me advirtieron que era un grave error, ya que el mundo del arte contemporáneo aborrece y estigmatiza lo decorativo. Considero que lo que se ha denominado como conceptualismo ha alcanzado un punto máximo en la investigación artística, pero éste puede caer en el academicismo y, por tanto, convertirse en una especie de dictadura. Quiero posicionarme desde otro lugar y cuestionar el arte, la historia y los temas políticos y sociales desde una perspectiva liberada de ese academicismo, a partir de una posición más riesgosa y vulnerable. Nombrarse "decorador" es de lo más riesgoso que uno puede hacer en el medio artístico. Estoy explorando figuras, a las que tú llamas "monstruos", que tienen un nivel de aberración que encuentro más vibrante y efectivo. Hay algo liberador en intentar zafarse del título y la responsabilidad predeterminada del artista.

Dorothée: Asumes ese título con escepticismo para no colocarte en una postura de autoridad. Como dices, hay una dictadura del buen gusto en el arte, si te acomodas a ella, terminas produciendo obras de un academicismo horrible.

1 Este archivo ha detonado y formado parte de otros proyectos como la exposición en el Cranbrook Art Museum en el 2024 que se centra en el diseño interior cubano de la época. Ver: *A Modernist Regime: Cuban Mid-Century Design and A Modernist Regime: The Contemporary Cuban Lens*, curada por Abel González Fernández y Laura Mott (Detroit: Cranbrook Art Museum, julio 11, 2024 - septiembre 22, 2024).

you afraid to identify as an "artist"? You seem to want to keep some distance from this term.

Marco: When I had my first exhibition and the title referred to me as the "decorator," several friends warned me that it was a big mistake, because the contemporary art world despises and stigmatizes decoration. I believe that conceptualism has reached its pinnacle in artistic research, but it has the potential to devolve into academicism and, as a result, become a form of dictatorship. I want to take a different stance and question art, history, and political and social topics from a non-academic, riskier, and more sensitive position. Calling yourself a "decorator" is one of the riskiest things you can do in the art industry. I am exploring figures, which you call "monsters," that have a degree of aberration that I find more vibrant and effective. There is something liberating in trying to break free from the artist's title and predetermined responsibility.

Dorothée: You take on this title with skepticism so as not to put yourself in a position of authority. As you say, there is a dictatorship of good taste in art, and if you conform to it, you end up producing works of terrible academicism.

Marco: My generation made art that carved out a context fragmented by extremism and by the resulting cultural vacuum created by censorship, persecution, and exodus. Looking back, it was a challenge to develop a career under those conditions. Throughout the years, I have avoided conventional positions and intellectual refuges that have been excessively exploited, particularly those based on pure and explicit critiques. Speaking of the Cuban context, I have not followed those paths that dismiss all statements on the "revolution" or the "regime," whatever you want to call it. My work is driven by questions that I have been asking myself since I was very young. Both in the collective and in my work over the last six years, I've attempted to externalize those questions using a language of complexity and sophistication. A carpenter's or decorator's expressive resources may appear limited or naïve in the artistic context, yet they hold significant meaning. In *La casa del decorador* I speak of freedom and emancipation, but through the beauty, craftsmanship, and human sensitivity that drives the intimate sphere.

Dorothée: That brings me to a complicated but interesting topic. Design historian Alexandra Midal writes about how the rise of the Bauhaus and early twentieth-century modern design changed certain gender logics. The kitchen was once considered a women's domain, but with the introduction of functionalist ideas that attempted to optimize domestic tasks using the logic of hygiene and modernity, a "masculine" approach to the rationalization of household chores emerged.[2]

Marco: Everything we have touched, transformed, or built reflects who we are and how we think. Machismo has existed since the beginning of mankind and continues to be expressed in different ways in different cultures to this day. So if it is present in design, it's ingrained in its essence.

Dorothée: Midal explains that magazines like *Playboy* and *Newsweek*, geared toward men, started out talking about design. At first, there

2 Alexandra Midal, *Design: Introduction à l'histoire d'une discipline* (Paris; Pocket, 2009).

Marco: Mi generación hizo un arte que minó un contexto fragmentado por los extremismos y por el consecuente vacío cultural que dejó la censura, la persecución y el éxodo. Mirando en retrospectiva, fue un reto desarrollar una carrera bajo esas condiciones. En todos estos años no he optado por posturas comunes ni por refugios intelectuales muy explotados, especialmente aquellos que se basan en la queja pura y explícita. Hablando del contexto cubano, tampoco he seguido aquellos caminos que desautorizan todo comentario relacionado con la "revolución" o el "régimen", como quiera llamársele. Los cuestionamientos que atraviesan mi trabajo están basados en preguntas que me he hecho desde muy joven. Tanto en el colectivo como en el trabajo que he desarrollado en los últimos seis años, he intentado exteriorizar esas preguntas a través de un lenguaje de complejidad y sofisticación. Los recursos expresivos de un carpintero o un decorador algunas veces parecieran ingenuos o limitados para el medio artístico, pero en realidad llevan un significado profundo. En *La casa del decorador* hablo de libertad y emancipación, pero desde la belleza, la artesanía y la sensibilidad humana que rige la esfera íntima.

Dorothée: Esto me lleva a un tema complicado pero interesante. La historiadora del diseño Alexandra Midal escribe sobre cómo el surgimiento de la Bauhaus y el diseño moderno de inicios del siglo XX cambia ciertas lógicas de género. Antes, la cocina era el territorio de las mujeres, pero con la irrupción de ideas funcionalistas que buscaban optimizar las tareas domésticas bajo lógicas de higiene y modernidad se introdujo un enfoque "masculino" en la racionalización de las tareas del hogar.[2]

Marco: Todo lo que hemos tocado, transformado o construido está impregnado de cómo somos y cómo pensamos. El machismo ha estado presente desde el inicio de la humanidad y se manifiesta de diversas maneras en diferentes culturas hasta la actualidad. Así que, sí está presente en el diseño, está arraigado en su esencia.

Dorothée: Midal explica que revistas como *Playboy* y *Newsweek*, dirigidas a hombres, comenzaron a hablar de diseño. Al principio, había un miedo de que los lectores se sintieran "feminizados" por interesarse en temas sobre sofás y cocinas, así que para contrarrestar esto, empezaron a incluir mujeres desnudas en sus páginas, como una forma de afirmar la masculinidad del lector. Esto refleja el interés de distanciarse de un interés tradicionalmente considerado femenino en el interiorismo. La decoración a menudo se ve como algo trivial, femenino o *queer*.

Marco: De hecho, creo que puede haber algo de eso en el miedo de mis amigos a que me autodenomine como "decorador". Aunque no sé bien cómo posicionarme frente a estos prejuicios, lo cierto es que mi enfoque como decorador no sólo habla de lo estético o funcional: habla también desde un nivel personal. Siempre me he preocupado por el espacio en el que vivo y trabajo, la iluminación y la armonía de lo que nos rodea. He logrado canalizar mi interés por la decoración a través de mi obra, pero al principio fue un conflicto explo-

2 Alexandra Midal, *Design: Introduction à l'histoire d'une discipline* (Agora, 2009).

was a fear that readers would feel "feminized" by being interested in topics such as sofas and kitchens, so to counteract this, they began to include nude women in their pages as a way of affirming the reader's masculinity. This reveals a desire to shift away from interior design interests that have historically been considered feminine. Decoration is often seen as trivial, feminine, or queer.

Marco: In fact, I think there may be some of that in my friends' fear of me calling myself a "decorator." Although I am not sure how to position myself in the face of these prejudices, the truth is that my approach as a decorator is not only aesthetic or functional; it also speaks from a personal perspective. I have always cared about the environment in which I live and work, the lighting, and the harmony of our surroundings. I have been able to harness my passion for decoration through my work, but it was a challenge to capitalize on that potential at first. I thought the art world would censor it. However, I've decided to show it openly, even with a certain amount of self-confidence. Hence, the insistence on the word decorator and the behavior of one.

Dorothée: I think we should honor that and talk about your works as "monsters." This is a queer practice; it is about producing hybrid forms, in this case between art and design, that do not fit into categories. Queerness is dissidence, it is rejecting society's binarisms.

Marco: Or ideologies.

Dorothée: It is to accept the desire to find a middle ground—not an ideal mix, but one that allows us to navigate between different extremes. This attracts people to the work. There was already a very queer side to Los Carpinteros, especially in works that play with the soft or the melted. For example, I'm thinking of the handheld lantern sculptures, where the light looks like a pool of color; they remind me of Salvador Dalí's surrealist works and the French sculptor César's melting paint drops. This reflects a disintegration of the masculine and the idea of erection. Many of Los Carpinteros' works explore ambiguous aspects such as broken bricks and allude to

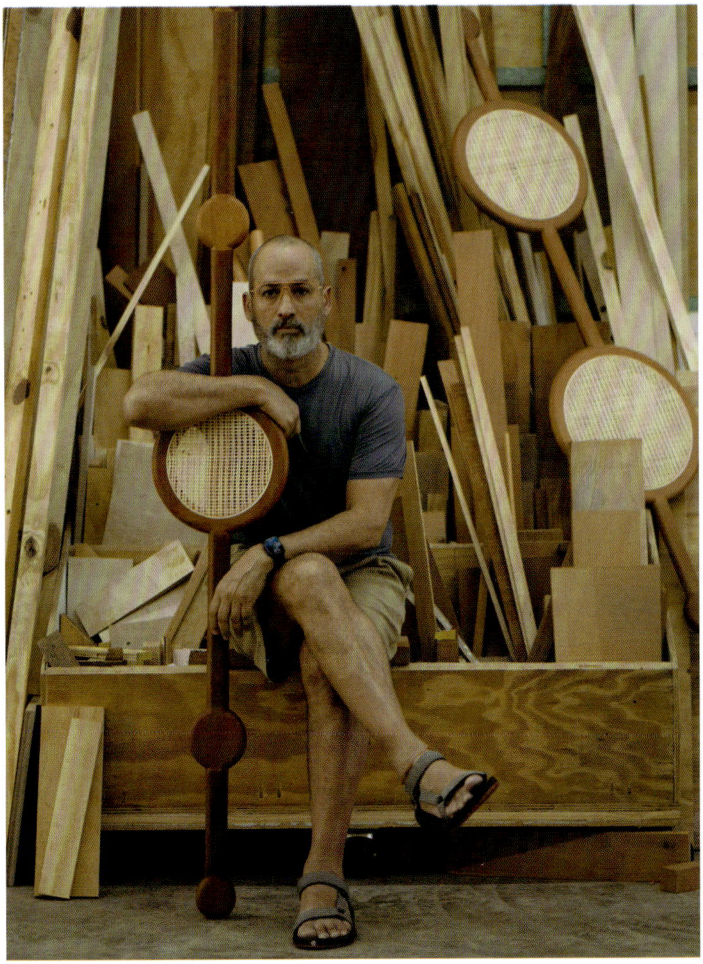

Marco A. Castillo in his workshop in en su taller en Mérida, Yucatán
Photography Fotografía David Avilés

tar este potencial. Pensaba que el mundo del arte lo censuraría. Sin embargo, he decidido mostrarlo abiertamente, incluso con cierto desparpajo. Por eso la insistencia en la palabra y el comportamiento de un decorador.

Dorothée: Yo creo que deberíamos honrar esto y hablar de tus obras como "monstruos". Esto es una práctica *queer*: se trata de crear formas híbridas –en este caso entre arte y diseño– que no encajan en categorías. Lo *queer* es disidencia, es rechazar los binarismos de la sociedad.

Marco: O de ideologías.

Dorothée: Es aceptar el deseo de encontrar un espacio intermedio, no una mezcla ideal, sino uno que permita navegar entre diferentes extremos. Esto atrae a la gente hacia la obra. En Los Carpinteros, ya había un lado muy *queer*, especialmente en obras que juegan con lo blando o lo derretido. Por ejemplo, pienso en las esculturas que son linternas de mano, donde la luz parece como un charco de color; me recuerdan a las obras surrealistas de Salvador Dalí y las esculturas del francés César, que son gotas de pintura derritiéndose. Esto refleja una desintegración de lo masculino y la idea de la erección. En muchas obras de Los Carpinteros exploran elementos ambivalentes como ladrillos en pedazos y aluden a la fragilidad a través de la presencia del agua, como en las obras de piscinas que podrían disolverse en cualquier momento.

Marco: O como un artista que se opone a una dictadura con gestos decorativos, hablando de migración y destierro a través de asientos de ratán donde antes reposaban los traseros de personas que hoy faltan.

Dorothée: Creo que hay una fuerza subyacente en todo lo que acabamos de comentar. Aunque esta idea siga siendo poco visible, hay una energía erótica que sostiene al patriarcado y su masculinidad triunfal. Esa energía se manifiesta incluso en la guerra.

Marco: Participé en una exposición de pósteres en contra de la bomba atómica, un macro evento internacional. Pedro Reyes invitó a generar una imagen que se imprimiría en formato póster para reflexionar y denunciar lo cerca que estamos de una destrucción global. La pieza que presenté se relaciona con lo que mencionas. Los hombres han prevalecido en el poder y son quienes fabrican armas y generan las crisis bélicas. Para mi póster, utilicé un *satisfyer* masculino, un objeto sexual que estimula varias partes erógenas del hombre, y transformé la parte que entra en el ano en una bomba atómica. Hice un símbolo fálico de auto-penetración, denunciando así el claro legado masculino a la humanidad.

Dorothée: Es crucial que los artistas varones comprendan las circunstancias históricas de su poder y participen en la deconstrucción del patriarcado, no sólo como aliados, sino desmantelando su propia masculinidad y los estereotipos tóxicos asociados con ella. Creo

fragility through the presence of water, like in the works featuring swimming pools that could dissolve at any moment.

Marco: Or as an artist who uses decorative gestures to oppose a dictatorship, talking about migration and exile through rattan seats where the bottoms of people who are missing today once rested.

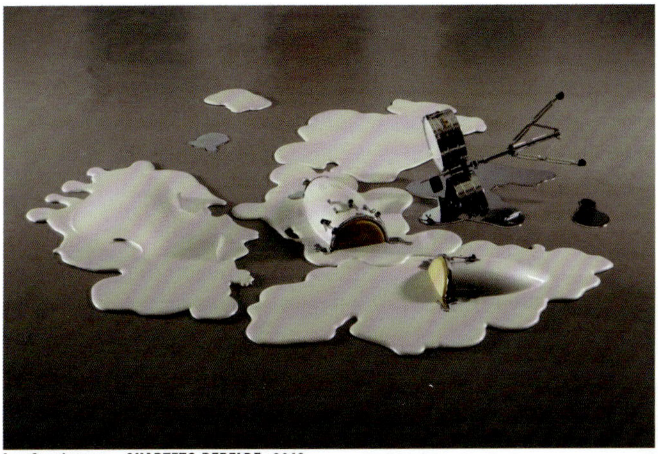

Los Carpinteros *CUARTETO REBELDE* 2012
Wood, chrome metal Madera, metal cromado Variable dimensions Dimensiones variables
Courtesy of Cortesía de Ivorypress, Madrid Private collection Colección privada © Los Carpinteros

Dorothée: I think there's an underlying force in everything we just discussed. Although this idea is still not very visible, there is an erotic energy that sustains patriarchy and its triumphant masculinity. That energy manifests even in war.

Marco: I took part in a poster show against the atomic bomb, which was an international macro event. Pedro Reyes invited the participants to create a poster-sized image to reflect on and denounce how close we are to global destruction. The piece I presented relates to what you mention. Men have prevailed in power and are the ones who manufacture weapons and generate crises of war. For my poster, I took a masculine Satisfyer, a sexual object that stimulates multiple male erogenous zones, and turned the part that goes into the anus into an atomic bomb. I made a phallic symbol of self-penetration, clearly denouncing the male legacy to mankind.

Dorothée: It is critical that male artists recognize the historical context of their power and actively engage in deconstructing patriarchy, not only as allies, but also by dismantling their own masculinity and the toxic stereotypes that come with it. I believe that art plays an important role in the process of removing negative aspects of masculinity, such as war, dictatorship, and authority.

Marco: My first encounter with these stereotypes in my country happened when I decided to pursue an art degree. In my province, art was related to homosexuality or femininity. Although I must admit that I was concerned about what my cousins and friends would say, I enrolled in art school and became aware of the different gender identities of the time; this coexistence opened my mind to tolerance and flexibility. The behavior in my childhood environment in Cuba was not random; the government had created in my province a concentration camp for all kinds of counterrevolutionary behavior called UMAP [Military Units to Aid Production][3], where they held hippies, homosexuals, dissidents, and religious people, among others. The pride of the Revolution was linked to male virility. Just to give you an example, if a state security agent was cheated on by his wife, he was considered weak and was excluded from the organization.

3 Roberto Garcés Marrero, "Los primeros años de la Revolución cubana y las Unidades Militares de Ayuda a la Producción (UMAP)", in *Historia Crítica*, no. 71 (2019), 93-11.

que el arte tiene un papel importante en este proceso de las características negativas de la masculinidad como la guerra, la dictadura y la autoridad.

Marco: Mi primera experiencia enfrentándome a estos estereotipos en mi país fue cuando decidí estudiar arte. En mi provincia, el arte estaba relacionado con lo homosexual o lo femenino. Aunque tengo que admitir que me asustaba lo que dirían mis primos y amigos, entré a la escuela de arte y allí tomé conciencia de las diferentes identidades de género de la época; esta convivencia desbloqueó en mí la tolerancia y la flexibilidad. El comportamiento de mi entorno infantil en Cuba no era gratuito: el gobierno había creado en mi provincia un campo de concentración para todo tipo de comportamientos contrarrevolucionarios llamado UMAP (Unidades Militares de Ayuda a la Producción),[3] donde metían a hippies, homosexuales, disidentes, religiosos, entre otros. El orgullo de la Revolución estaba ligado a la virilidad masculina. Para darte un ejemplo, si un agente de seguridad del estado era engañado por su mujer, era considerado débil y se le excluía de esta organización.

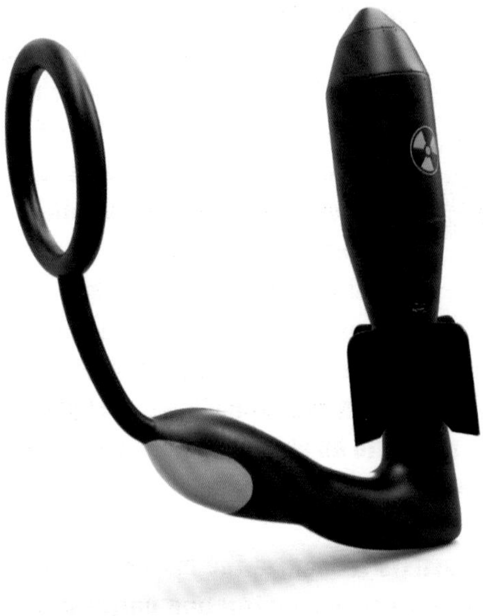

***MALE SATISFAYER* 2024**
Digital print Impresión digital **90 x 60 cm**
Designed for the exhibition Diseñado para la exposición
***ARTISTS AGAINST THE BOMB*, organized by Pedro Reyes Studio and ICAN**
organizada por el estudio de Pedro Reyes e ICAN

Dorothée: Hay varias obras literarias y cinematográficas que abordan la conexión entre las disidencias sexuales y la lucha política de la izquierda. Pienso, por ejemplo, en *El beso de la mujer araña* (1976), de Manuel Puig, o *Tengo miedo, torero* (1986), de Pedro Lemebel.[4] En América Latina, la lucha política de izquierda estaba marcada por una imagen muy varonil; si eras homosexual, no podías ser parte de la Revolución. De hecho, esto me lleva al siguiente tema que quiero abordar: la idea de lo latinoamericano en el arte. En particular, cómo el arte y la cultura han contribuido a la construcción de la identidad latinoamericana en el siglo XX. Varies investigadores, como Mari Carmen Ramírez y Gerardo Mosquera, han subrayado que a menudo se asocia el arte latinoamericano con la idea de lo "fantástico"[5] como en la exposición *Art of the Fantastic* [El arte de lo fantástico], en 1992 en Indianápolis,[6] donde se presentó el arte latinoamericano como algo irracional y salvaje, en contraste con la racionalidad mo-

3 Roberto Garcés Marrero, "Los primeros años de la Revolución cubana y las Unidades Militares de Ayuda a la Producción (UMAP)", en *Historia Crítica*, n. 71 (2019), 93-11.

4 Manuel Puig, *El beso de la mujer araña* (Barcelona: Seix Barral, 2022); y Pedro Lemebel, *Tengo miedo, torero* (Barcelona: Las Afueras, 2021).

5 Gerardo Mosquera, *Beyond the Fantastic: Crítica de arte contemporáneo desde América Latina* (Universidad de Granada, 2022).

6 *Art of the Fantastic: 1920-1987*, curada por Holliday T. Day y Hollister Sturges (Indianápolis: Indianapolis Museum of Art, 1988).

Dorothée: Several literary and cinematic works explore the connection between sexual dissidence and left-wing political struggle. I'm thinking, for example, of *El beso de la mujer araña* [Kiss of the Spider Woman] (1976) by Manuel Puig, or *Tengo miedo, torero* [My Tender Matador] (1986) by Pedro Lemebel.[4] In Latin America, the left-wing political struggle was marked by a very manly image; if you were homosexual, you could not be part of the Revolution. In fact, this brings me to the next topic I want to address: the idea of the Latin American in art. In particular, how art and culture have contributed to the construction of the Latin American identity in the twentieth century. Several researchers, such as Mari Carmen Ramírez and Gerardo Mosquera, have stressed that Latin American art is often associated with the idea of the "fantastic,"[5] as in the 1992 exhibition *Art of the Fantastic* in Indianapolis,[6] where Latin American art was presented as irrational and wild, in contrast to modern European rationality. I am also interested in how African descent is emerging as a new layer of subjectivity in Latin America, one which was previously almost erased. How do you relate to these categories in your work?

Marco: We are talking about two subjects that are deeply intertwined and that in Cuba acquire an exceptional peculiarity: neocolonialism and Afro-descendant subjectivity. During the republican era, our nation was strongly linked to the United States, with a legacy of centuries of Spanish colonialism, including slavery and its aftermath. However, after the Revolution, the island went from being under American influence to becoming a kind of Soviet colony. This only added new layers to the already broad neocolonial spectrum we faced as a Latin American and Caribbean nation.

While other countries in the region were consuming American culture and habits, we were living a utopia imported from Eastern Europe, with racial and class parameters completely foreign to our traditions and cultural interests. This is how I grew up: in the midst of a pathological dependence on propaganda that did not represent our reality. Foreign icons shaped our way of life, encouraging community living and renunciation of all material attachments, always based on the purported superiority of the East.

Despite our country's significant African population, cultural leaders, administrative officers, and strategists are mostly white. Although the government promoted racial vindication as part of its propaganda, racism remained deeply rooted in Cuban society. The state presented itself as "color blind," but that narrative was far from the reality. Minority demonstrations were suppressed, and dissidents of African descent were attacked more violently than white dissidents.

A clear example of this contradiction is the case of Daymé Arocena, a prominent singer and dissident of African descent who has been attacked on social media for expressing her disagreement with the regime. The legitimacy of her criticism has been questioned by the argument—common among those who identify with the ruling party in Cuba—that her community has

4 Manuel Puig, *El beso de la mujer araña* (Barcelona: Seix Barral, 2022), and Pedro Lemebel, *Tengo miedo, torero* (Barcelona: Las Afueras, 2021).

5 Gerardo Mosquera, *Beyond the Fantastic: Crítica de Arte Contemporáneo desde América Latina* (Granada: Universidad de Granada, 2022).

6 *Art of the Fantastic*: 1920-1987, curated by Holliday T. Day and Hollister Sturges (Indianapolis: Indianapolis Museum of Art, 1988).

derna europea. También me interesa cómo la afrodescendencia está emergiendo como una nueva capa de subjetividad en Latinoamérica, que antes estaba casi borrada. ¿Cómo te relacionas con estas categorías en tu trabajo?

Marco: Estamos hablando de dos temas que se entrelazan profundamente y que en Cuba adquieren una peculiaridad excepcional: el neocolonialismo y la subjetividad afrodescendiente. Durante la etapa republicana, nuestra nación estaba fuertemente vinculada a los Estados Unidos, con una herencia de siglos de colonialismo español, incluyendo la esclavitud y sus secuelas. Sin embargo, tras la Revolución, la isla pasó de estar bajo la influencia estadounidense a convertirse en una especie de colonia soviética. Esto no hizo más que sumar nuevas capas al ya amplio espectro neocolonial que enfrentábamos como nación latinoamericana y caribeña.

Mientras otros países de la región consumían cultura y hábitos estadounidenses, nosotros vivíamos una utopía importada desde Europa del Este, con parámetros raciales y de clase completamente ajenos a nuestras tradiciones e intereses culturales. Así crecí yo: en medio de una dependencia patológica a una propaganda que no representaba nuestra realidad. Eran íconos foráneos los que dictaban nuestra manera de vivir, promoviendo una vida comunal y de renuncia a cualquier apego material, siempre desde la supuesta superioridad del Este.

A pesar de la significativa presencia africana en nuestro país, los líderes culturales, al igual que los cargos administrativos y estratégicos de la nación, son mayoritariamente blancos. Aunque el gobierno promovía la reivindicación racial como parte de su propaganda, el racismo seguía profundamente arraigado en la sociedad cubana. El estado se presentaba como "ciego al color", pero esa narrativa distaba mucho de la realidad. Las manifestaciones de las minorías eran reprimidas y las protestas de disidentes afrodescendientes eran atacadas con mayor fuerza que las de disidentes blancos.

Un ejemplo claro de esta contradicción es el caso de Daymé Arocena, una destacada cantante afro y disidente, pues ha sido atacada en redes sociales por expresar su inconformidad con el régimen, cuestionando la legitimidad de sus críticas con el argumento —común entre quienes se identifican con el oficialismo en Cuba— de que su comunidad tiene una supuesta deuda histórica con la Revolución.[7]

Dorothée: Es como si se esperara de elles que fueran espectadores sin agencia.

Marco: Exactamente. Un sistema que se presenta como el salvador de las personas afrodescendientes[8] y que, al mismo tiempo, en su arrogancia progresista, les niega el derecho a cuestionarlo o comentarlo. Durante años he explorado estos temas en mi trabajo, buscando la integración de diferentes elementos culturales. En la década de los sesenta, una generación de diseñadores e interioristas cubanos intentó plasmar el carácter multicultural de nuestra cultura, buscando revivir temas indo-afrocubanos. Un ejemplo de este esfuerzo es

7 "La cantante Daymé Arocena responde a un ataque racista: 'en Cuba no tenía permiso de trabajo para poder cantar'", en *Diario de Cuba* (30 de julio de 2021). Consultado el 28 de octubre 2024, en: https://diariodecuba.com/cultura/1627671675_33063.html.

8 Véase: Abraham Jiménez Enoa, "La revolución no erradicó el racismo en Cuba", en *The Washington Post* (12 de agosto de 2021). Consultado el 30 de septiembre de 2024, en: https://www.washingtonpost.com/es/post-opinion/2021/08/31/sos-cuba-racismo-revolucion-protestas-raul-castro-diaz-canel/.

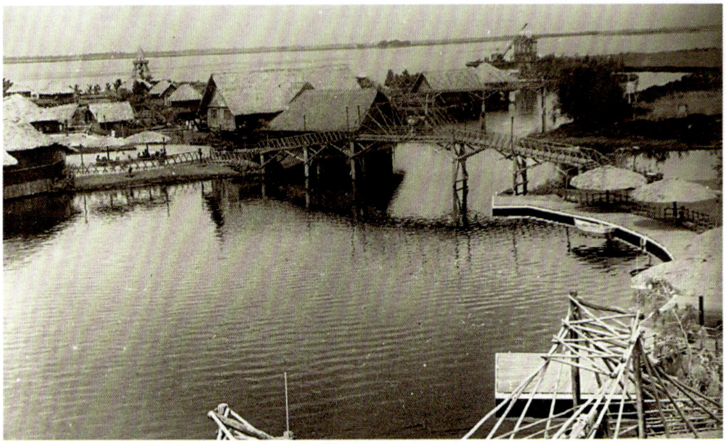

Gonzalo Córdoba **Furniture and interiors** Mobiliario e interiores de **Guamá, Matanzas, Cuba 1960 - 1961** **Architecture** Arquitectura **Mario Girona & Aquiles Maza** **Photography** Fotografía **Alberto Korda** **Courtesy of** Cortesía de **Archivo de Laura Córdoba**

an alleged historical debt to the revolution.[7]

Dorothée: **It's as if they were expected to be spectators with no agency.**

Marco: **Exactly. It's a system that presents itself as the savior of people of African descent[8] and that, at the same time, in its progressive arrogance denies them the right to question or comment on it. For years I have explored these issues in my work, seeking the integration of different cultural elements. In the 1960s, a generation of Cuban designers and interior designers tried to capture the multicultural character of our culture, seeking to revive Indigenous and Afro-Cuban themes. An example of this effort is Gonzalo Córdoba's *Guamá* collection, in which he sought to delve into Cuba's pre-colonial past to design the furniture for the Hotel Guamá in the Ciénaga de Zapata, although that must have been complex, especially through decoration.**

The use of dark and "mestizo" woods, the construction styles, and the topics addressed by these designers were not always obvious, but it seems crucial to me to rescue this forgotten history and incorporate it into my new productions. While carpentry may be a limited medium for conveying subjectivity and any form of activism, I find that very limitation fascinating. This challenge led me to develop the *Lam* series, in which I try to evoke the Afro-Cuban through pieces of furniture. I use woods that represent different skin tones and I arrange them in a specific way, inspired by Palo Monte[9] signatures, all synthesized in compositions of wicker seats that I arrange on the walls. We also created a set of sculptures that functioned as polymorphic skulls covered in afro hair, adding another layer to our examination of identity and cultural resistance.

Dorothée: **Do you feel that you have reclaimed your Afro-Cuban identity? Is it important for people to know about this?**

Marco: **I'm not sure, I've never stopped to think about it. I come from a multi-ethnic collective and I work in a different way; I see myself more as a machine that processes diverse realities. I have covered ethnic topics when necessary, but in thirty years I have had multiple goals. However, my position is present in the work for those who wish to see it.**

For example, we created *Conga irreversible* [Irreversible Conga], a performance based on the concept of a Cuban carnival *comparsa* where music, dancing, and lyrics are performed

7 "La cantante Daymé Arocena responde a un ataque racista: 'en Cuba no tenía permiso de trabajo para poder cantar,'" in *Diario de Cuba* (July 30, 2021), https://diariodecuba.com/cultura/1627671675_33063.html.

8 See: Abraham Jiménez Enoa, "La revolución no erradicó el racismo en Cuba," *The Washington Post* (August 12, 2021). Accessed September 30, 2024, at: https://www.washingtonpost.com/es/post-opinion/2021/08/31/sos-cuba-racismo-revolucion-protestas-raul-castro-diaz-canel/.

9 Palo Monte or Regla de Mayombe is an Afro-Cuban religious practice of Bantu origin that combines African rites and beliefs brought by enslaved people to the Caribbean and is characterized by the use of signatures or hieroglyphics to represent the spiritual identity of the individual. See: Lydia Cabrera, *El monte* (Havana: Editorial Letras Cubanas, 1993), 17-24.

la colección *Guamá* de Gonzalo Córdoba, en la cual buscó indagar sobre el pasado precolonial de Cuba para diseñar los muebles del Hotel Guamá en la Ciénaga de Zapata; aunque esto debió resultar complejo, especialmente a través de la decoración.

El uso de maderas oscuras y "mestizas", los estilos constructivos y los temas abordados por estos diseñadores, no eran siempre obvios, pero me parece crucial rescatar esa historia olvidada e incorporarla en mis nuevas producciones. Aunque la carpintería puede ser un medio limitado para transmitir subjetividad y cualquier forma de activismo, esa misma limitación me resulta fascinante. Este desafío me llevó a desarrollar la serie *Lam*, en la que intento evocar lo afrocubano a través de retazos de mobiliario. Utilizo maderas que representan diferentes tonos de piel y las organizo de una forma específica, inspirada en las firmas de Palo Monte,[9] todo sintetizado en composiciones de asientos de mimbre que dispongo en las paredes. También trabajamos en una serie de esculturas que funcionaban como cráneos polimorfos cubiertos con pelo afro, lo que añadía una dimensión adicional a esta exploración de identidad y resistencia cultural.

Dorothée: ¿Sientes que has reivindicado tu identidad afrocubana? ¿Es importante que la gente sepa sobre esto?

Marco: No estoy seguro, nunca me he detenido a pensar en eso. Vengo de un colectivo multiétnico y opero de manera distinta; me veo más como una máquina que procesa diversas realidades. He abordado temas étnicos cuando ha sido necesario, pero en 30 años he tenido múltiples misiones. Sin embargo, mi postura está presente en la obra, para quien desee verla.

Por ejemplo, creamos una performance llamada *Conga irreversible*, que juega con la idea de una comparsa de carnaval cubano, donde la música, la danza y la lírica se interpretan al revés. Para mí, es una de las piezas más brillantes del colectivo. La obra explora cómo el poder se apropia del lenguaje étnico y de las tradiciones locales para su propio beneficio, y cómo, de manera similar, se puede subvertir ese proceso. Intentamos crear una danza que fuera hacia atrás, donde todo estuviera invertido, reflejando la imposibilidad de recuperar estas tradiciones desde el estado, a través de la irreverencia y la disidencia; utilizamos los movimientos folclóricos de los bailes habaneros, especialmente las comparsas de los barrios con mayor concentración de población afrodescendiente. La performance se hizo y se le unió un gran público de la barriada de La Habana Vieja; al final, parecía todo aquello una manifestación.

Dorothée: ¿Qué crees que la perspectiva latinoamericana puede aportar en contraposición a la historia del arte occidental? Considero que lo latinoamericano está relacionado con problemáticas occidentales, no lo percibo como algo completamente separado.

Marco: Viví 10 años en Madrid, una ciudad y un país que me encantan, y donde residen la mayoría de mis amigos. Sin embargo, decidí mudarme a México porque en España encontré

9 Palo Monte, o Regla de Mayombe, es una práctica religiosa afrocubana de origen bantú que combina ritos y creencias africanas traídas por esclavos al Caribe, donde destaca el uso de firmas o jeroglíficos para representar la identidad espiritual del individuo. Véase: Lydia Cabrera, *El monte* (La Habana: Editorial Letras Cubanas, 1993), 17-24.

backwards. For me, it is one of the collective's most brilliant pieces. The work explores how power appropriates ethnic language and local traditions for its own benefit and how that process can be subverted. We attempted to create a dance that went backwards, inverting everything to reflect the impossibility of recovering these traditions through the state, using irreverence and dissidence; we used the movements of Havana traditional dances, particularly the *comparsas* of the neighborhoods with the highest concentration of Afro-descendants. The performance took place in and was joined by a large audience from the Old Havana neighborhood; in the end, it all looked like a demonstration.

Dorothée: What do you think the Latin American perspective can contribute in contrast to Western art history? I consider Latin America to be related to Western issues, I do not see it as something completely separate.

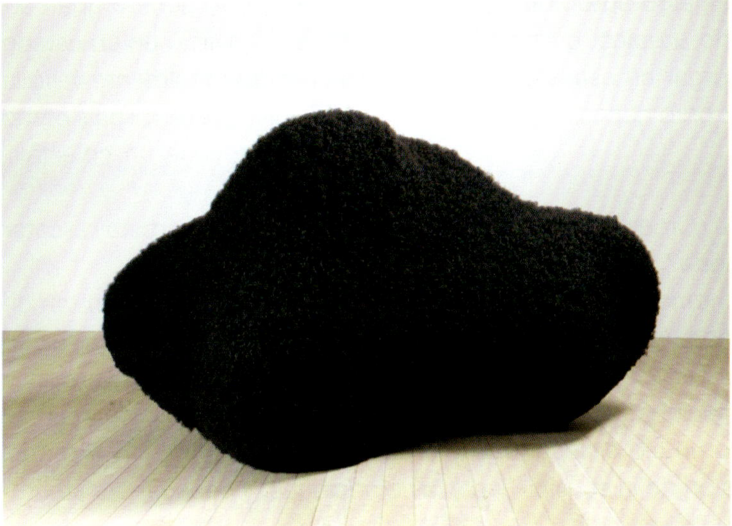

BOLA DE PELO 2013 Polystyrene, resin, wig Poliestireno, resina, peluca 135 x 250 x 134 cm
Courtesy of Cortesía de © Los Carpinteros

Marco: I lived for ten years in Madrid, a city and a country that I love, and where most of my friends live. However, I decided to move to Mexico because in Spain I quickly reached a limit that prevented my growth. Contemporary European debate lacks the components and intricacies that I find in my own culture, which, despite its socioeconomic inequities, provides a broad field of political, social, aesthetic, and historical exploration that I am deeply interested in.

From the start, we advocated for an art that draws on artisan traditions such a cigar making, carpentry, and other regional crafts. I have learned from producers and workers, who have been significant political forces on this continent. I have lived through both poverty and wealth, and I have experienced social inequalities from both perspectives. This idea originated in me naturally as a result of living in this era and on this continent, rather than from a university education.

My current work approaches the powers that have existed on our small Latin American island. There was a period of genuine concern by a group of designers to improve people's lives through sophisticated design with European roots, which eventually became something native and powerful. This design gave rise to a corporeality typical of a utopian project, which unfortunately turned into a failed state. Still, I'm interested in delving into that history to recover what was really worthwhile. It is a complex exercise, but it's necessary to digest both my country's and my personal history.

rápidamente un límite que impedía mi crecimiento. La polémica contemporánea en Europa no posee los ingredientes ni las complejidades que encuentro en mi propia cultura, la cual, aunque llena de desequilibrios sociales, ofrece un vasto campo de exploración política, social, estética e histórica que me interesan profundamente.

Desde el inicio, hemos promovido un arte que utiliza las tradiciones artesanales, como los gremios de tabaquería, carpintería y otras labores regionales. He aprendido de los productores y trabajadores, quienes han sido fuerzas políticas significativas en este continente. He vivido tanto la pobreza como la riqueza, y he experimentado las desigualdades sociales desde ambas perspectivas. Esta visión no surgió de una educación universitaria, sino que creció en mí de forma orgánica por vivir en esta época, en este continente.

Mi trabajo actual aborda los poderes que han existido en nuestra pequeña isla latinoamericana. Hubo una etapa de preocupación genuina de un grupo de diseñadores por mejorar la vida de las personas mediante un diseño sofisticado, de raíces europeas, que con el tiempo se transformó en algo autóctono y poderoso. Este diseño generó una corporalidad propia de un proyecto utópico, que lamentablemente se convirtió en un estado fallido. Aun así, me interesa hurgar en esa historia para rescatar lo que realmente valió la pena. Es un ejercicio complejo, pero necesario para digerir tanto la historia de mi país como la personal.

Dorothée: ¿Crees que es un papel contemporáneo del artista rescatar la historia?

Marco: El único rol del arte es no tener un rol predefinido. Sus responsabilidades son tan diversas como los artistas mismos. Ahora bien, no podemos delegar toda la interpretación de los acontecimientos a los historiadores, instituciones o gobiernos, ya que sus versiones serán siempre parciales o condicionadas por agendas, cuando no limitadas a los hechos. En cambio, el arte actúa como un ojo dislocado, explorando espacios no documentados. Puede abarcar la vasta dimensión de la sensibilidad y las emociones, y desafiar constantemente la narrativa oficial.

Dorothée: **Do you think that the artist's modern-day role is to rescue history?**

Marco: **The only role of art is to not have a predefined role. Its responsibilities are as diverse as the artists themselves. However, we cannot leave the interpretation of events completely to historians, institutions, or governments, since their versions will always be partial or influenced by agendas, if not limited to the facts. Instead, art functions as a dislocated eye, investigating hitherto unknown territories. It can encompass the vast scale of sensitivity and emotions and constantly challenge the official narrative.**

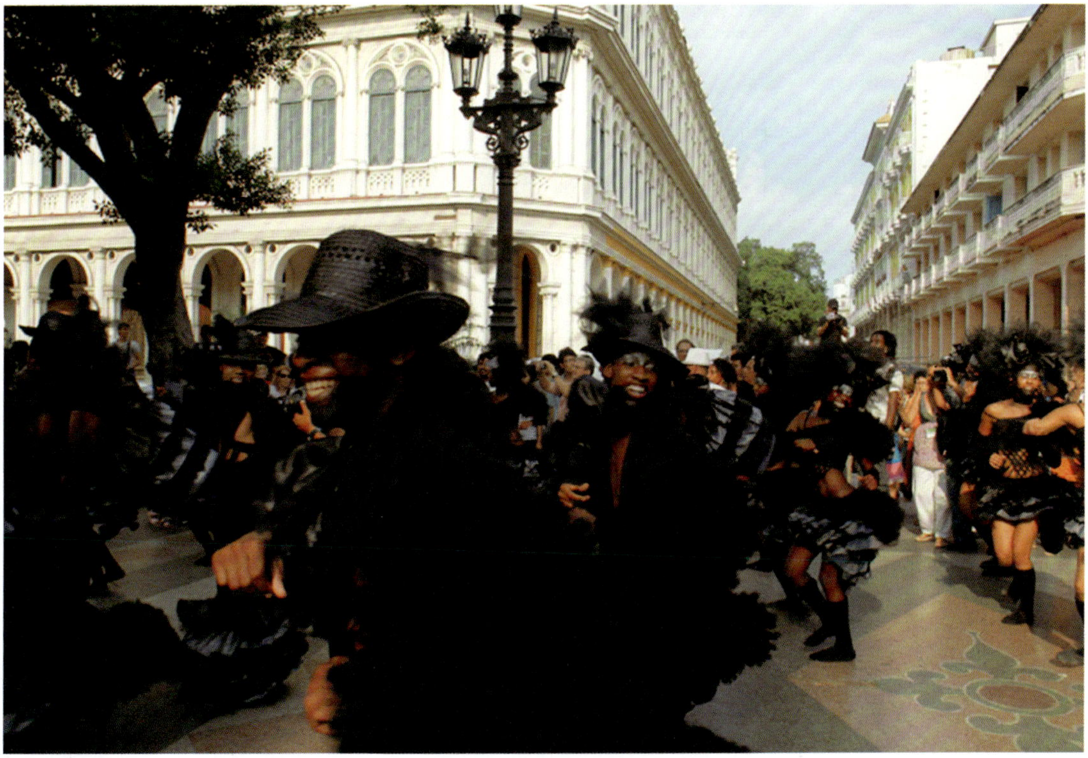

CONGA IRREVERSIBLE **2012 Video HD, audio stereo 11:53 min**
Photography Fotografía **Ignacio Barrios Courtesy of** Cortesía de **Fortes D' Aloia & Gabriel, São Paulo; Peter Kilchmann, Switzerland; Sean Kelly, New York**
Collection Colección **Pérez Art Museum Miami (PAMM), Miami, Florida (ed. 4/5); Ella Fontanals-Cisneros, Miami (ed. 1/5) © Los Carpinteros**

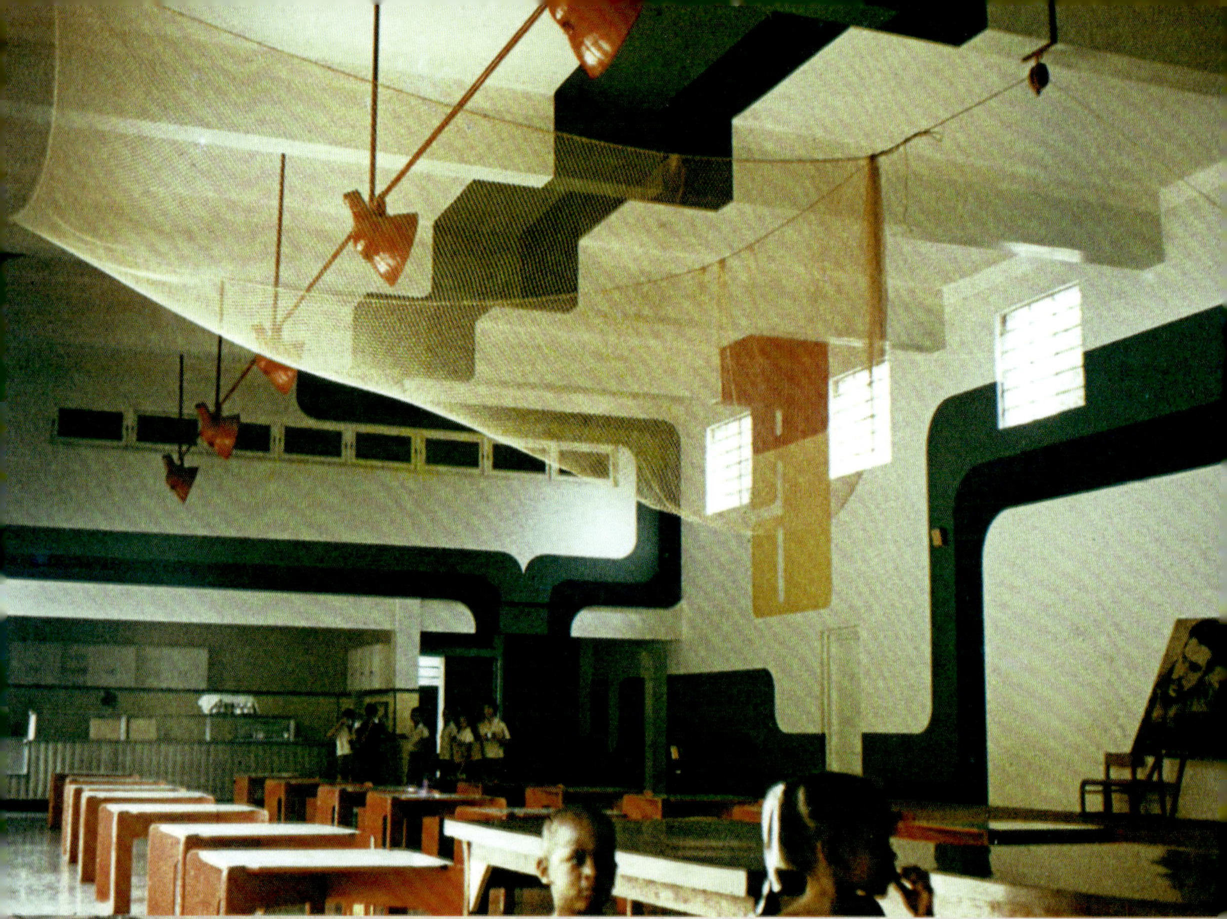

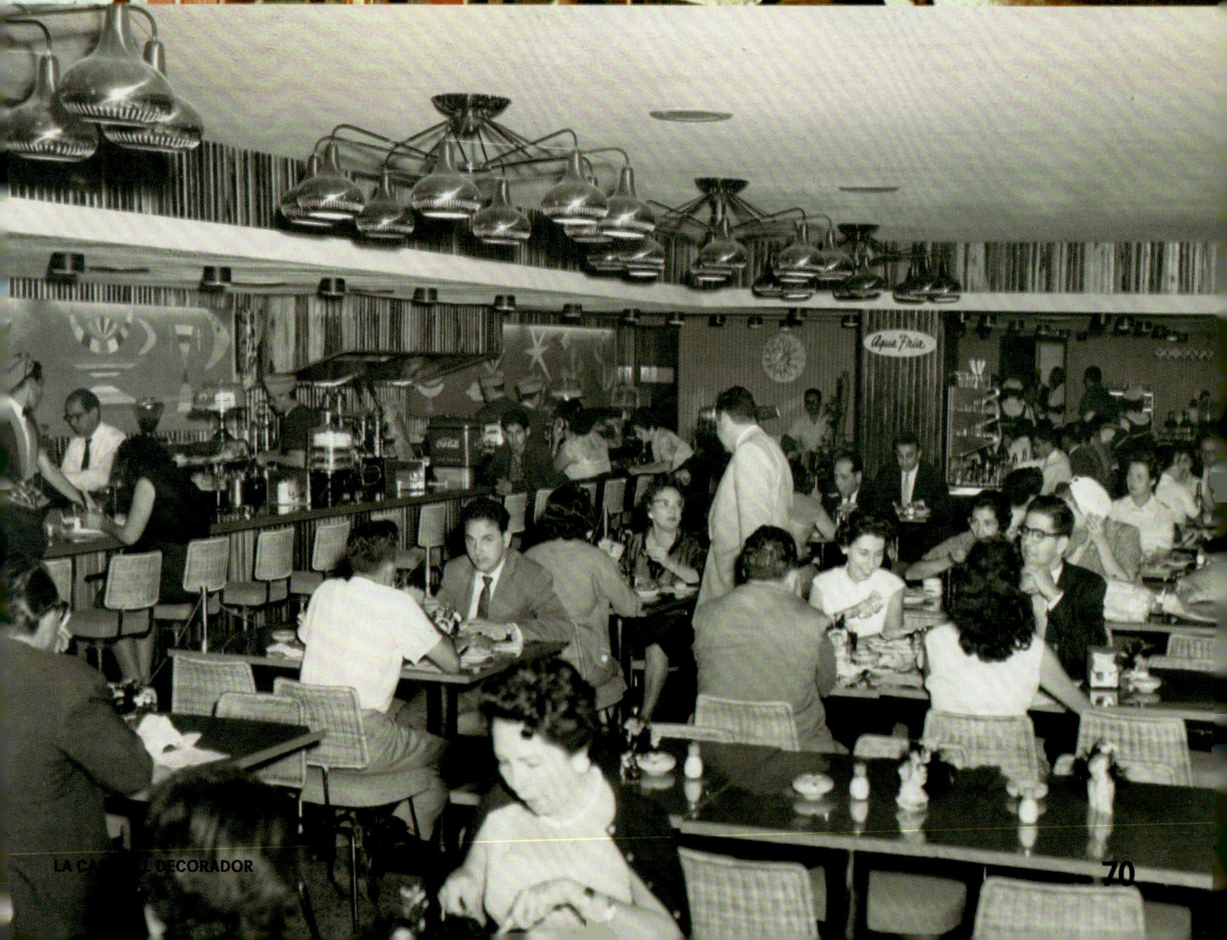
Agua Fria

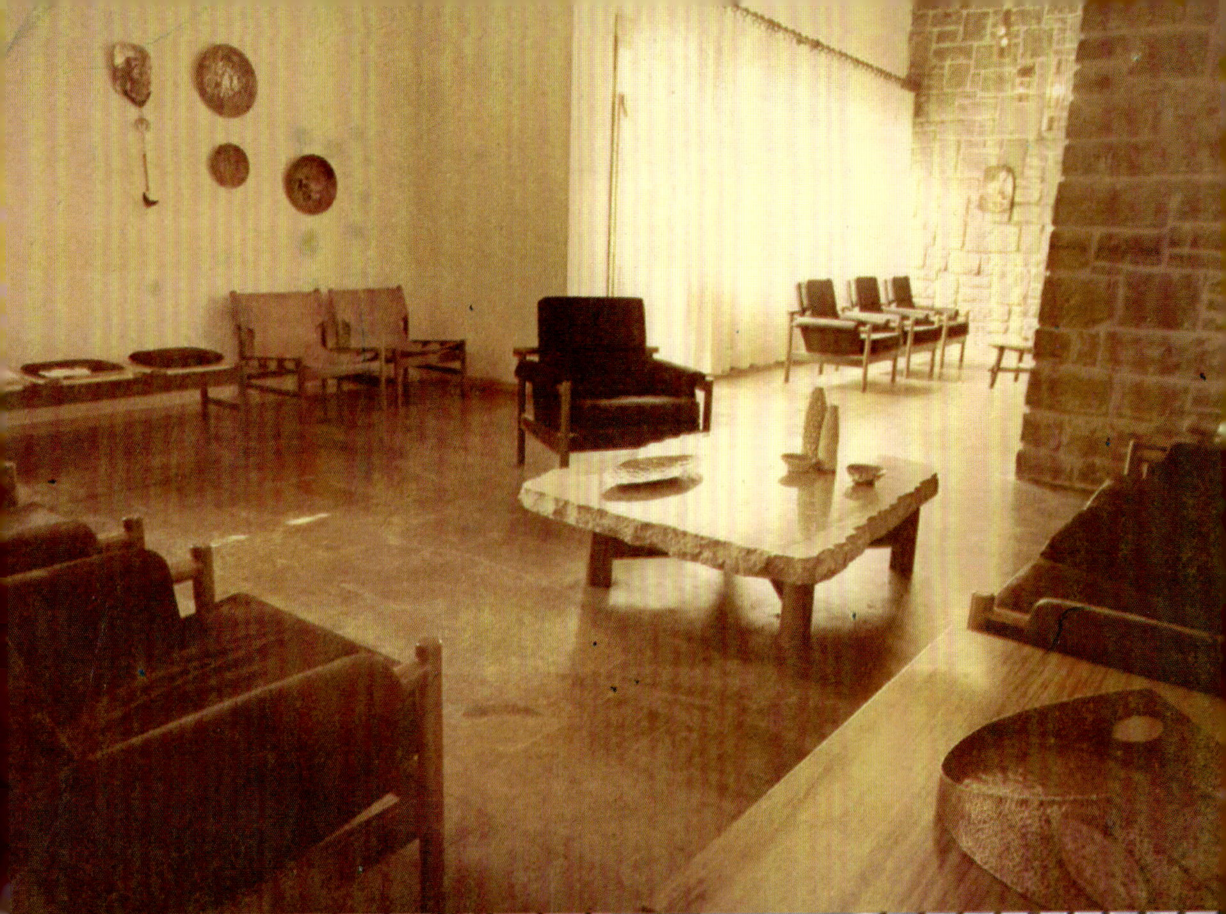

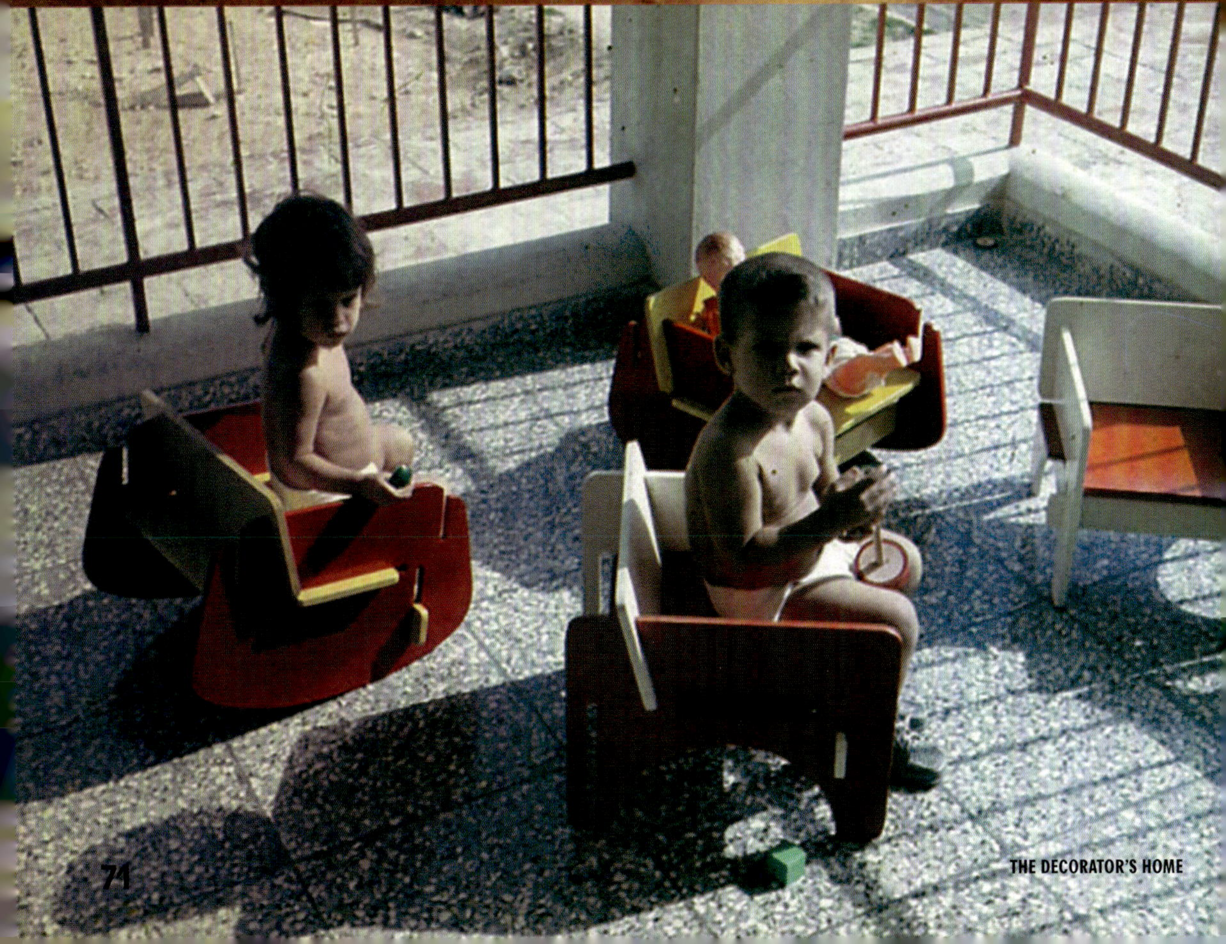

BAJO RELIEVES

Esta serie surge del deseo de repensar el concepto y la materialidad de la cartelística, alejándola de la función propagandística que ha tenido históricamente en *las Américas.* Marco A. Castillo genera figuras geométricas de gran profundidad, en las que resuenan formas vinculadas tanto a la arquitectura como a la gráfica revolucionaria de aquellos años. Sin embargo, estas piezas invierten el carácter ideológico de la gráfica: invitan al espectador a detenerse en los pliegues y ondulaciones que las conforman. Este cartel tridimensional emerge hacia el frente, construyéndose capa a capa, ampliándose y superponiéndose. En lugar de promover una ideología, estos *Bajorrelieves* proponen un movimiento introspectivo y crean una relación más íntima con la mirada del espectador; permiten observar y reinterpretar las figuras, composiciones y formas con la distancia crítica que brinda el paso del tiempo y la perspectiva histórica.

BAS-RELIEFS

This series arises from the desire to rethink the concept and materiality of posters, distancing them from the propagandistic function they have historically had in *the Americas*. Marco A. Castillo creates geometric figures of great depth, where forms related to both architecture and the revolutionary graphics of those years resonate. However, these pieces invert the ideological character of graphics: they invite the viewer to pause and reflect on the folds and undulations that constitute them. This three-dimensional poster projects outward, constructed layer by layer, expanding and overlapping. Rather than promoting an agenda, these *Bas-Reliefs* propose an introspective movement and foster a more intimate relationship with the viewer's gaze; they allow one to observe and reinterpret figures, compositions, and forms with the critical distance granted by the passage of time and historical perspective.

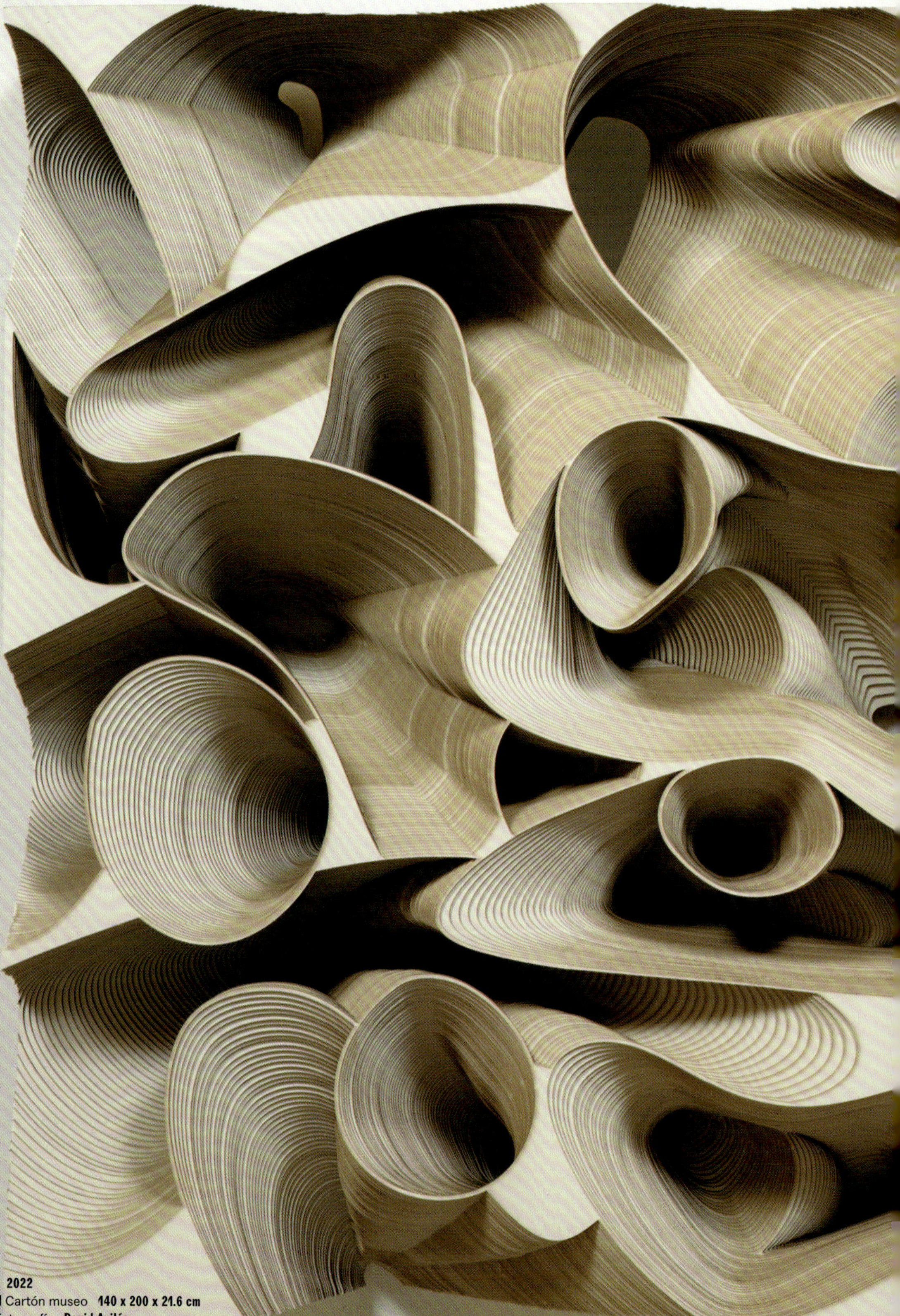

WAKAMBA 10 **2022**
Museum board Cartón museo **140 x 200 x 21.6 cm**
Photography Fotografía **David Avilés**
Courtesy of Cortesía de **Nara Roesler, São Paulo**
Private collection Colección privada

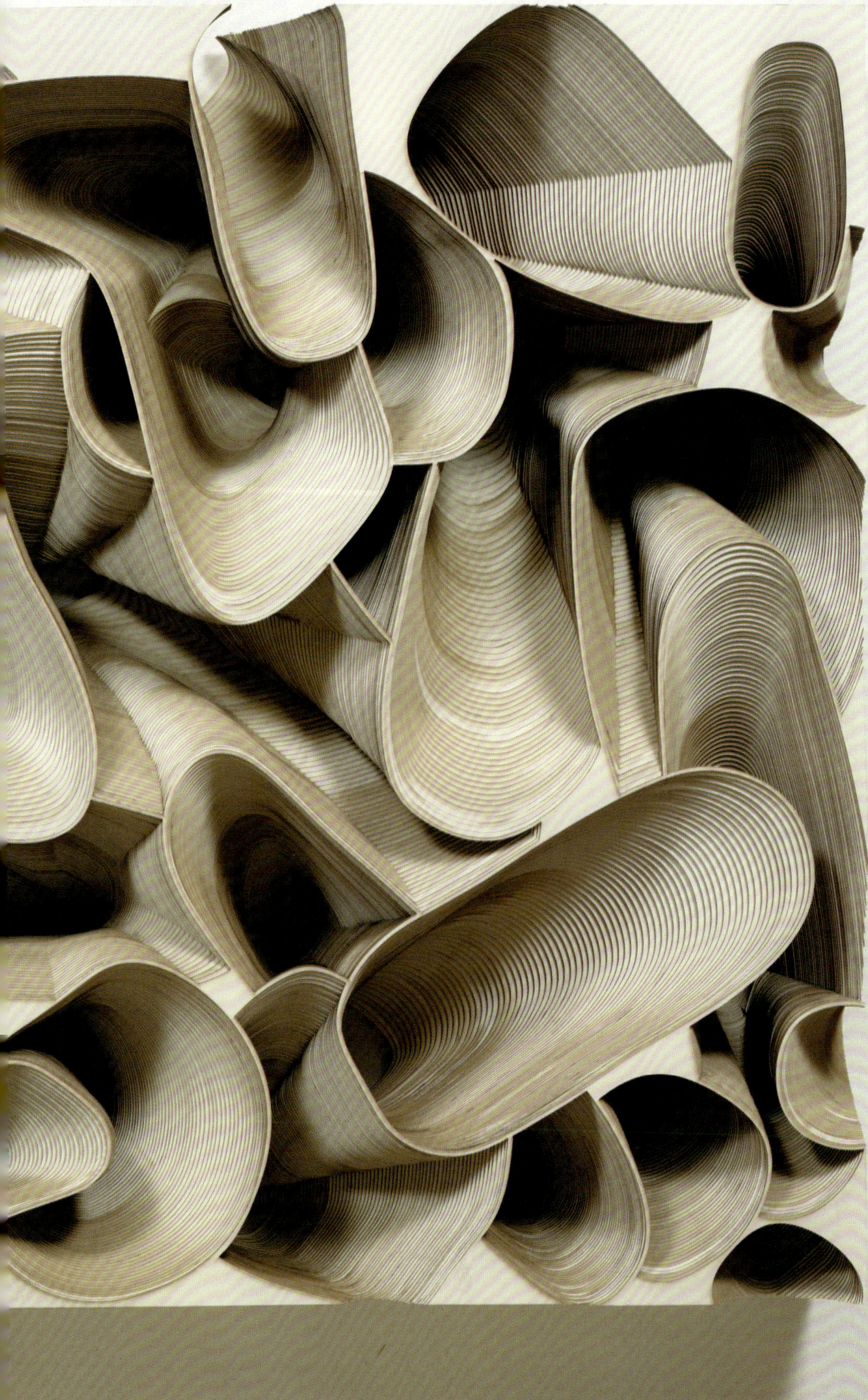

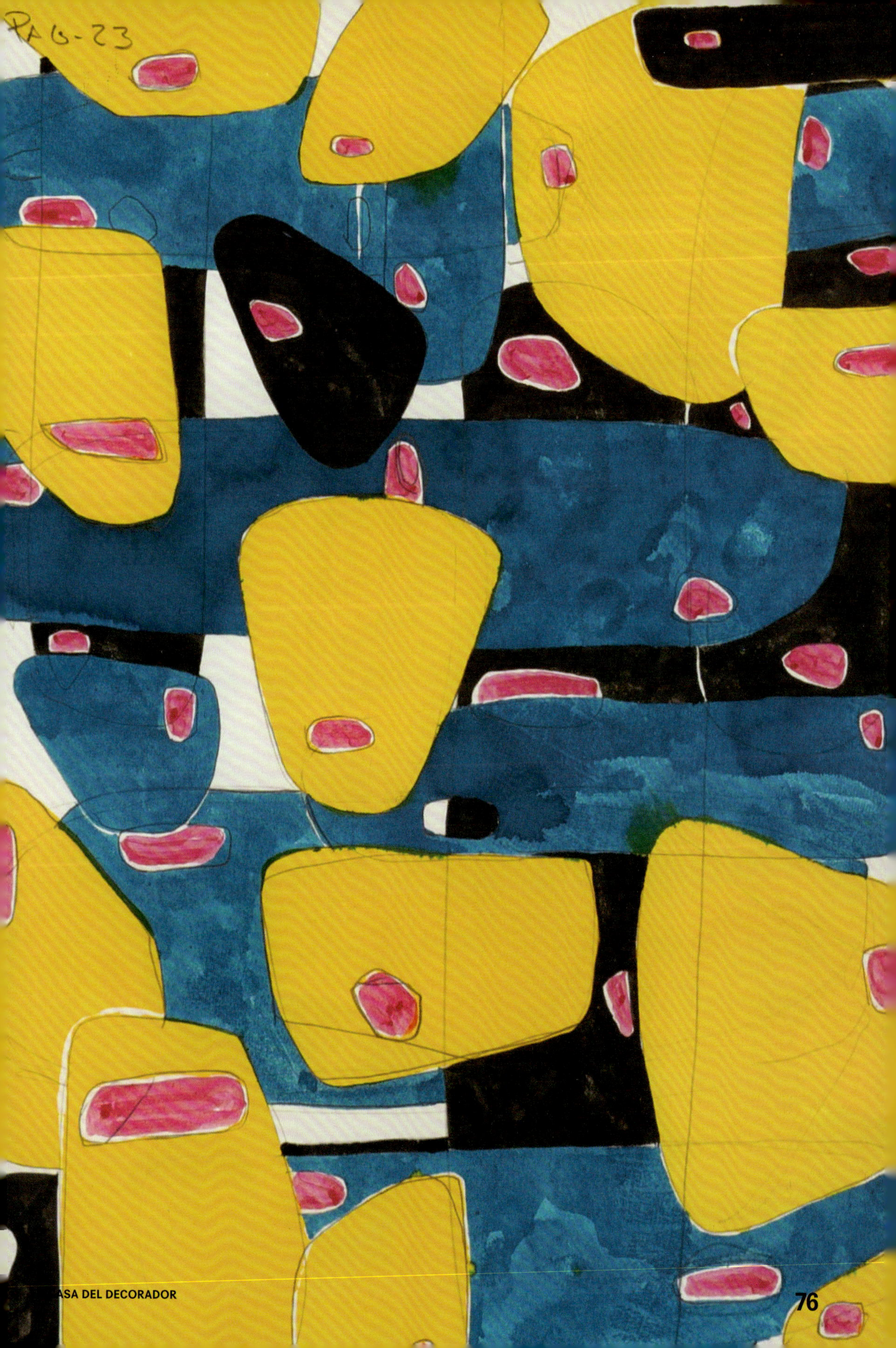
PAG-23

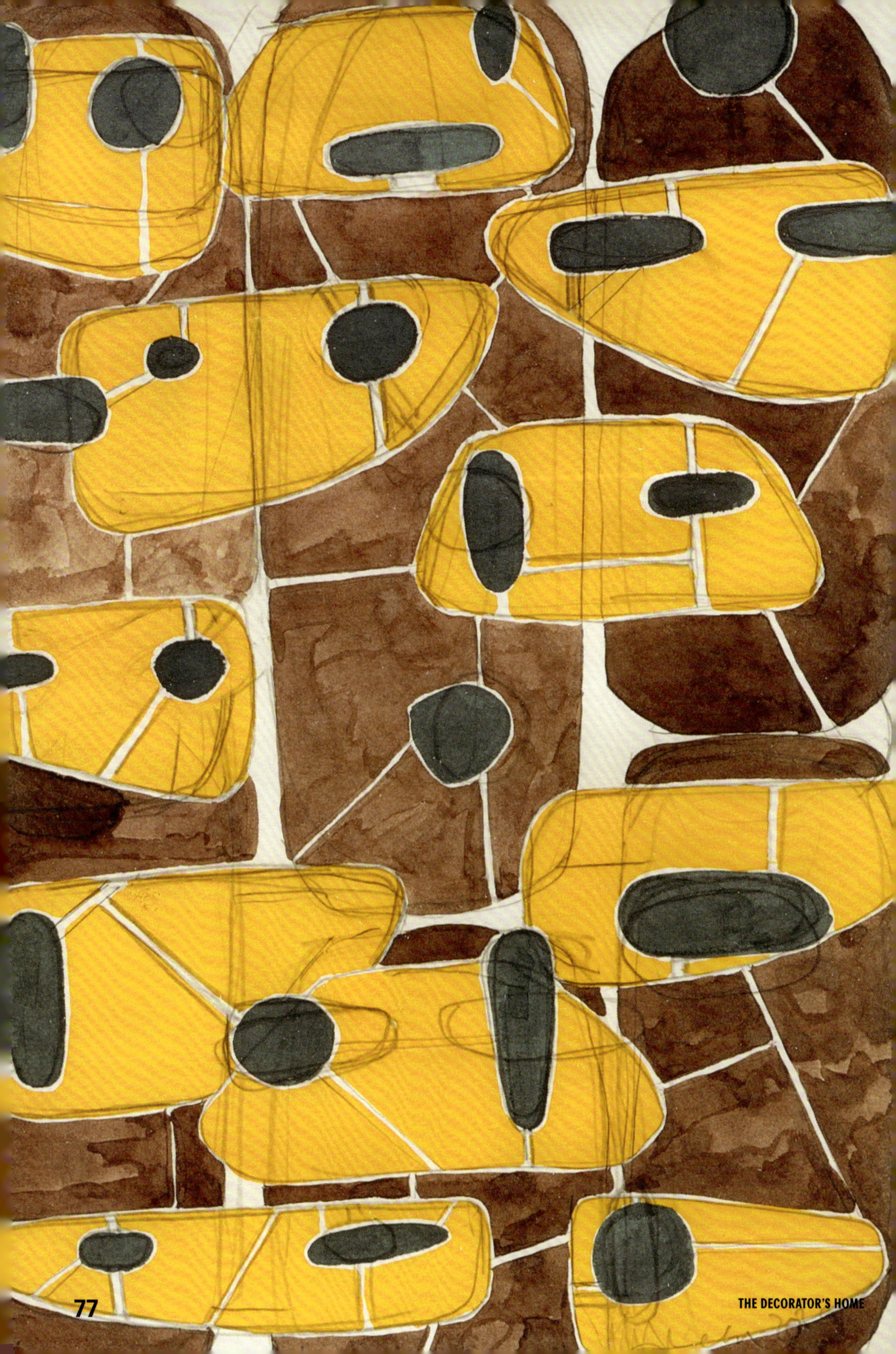

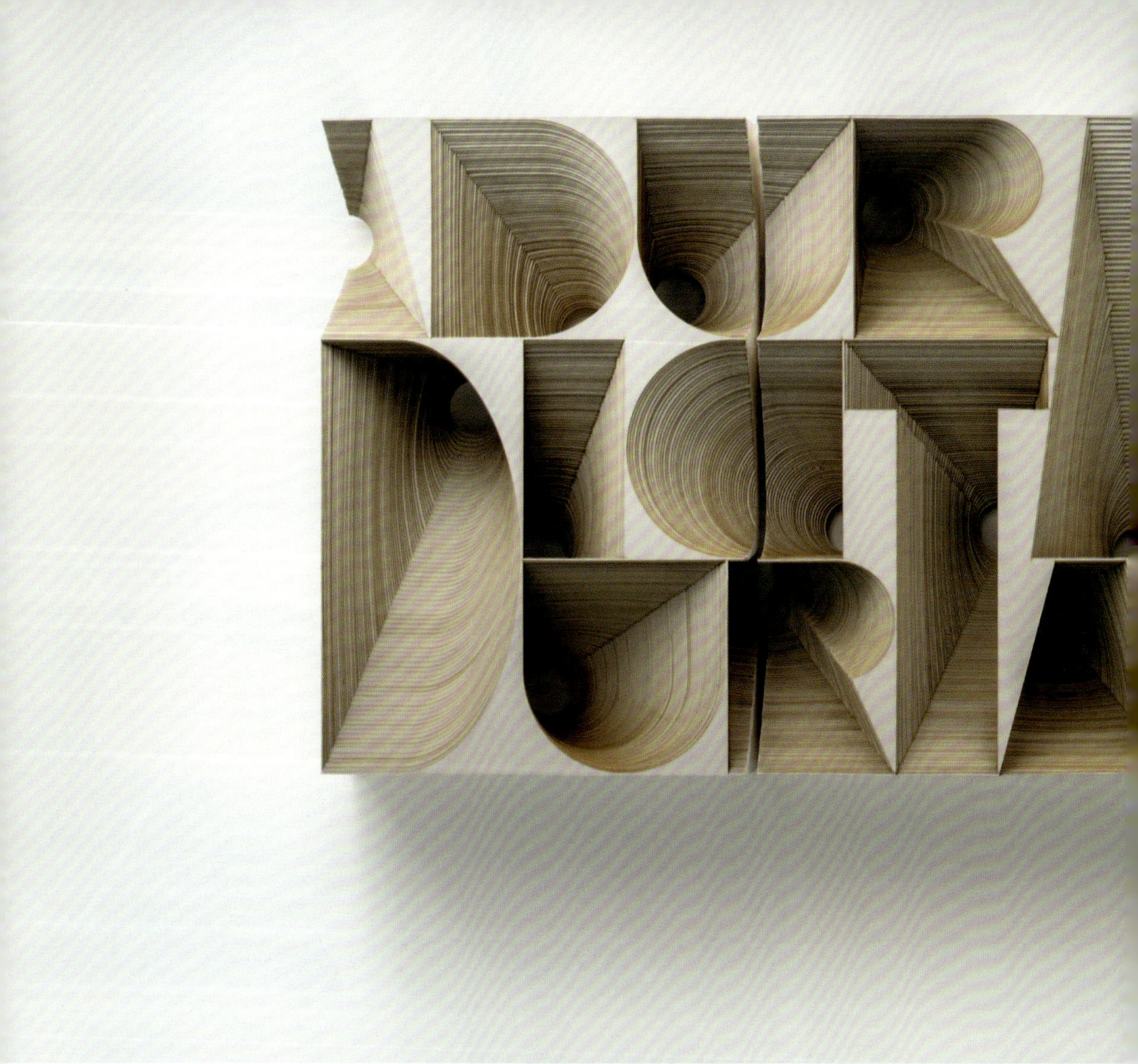

[76p] ***OCTAVA LIBRETA DE NOTAS, PÁGINA 23*** **detail** detalle **2022**
Ink, pencil, paper Tinta, lápiz, papel **29.5 x 20.9 cm**
Photography Fotografía **David Avilés**
Courtesy of Cortesía de **The Bronx Museum of the Arts, New York**

[77p] ***DUODÉCIMA LIBRETA DE NOTAS, PÁGINA 2*** **2024**
Ink, pencil, paper Tinta, lápiz, papel **29.5 x 20.9 cm**

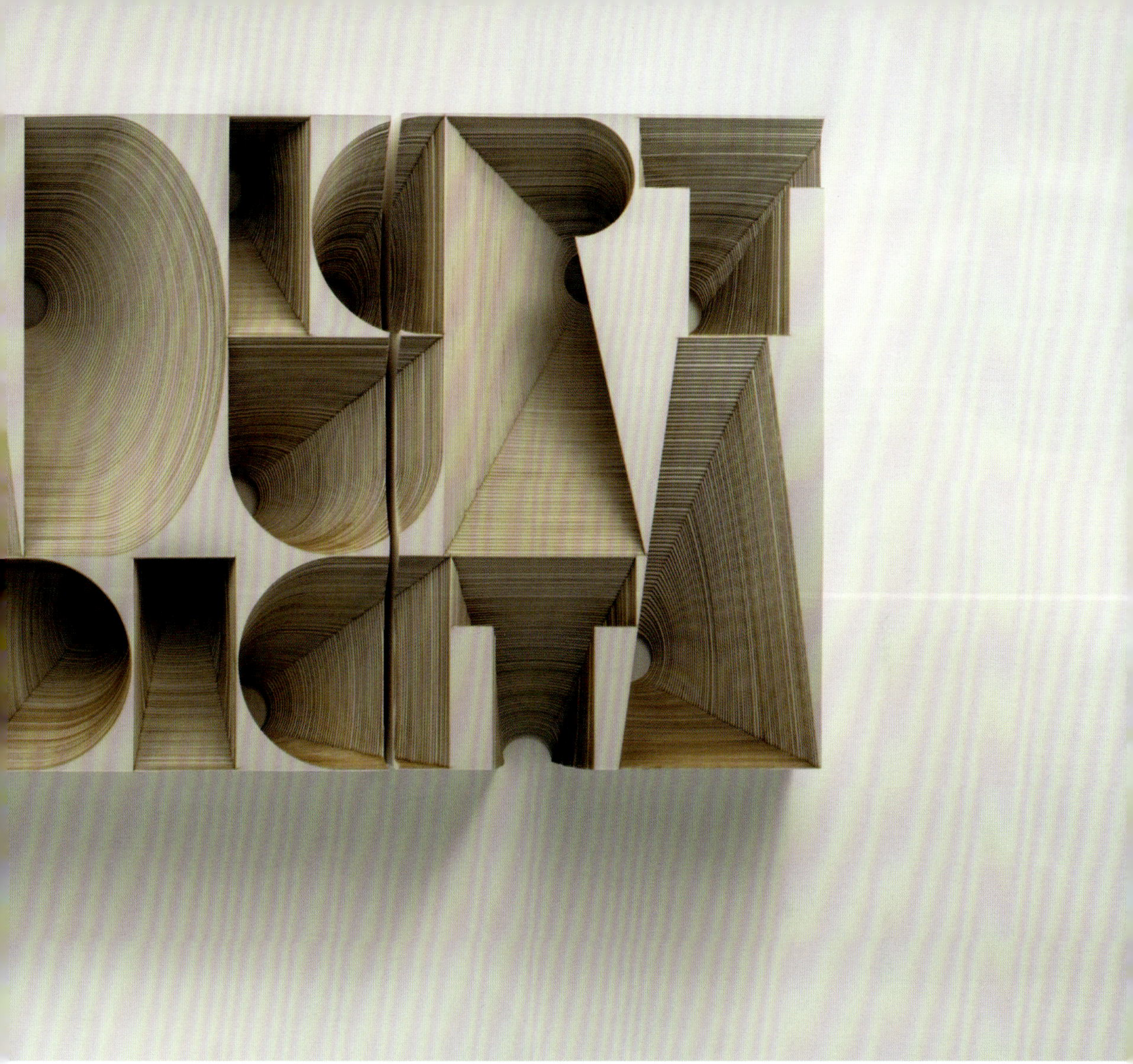

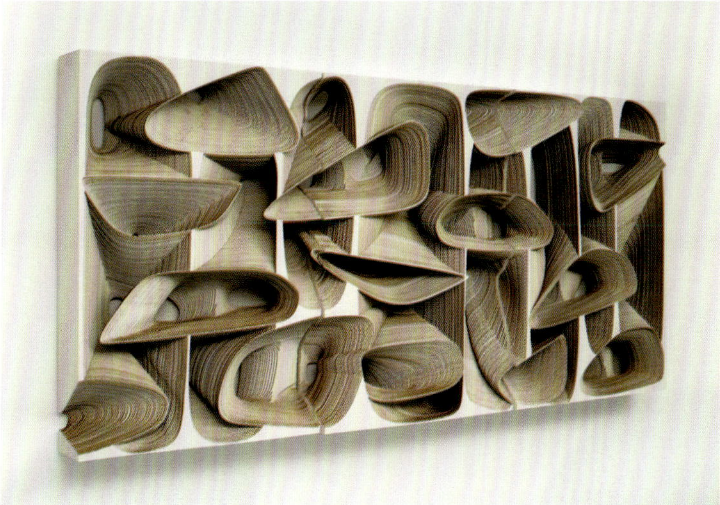

DURADICTA (POLÍPTICO) **2022**
Museum board Cartón museo **120 x 320 x 19.2 cm**
Photography Fotografía **Daniel Martín Corona**
Courtesy of Cortesía de **Albarrán Bourdais, Madrid**

WAKAMBA DOS **2022**
Museum board Cartón museo **140 x 300 x 23 cm**
Photography Fotografía **Daniel Martín Corona**
Private collection Colección privada

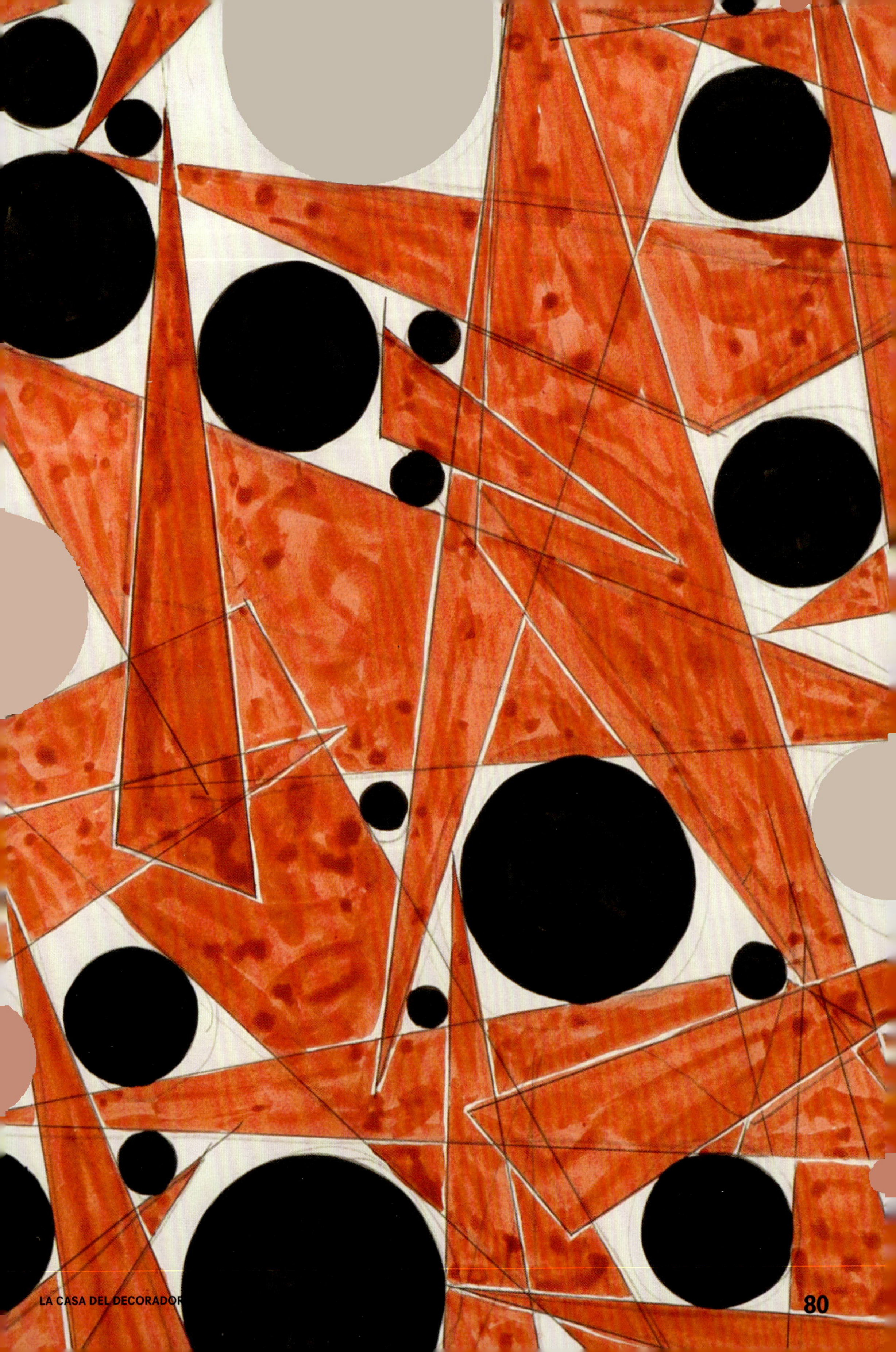

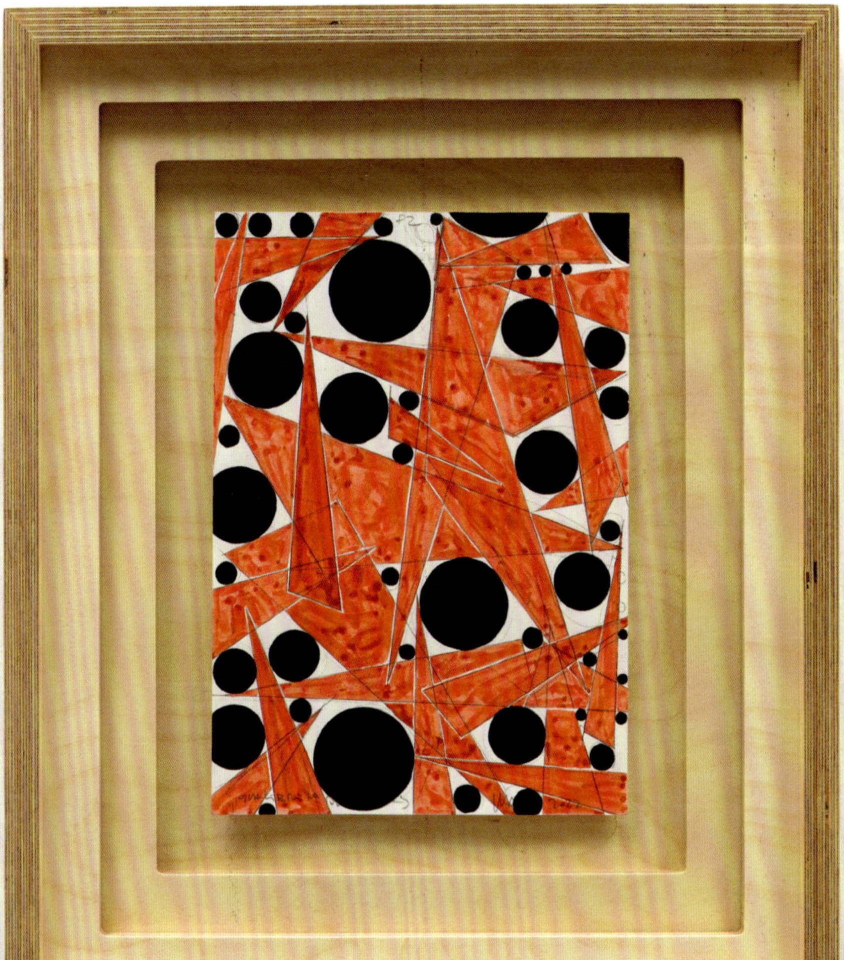

NOVENA LIBRETA DE NOTAS, PÁGINA 2 **2022**
Ink, pencil, paper Tinta, lápiz, papel **29.5 x 20.9 cm**

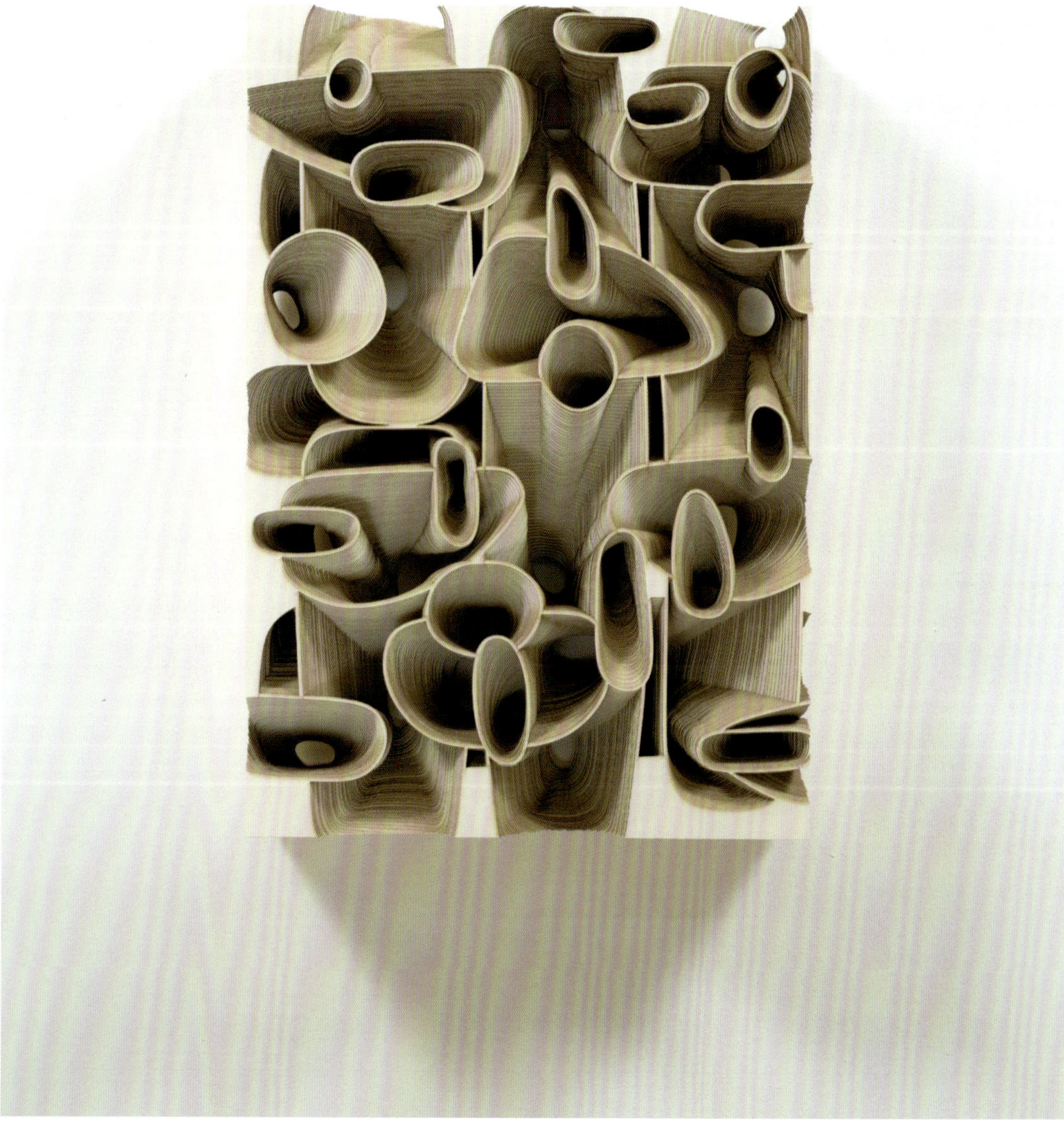

WAKAMBA 16 PARTE A **2023**
Museum board Cartón museo **100 x 70 x 17 cm**
Courtesy of Cortesía de **KOW, Berlin**
Collection Colección **Bill and Yoli Parish**

WAKAMBA 16 PARTE B **detail** detalle **2023**
Museum board Cartón museo **100 x 70 x 17 cm**
Courtesy of Cortesía de **KOW, Berlin**
Private collection Colección privada

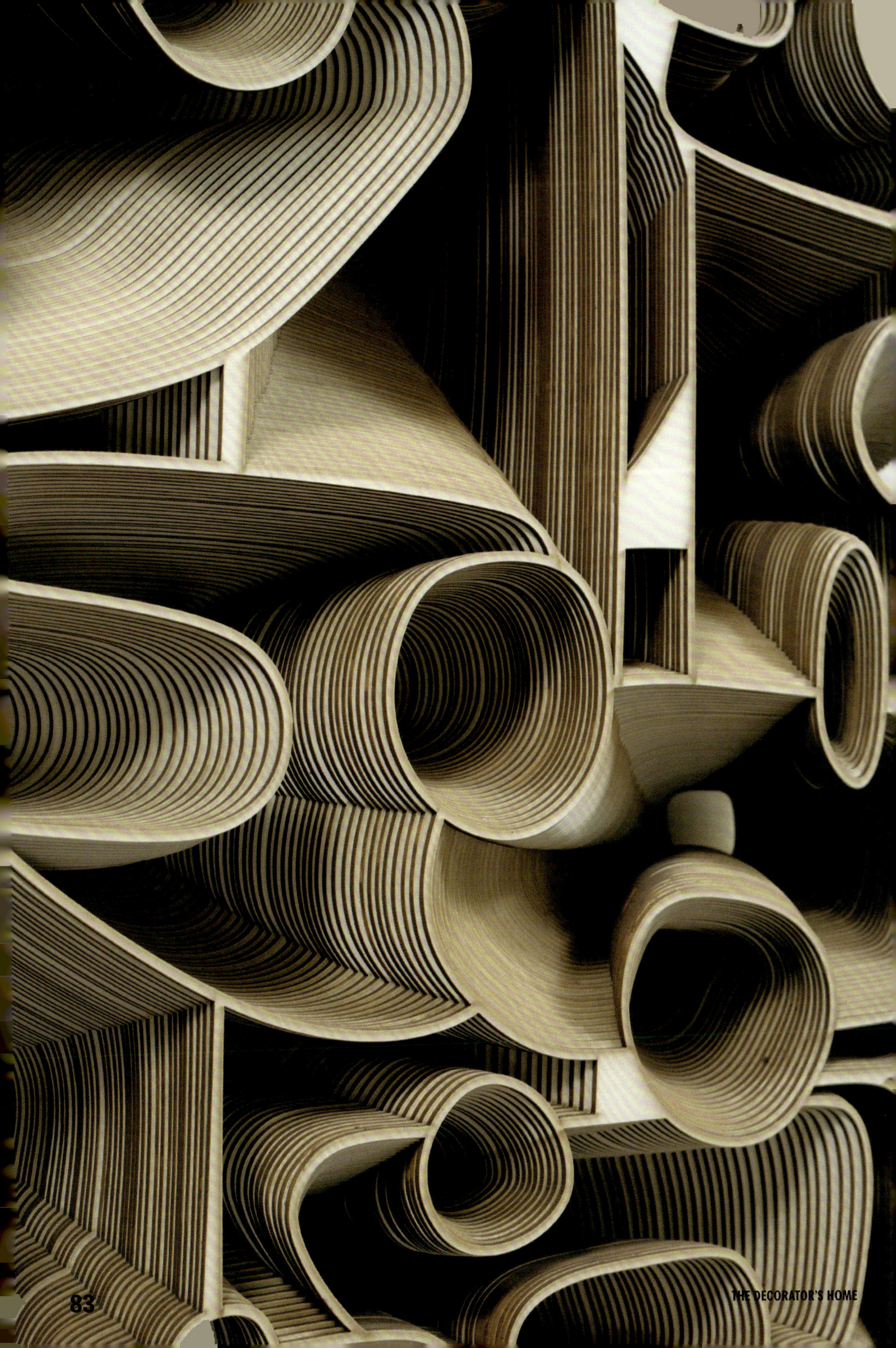

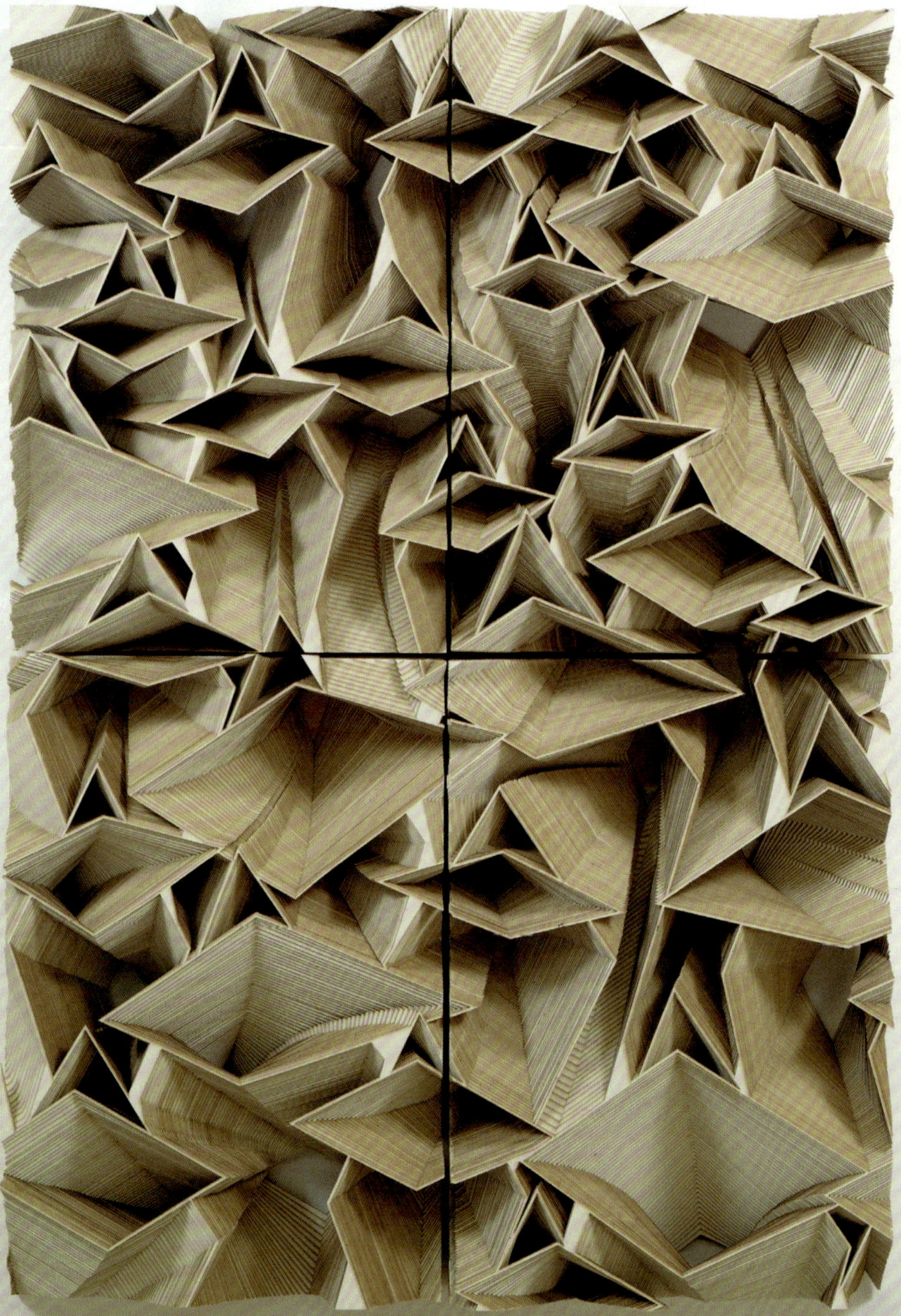

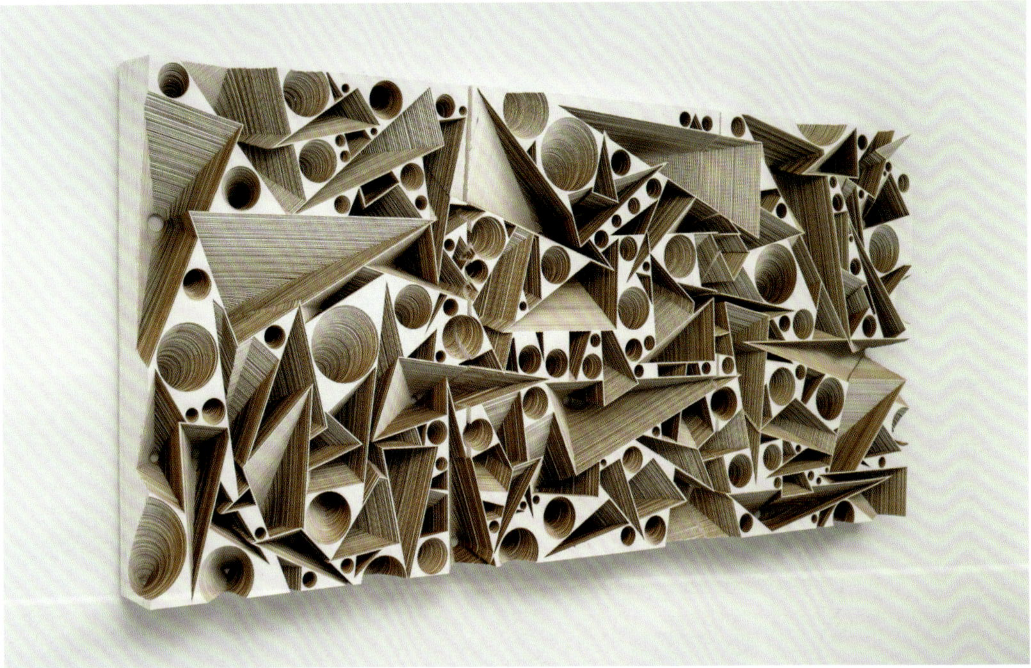

ABERRACIÓN IV (POLÍPTICO) **2024**
Museum board Cartón museo **200 x 140 x 19.5 cm**
Photography Fotografía **David Avilés**
Courtesy of Cortesía de **Nara Roesler, São Paulo**

POSTER TRIDIMENSIONAL CON 96 CÍRCULOS Y 26 TRIÁNGULOS ENTEROS **2022**
Museum board Cartón museo **140 x 300 x 23 cm**
Photography Fotografía **Daniel Martín Corona**
Private collection Colección privada

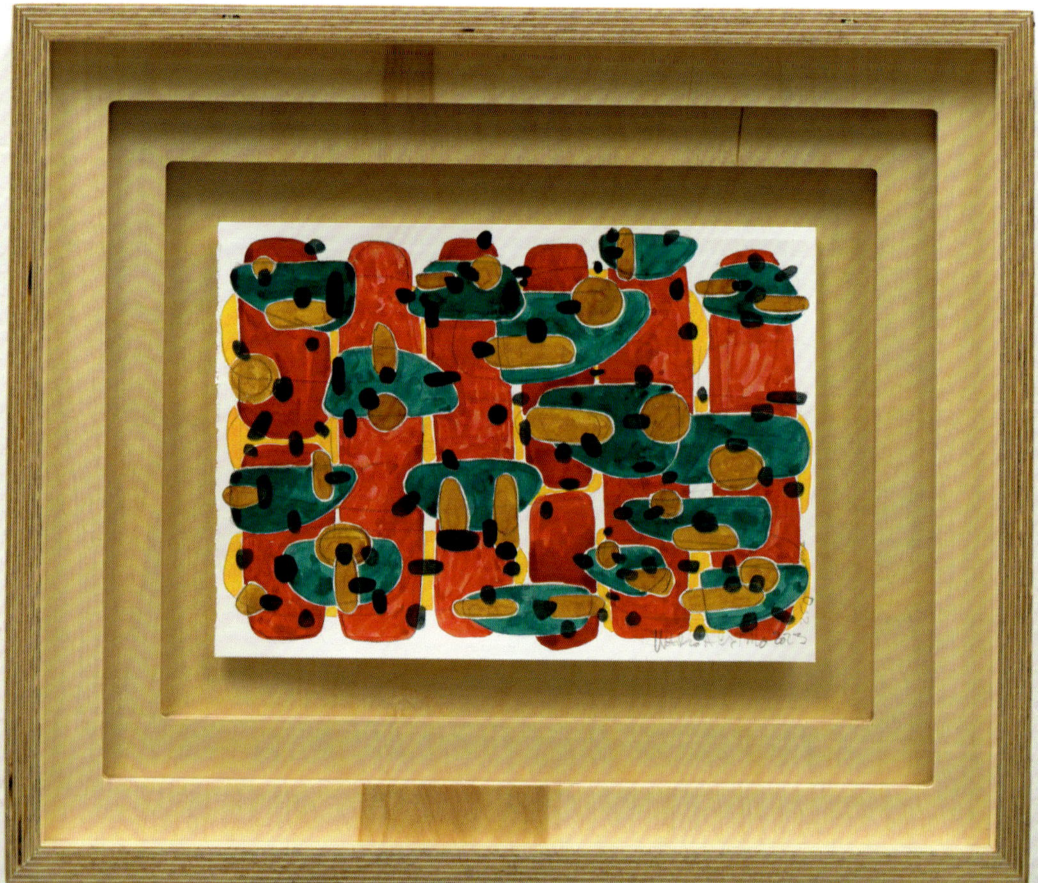

UNDÉCIMA LIBRETA DE NOTAS, PÁGINA 25 **2023**
Ink, pencil, paper Tinta, lápiz, papel **20.9 cm x 29.5**

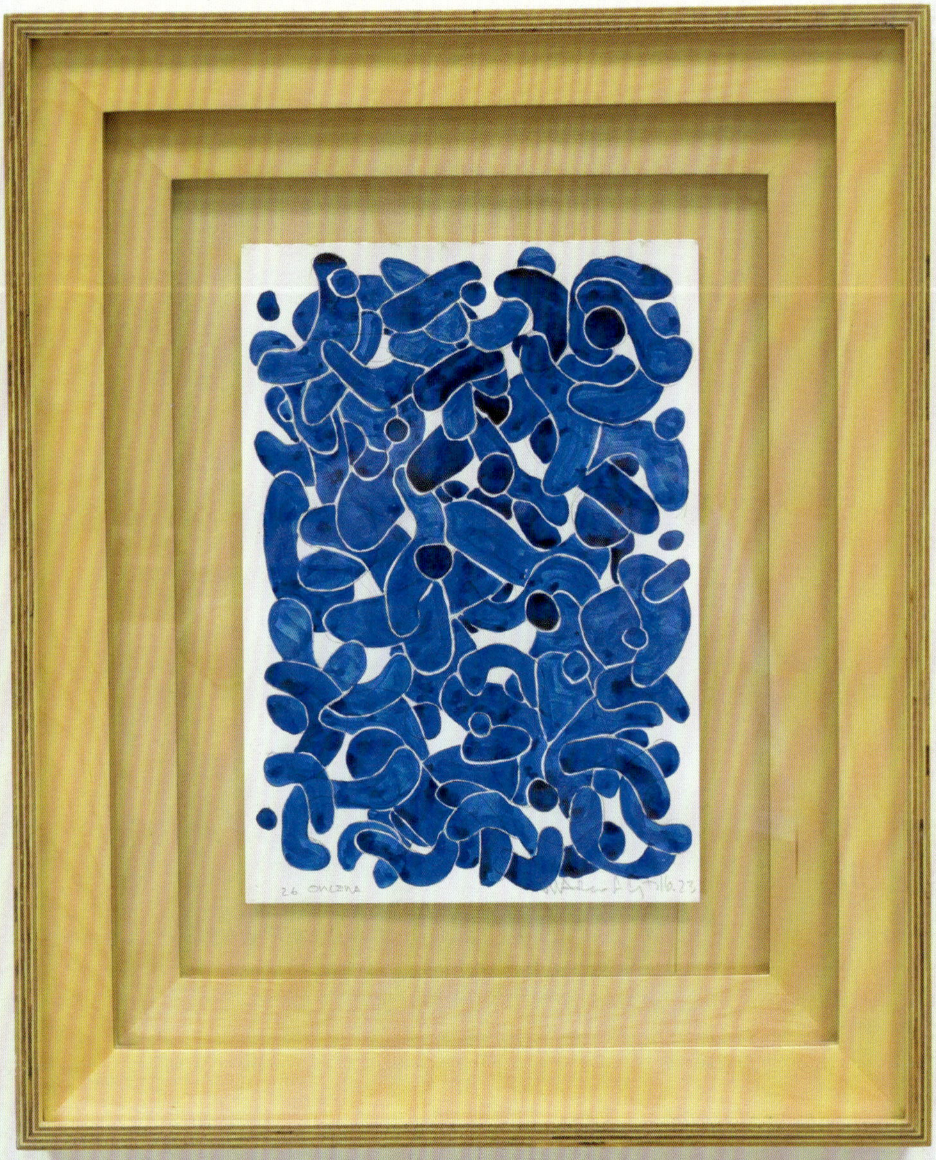

UNDÉCIMA LIBRETA DE NOTAS, PÁGINA 26 **2023**
Ink, pencil, paper Tinta, lápiz, papel **29.5 x 20.9 cm**
Photography Fotografía **David Avilés**
Private collection Colección privada

CUADERNOS
DICTADURA
PALABRAS

La serie *Cuadernos — Dictadura* surge del conflicto personal de Marco A. Castillo con la carga simbólica y el significado de esta palabra, así como su impacto en la experiencia colectiva. Castillo utiliza el libro como metáfora, por su capacidad para narrar y evolucionar página a página. En su obra, la palabra "dictadura" perfora las páginas desde el fondo y se proyecta de manera abstracta pero imborrable en las portadas. Cada libro simboliza a un individuo: aunque sus colores, capas y materiales varíen, todos llevan inscrita esa marca identitaria, profunda y permanente.

Para el artista, esta reflexión resulta especialmente crucial al considerar el sistema en el que muchos cubanos han crecido, pues suele pasar desapercibida la manera en que éste ha afectado su cotidianidad y subjetividad. Su intención es convocar repetidamente esta palabra, para recordar la experiencia de crecer bajo un régimen autoritario, aun sin saberlo, más aún en una época en la que dichas reflexiones no se podían expresar y cuando la desinformación impedía cualquier análisis crítico. De forma similar, en la serie *Cuadernos — palabras*, dos términos se contraponen, revelando diferentes tensiones entre dos conceptos, momentos históricos o personajes.

SKETCHBOOKS

DICTATORSHIP
WORDS

The *Notebooks — Dictatorship* series emerged from Marco A. Castillo's personal conflict with the symbolic weight and meaning of this word, as well as its impact on the collective experience. Castillo uses the book as a metaphor for its ability to narrate and evolve page by page. In his work, the word "dictatorship" crosses through the pages from the back and projects itself in an abstract yet indelible way on the covers. Each book symbolizes an individual: although their colors, layers, and materials may vary, they all carry that deep and permanent mark of identity.

For the artist, this reflection is particularly crucial when considering the system in which many Cubans have grown up, as the impact on their everyday lives and subjectivity often goes unnoticed. His intention is to repeatedly invoke this word to recall the experience of growing up under an authoritarian regime, even without being aware of it, especially during a time when such reflections could not be expressed and when misinformation obstructed any critical analysis. Similarly, in the series *Notebooks — Words*, two terms are juxtaposed, revealing a tension by drawing a parallel between concepts, historical moments, or figures

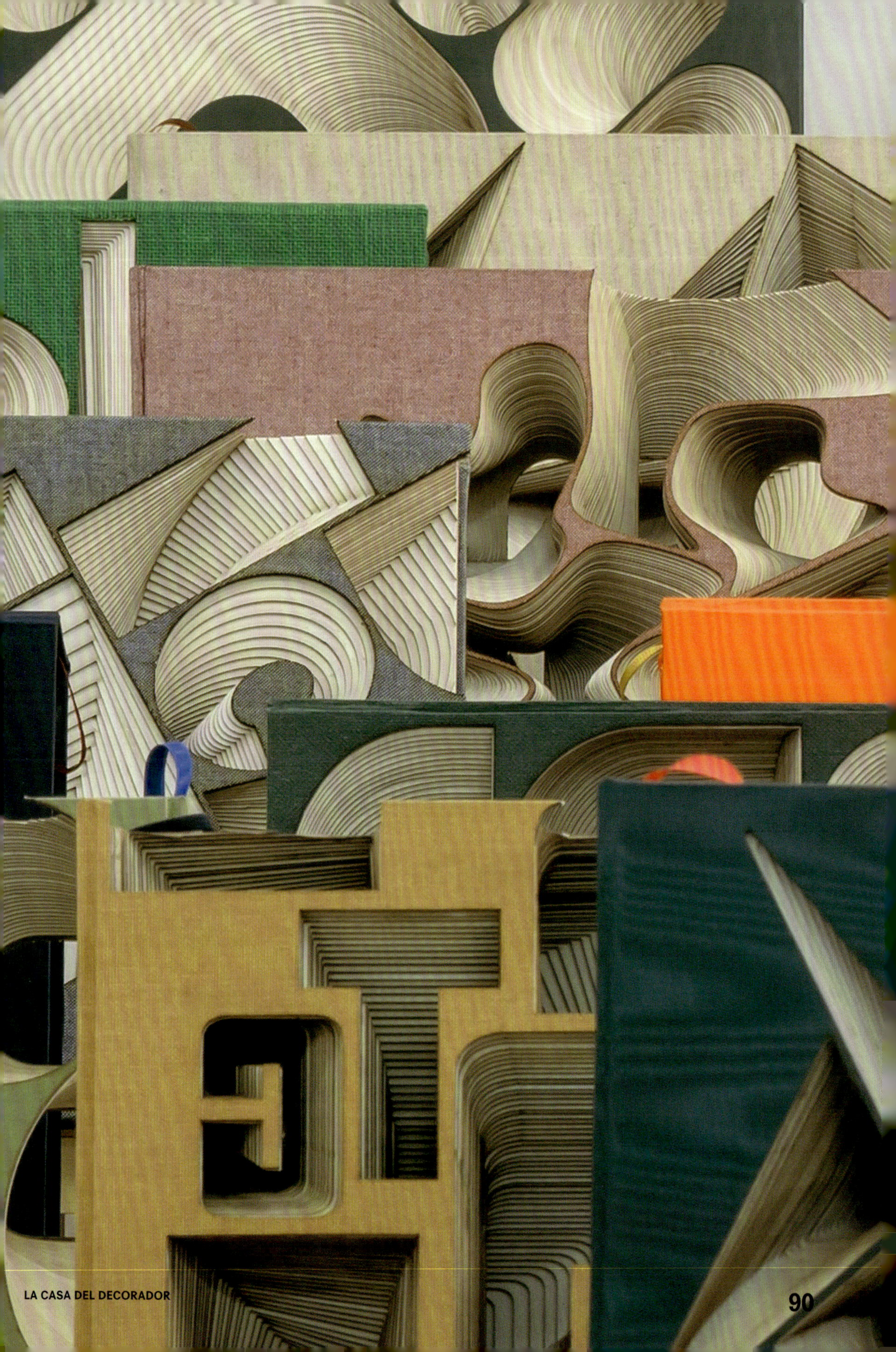

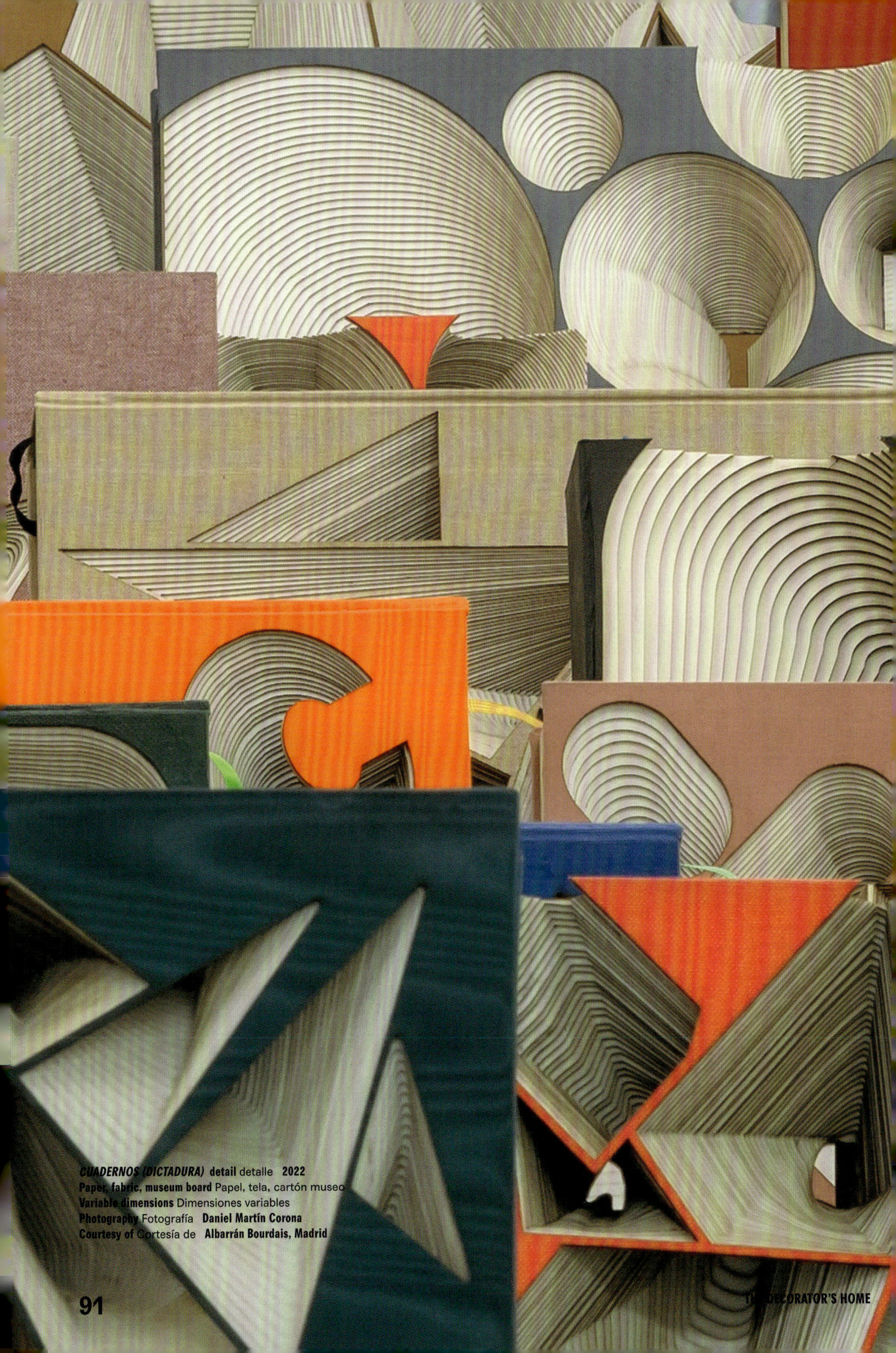

CUADERNOS (DICTADURA) **detail** detalle **2022**
Paper, fabric, museum board Papel, tela, cartón museo
Variable dimensions Dimensiones variables
Photography Fotografía **Daniel Martín Corona**
Courtesy of Cortesía de **Albarrán Bourdais, Madrid**

DICTADURA, YUTE VERDE, 5 RECTÁNGULOS Y 4 CÍRCULOS **2022**
Paper, fabric, museum board Papel, tela, cartón museo **43 x 43 x 8.8 cm**
Photography Fotografía **Daniel Martín Corona**
Courtesy of Cortesía de **Nara Roesler, São Paulo**
Private collection Colección privada

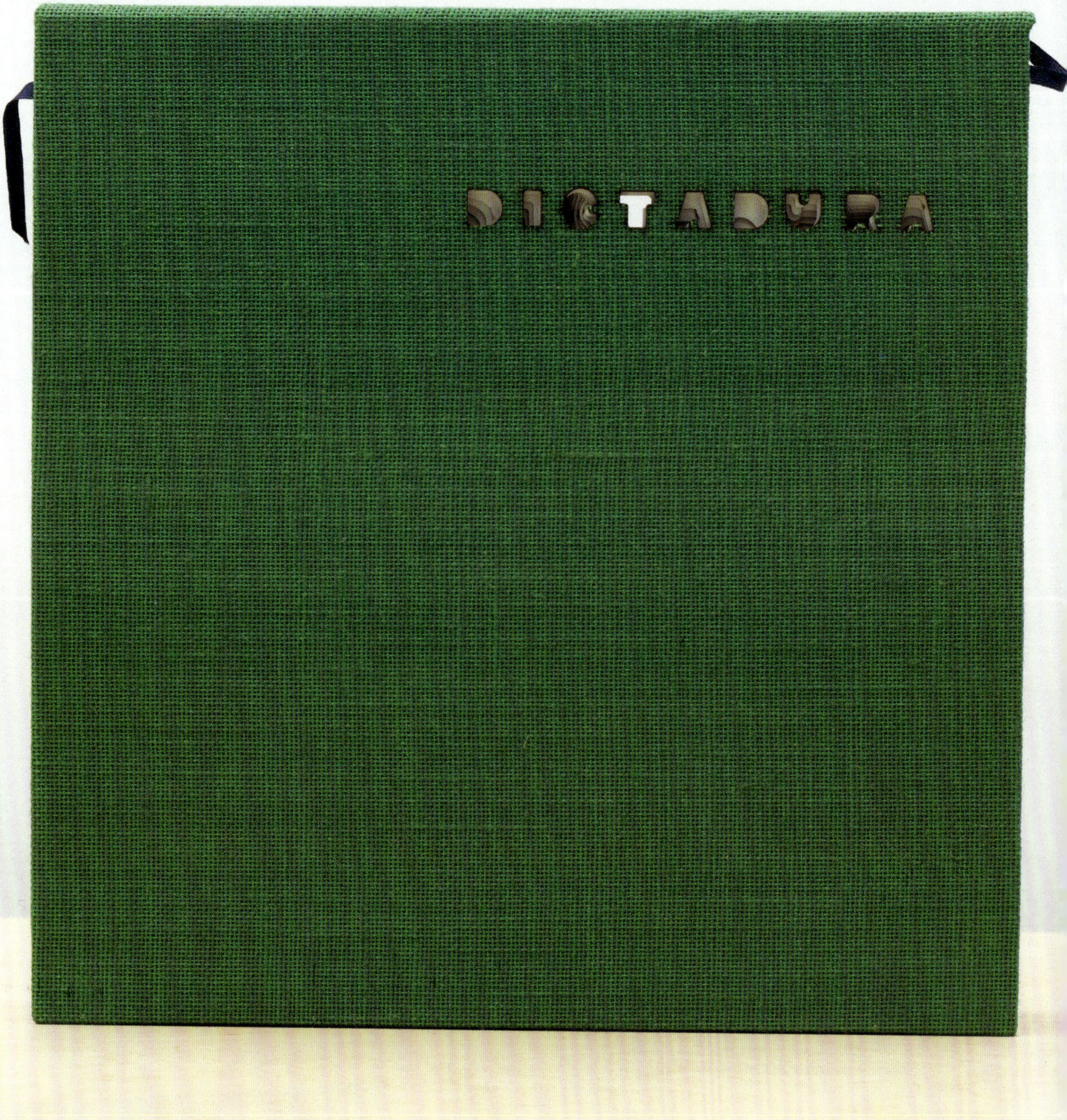

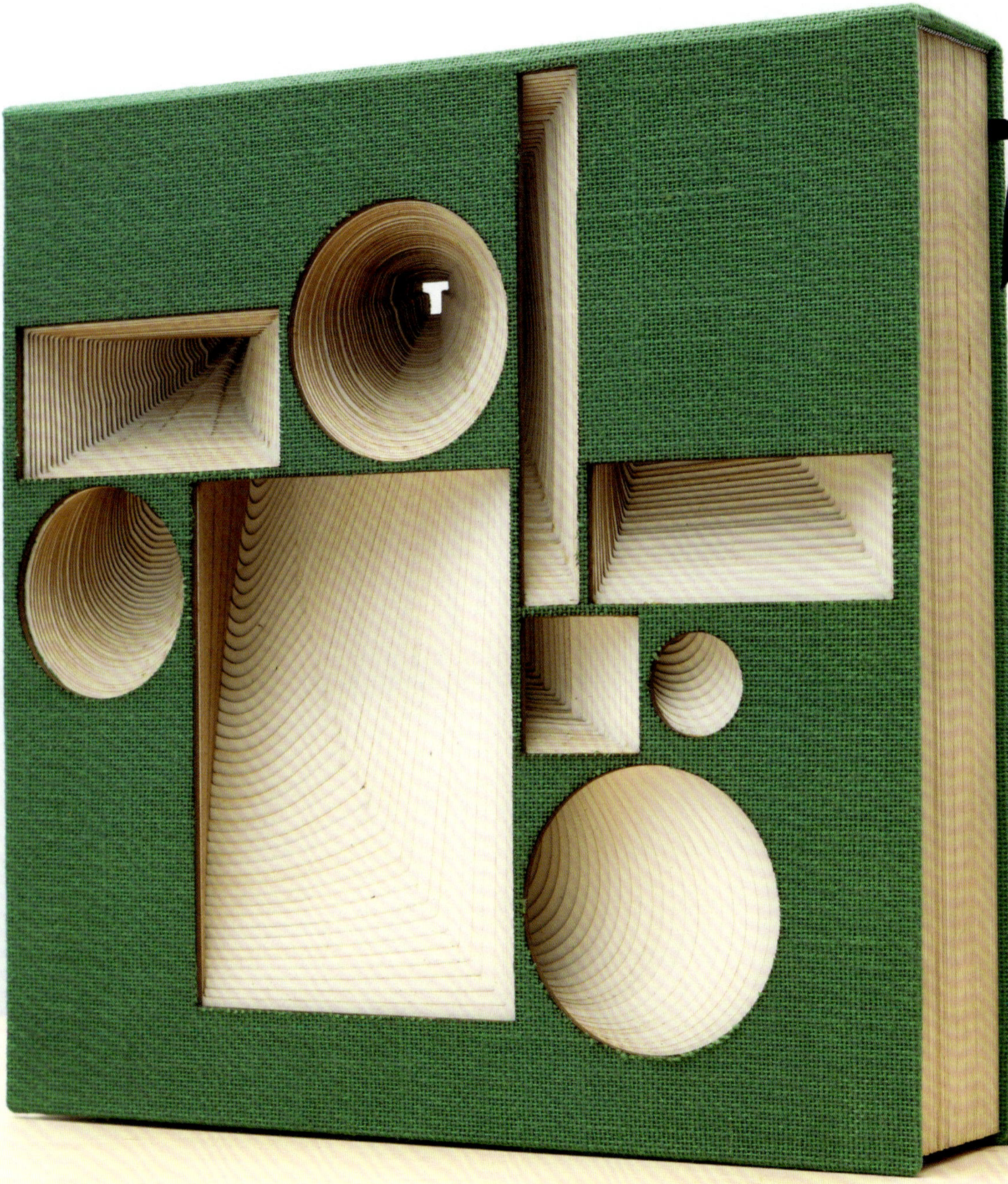

CUADERNOS (DICTADURA) **2024**
Paper, fabric, museum board Papel, tela, cartón museo
Variable dimensions Dimensiones variables
Courtesy of Cortesía de **Albarrán Bourdais, Madrid; KOW, Berlin; Nara Roesler, São Paulo**

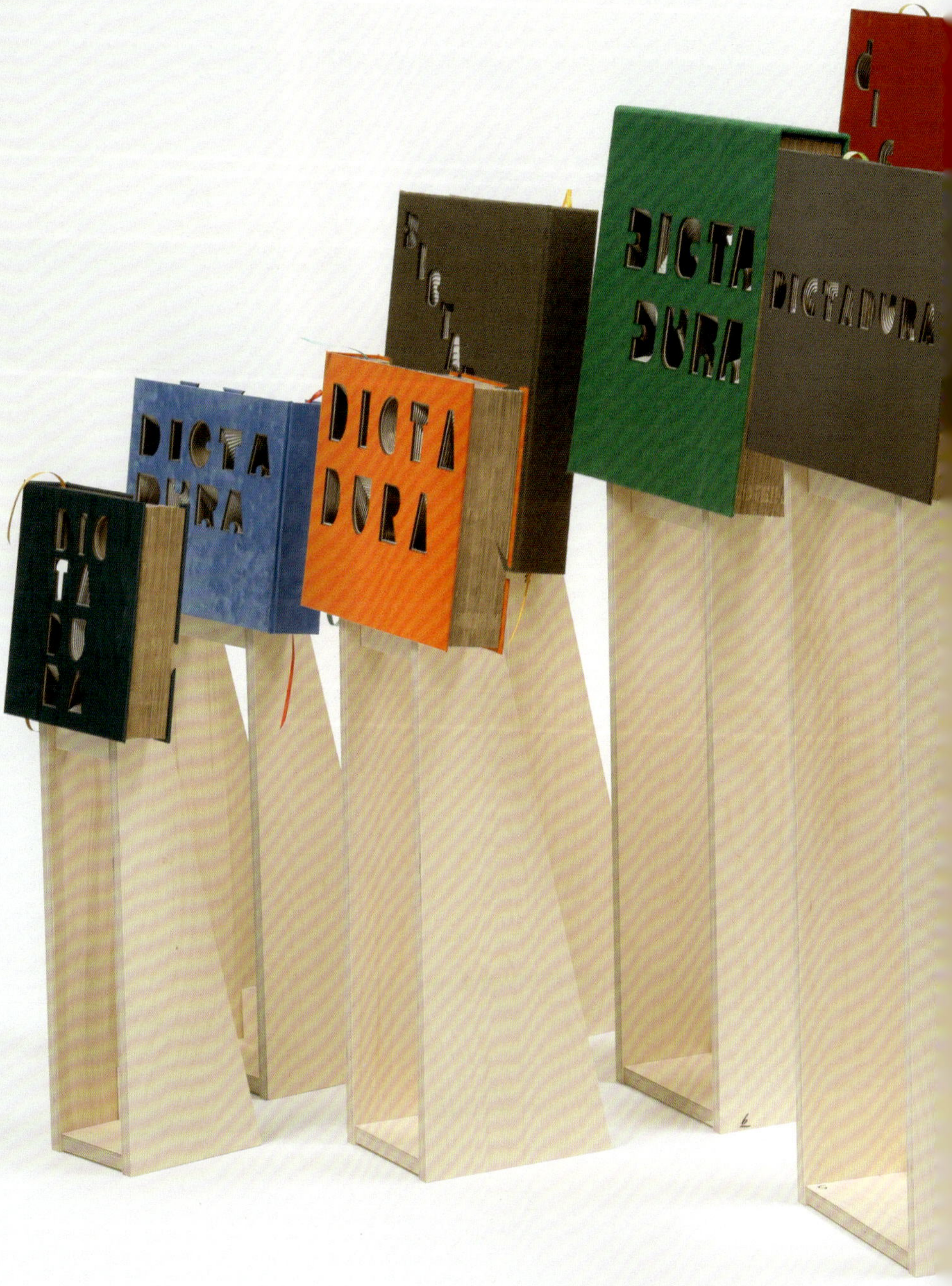

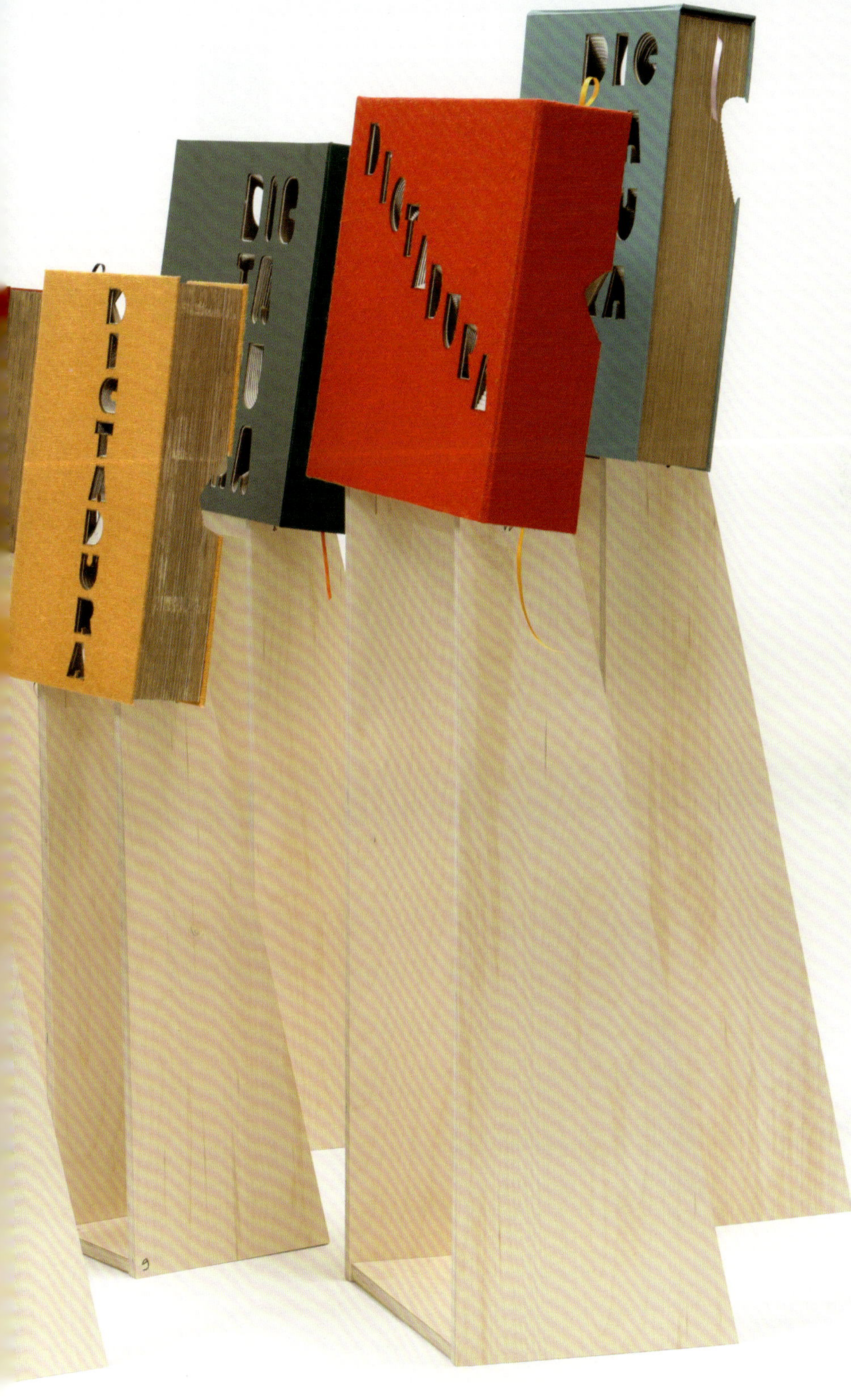
DICTADURA
DICTADURA

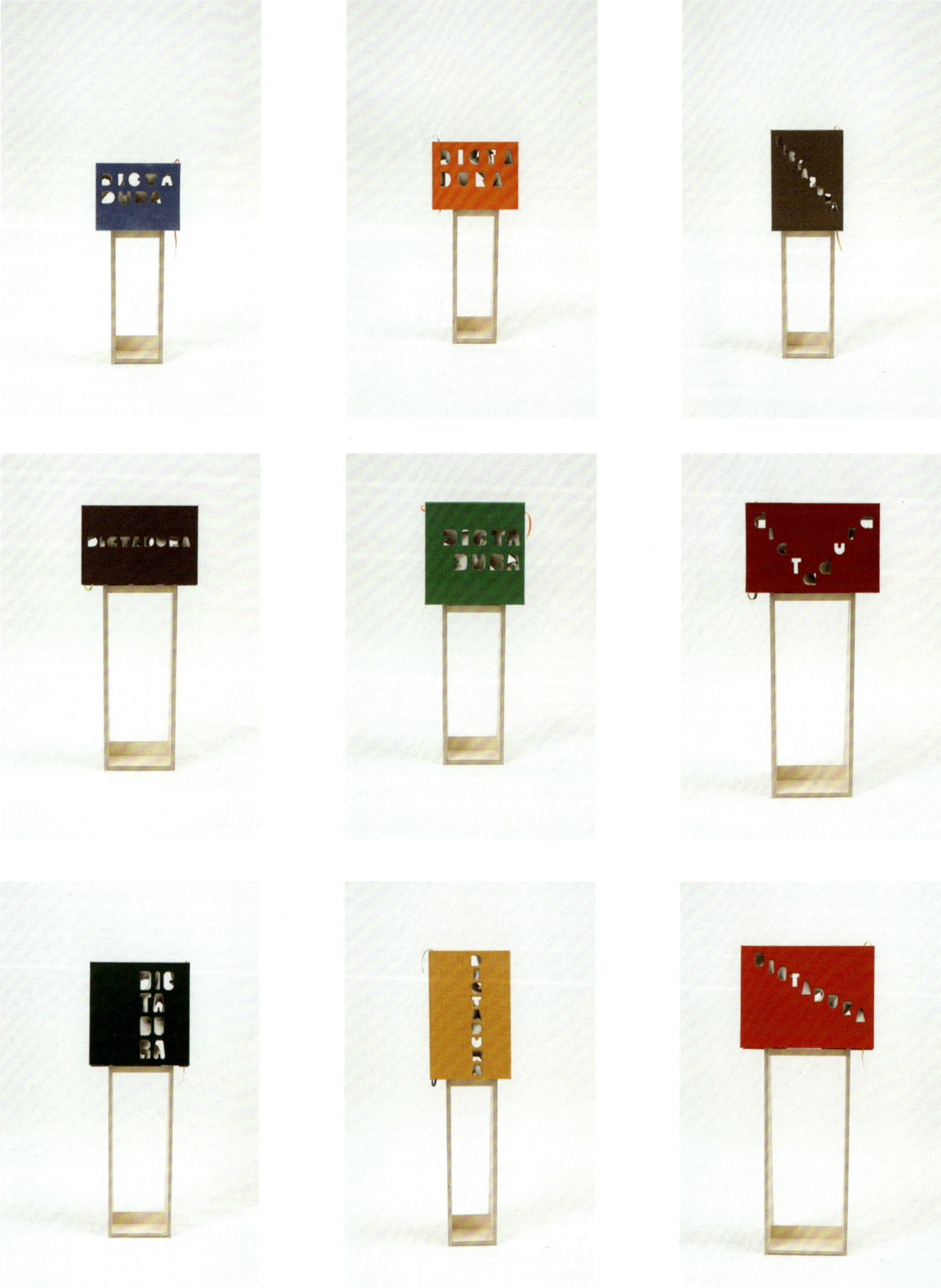

CUADERNOS (DICTADURA) **2024**
Paper, fabric, museum board Papel, tela, cartón museo
Courtesy of Cortesía de **Albarrán Bourdais, Madrid; KOW, Berlin; Nara Roesler, São Paulo**

CUADERNOS (DICTADURA) **2024**
Paper, fabric, museum board Papel, tela, cartón museo
Variable dimensions Dimensiones variables
Courtesy of Cortesía de **Albarrán Bourdais, Madrid; KOW, Berlin; Nara Roesler, São Paulo**

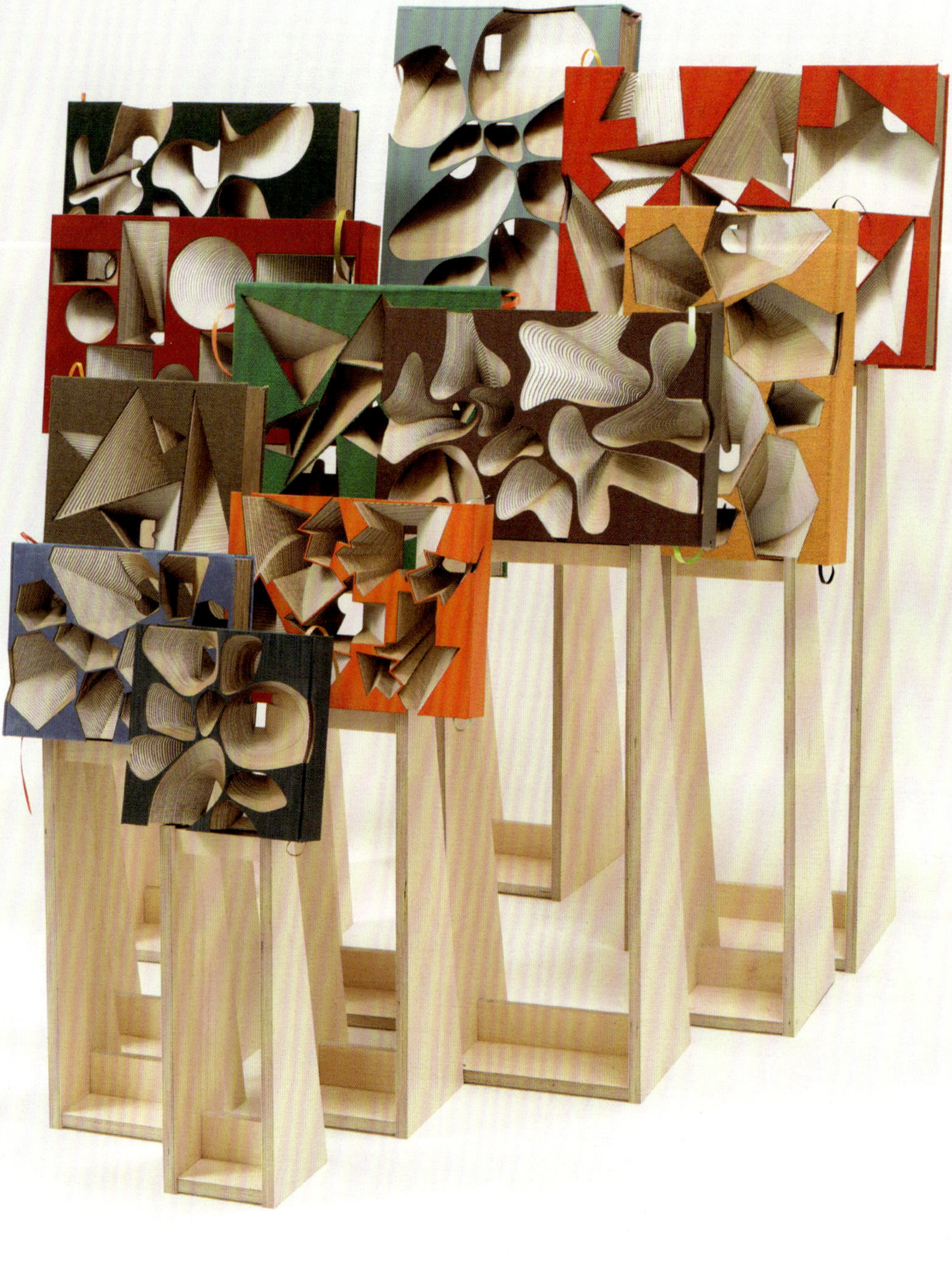

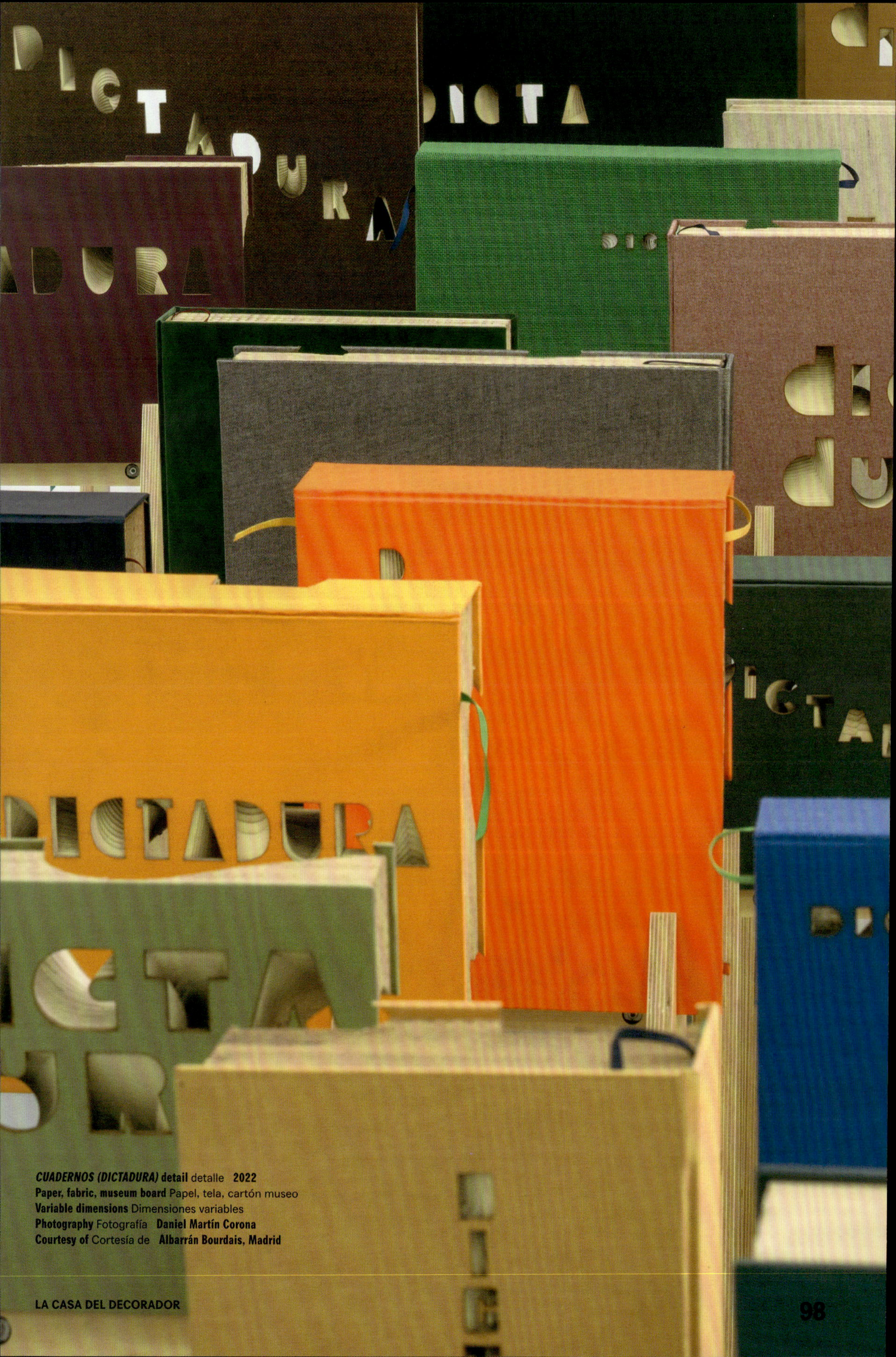

***CUADERNOS (DICTADURA)* detail** detalle **2022**
Paper, fabric, museum board Papel, tela, cartón museo
Variable dimensions Dimensiones variables
Photography Fotografía **Daniel Martín Corona**
Courtesy of Cortesía de **Albarrán Bourdais, Madrid**

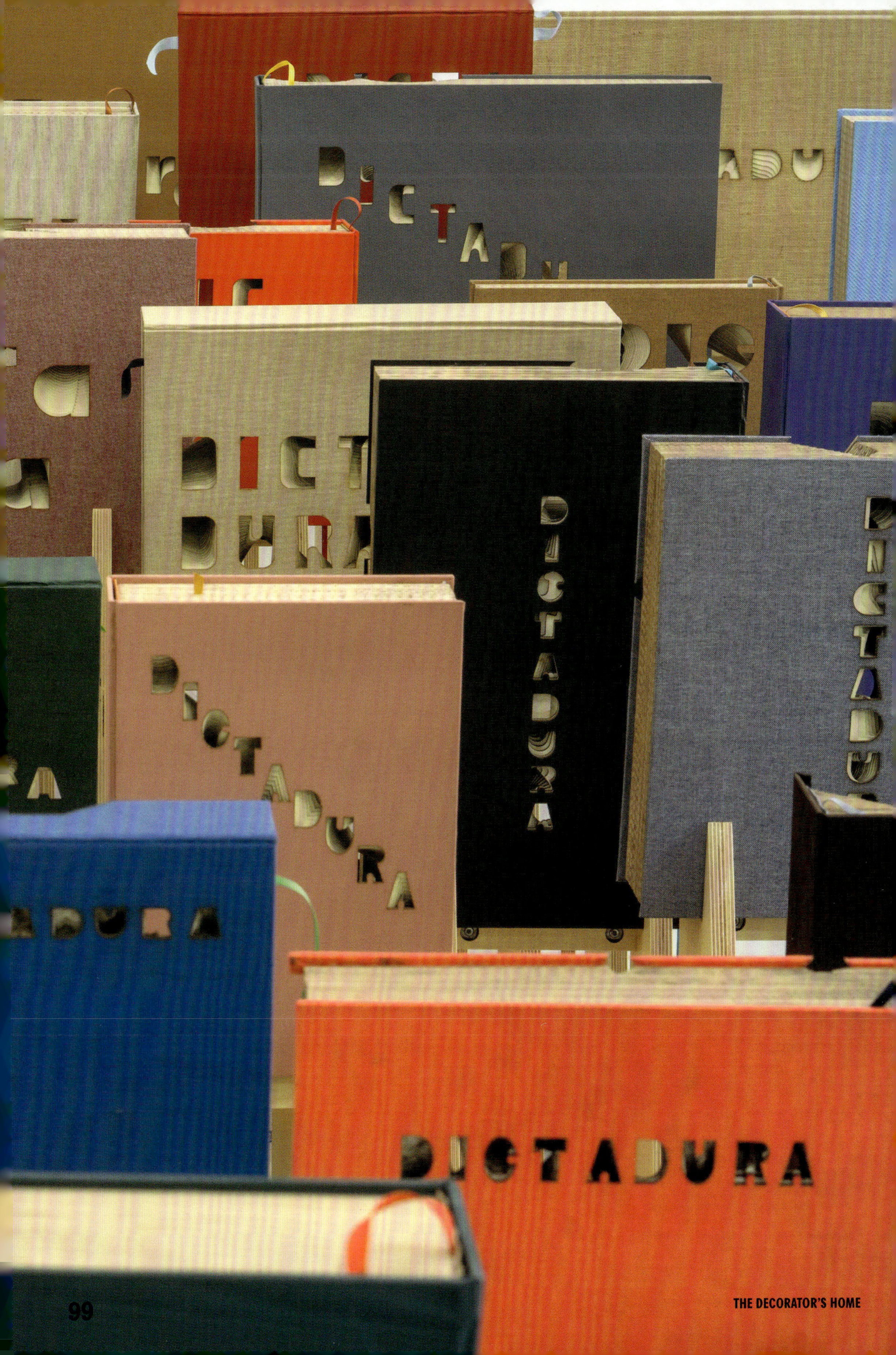
DICTADURA
DICTADURA
DICTADURA
DICTADURA

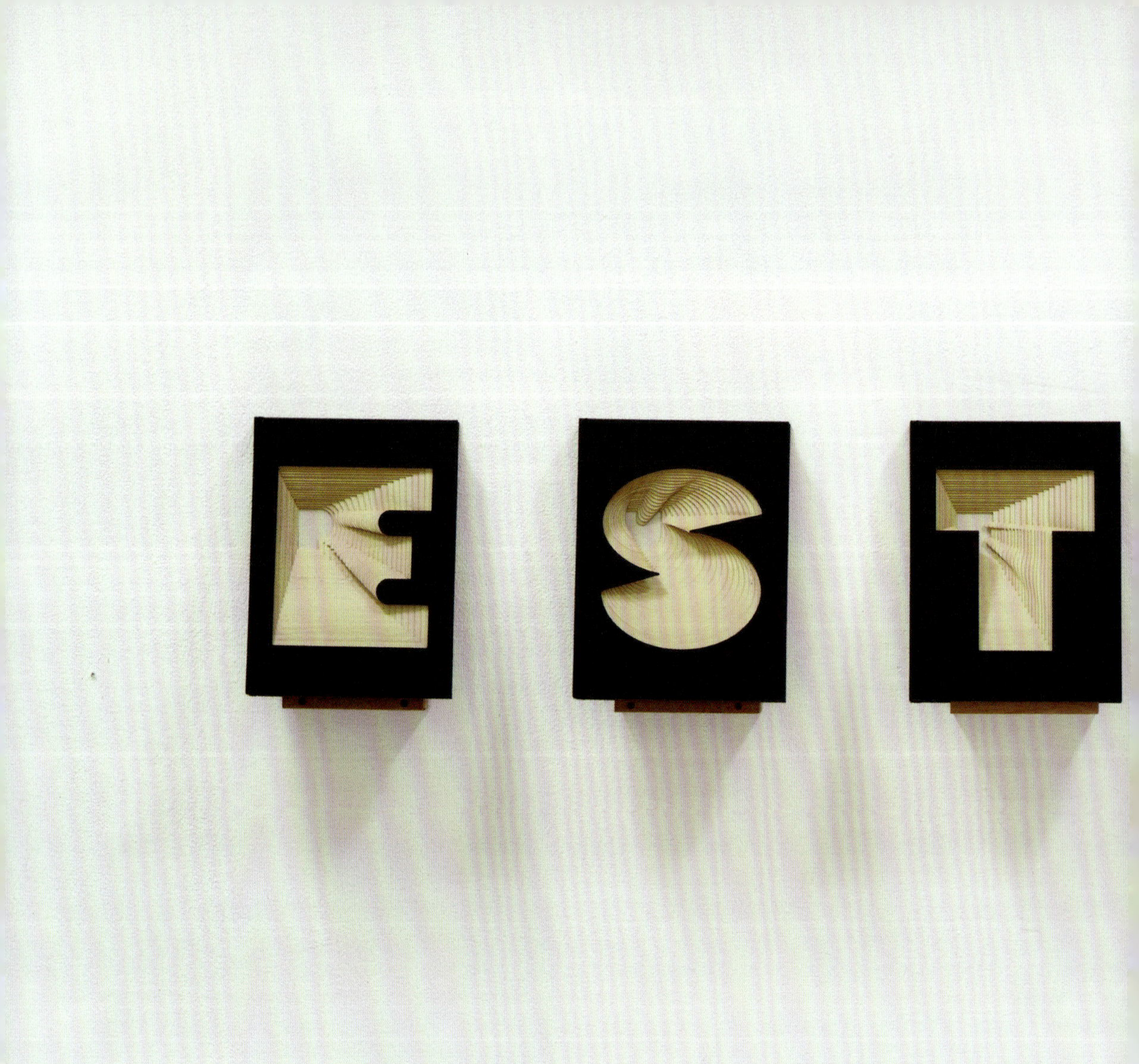

ESTADO / PUEBLO **2021**
Paper, fabric Papel, tela
Variable dimensions Dimensiones variables
Photography Fotografía **Alexa Torres**
Courtesy of Cortesía de **Nara Roesler, São Paulo**

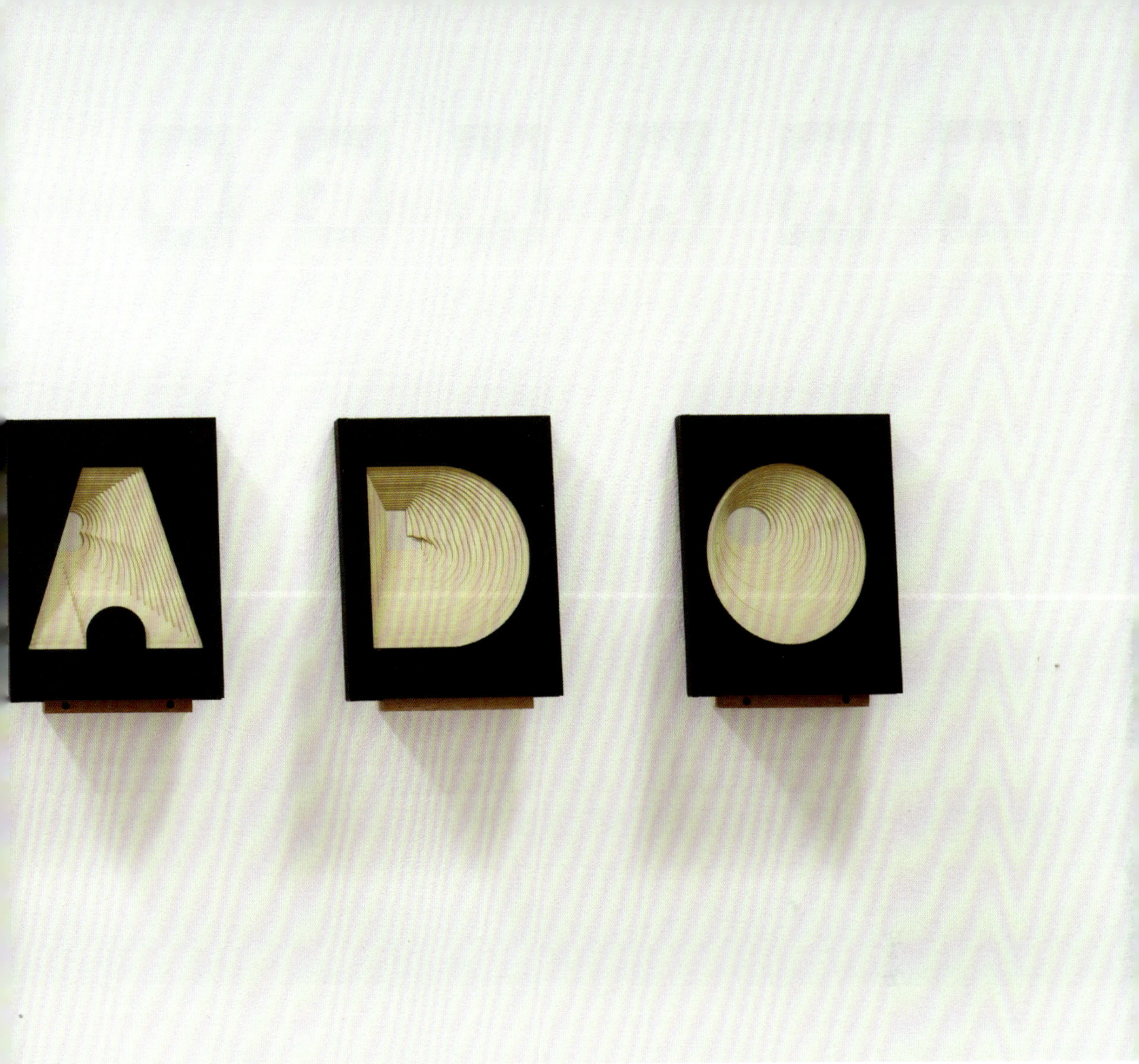

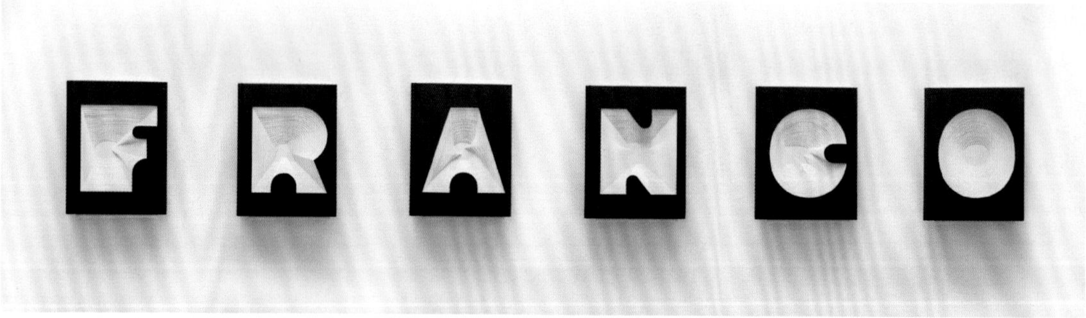

FRANCO / CASTRO **2020**
Paper, fabric Papel, tela
Variable dimensions Dimensiones variables
Photography Fotografía **Denise Guerra**
Courtesy of Cortesía de **KOW, Berlin**
Collection Colección **José Antonio Llorente e Irene Rodríguez**

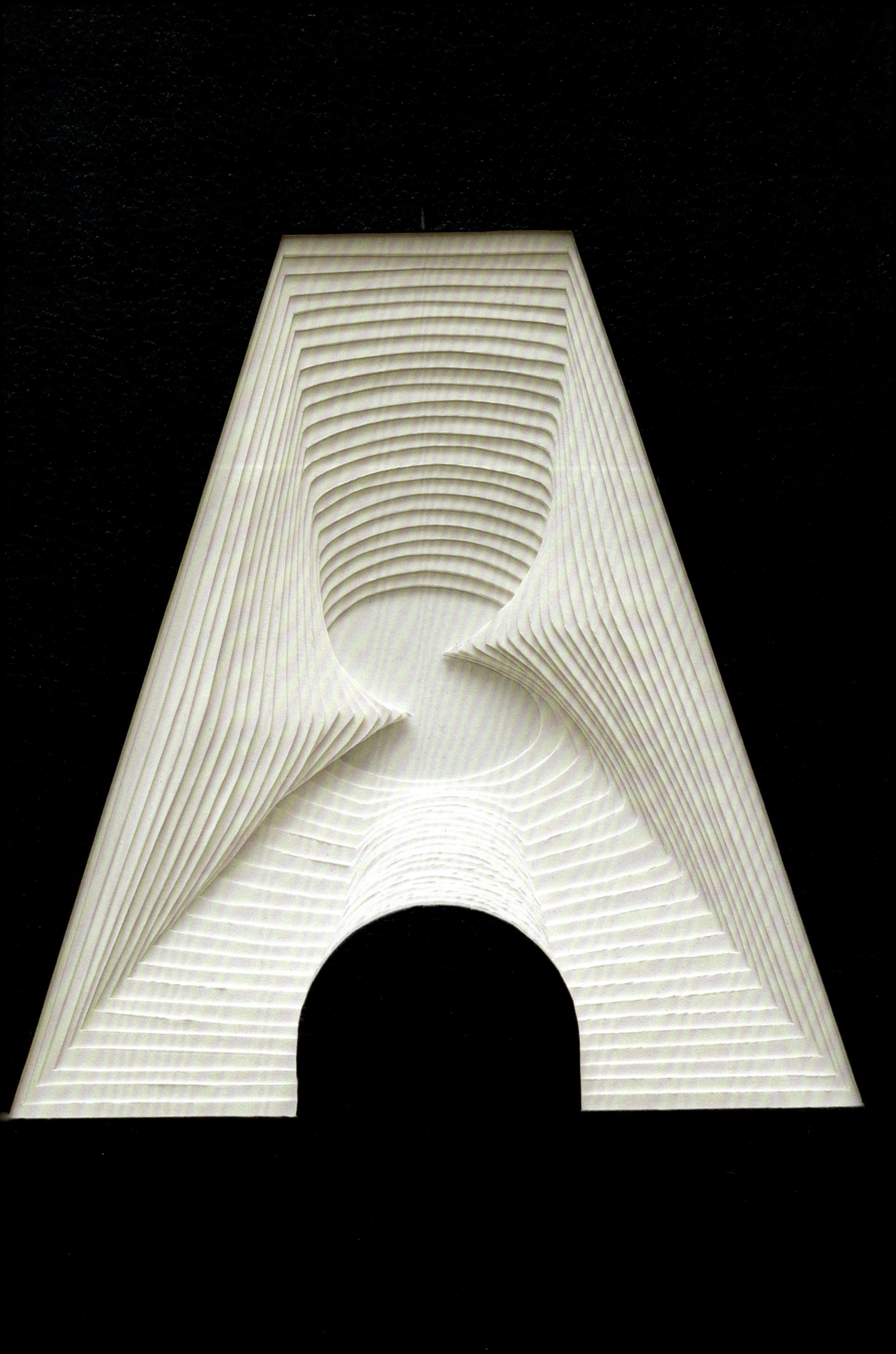

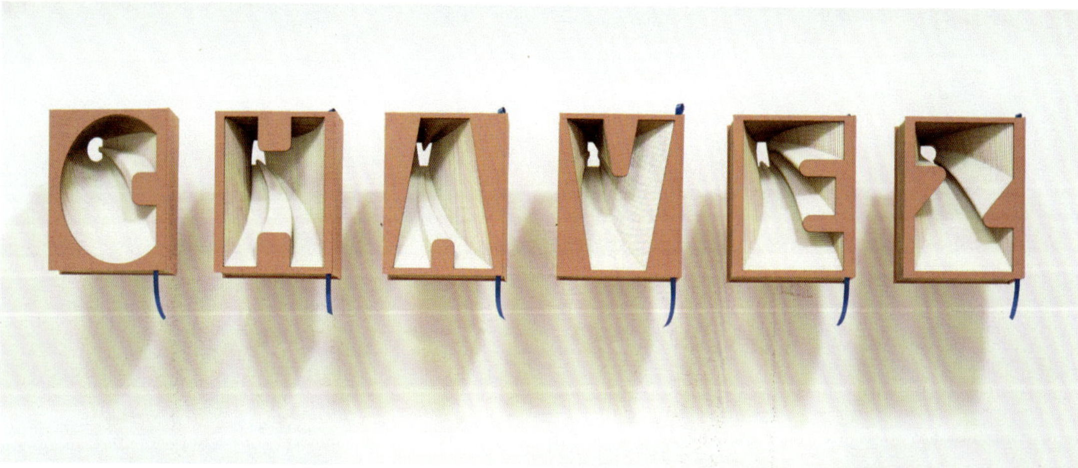

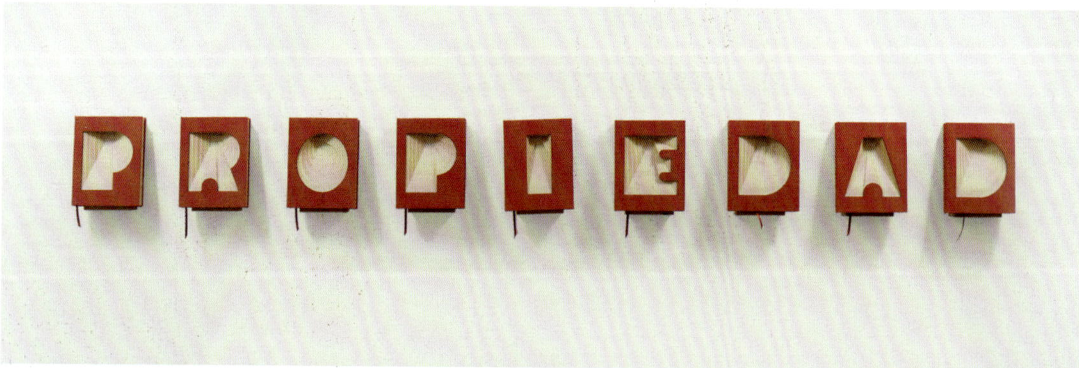

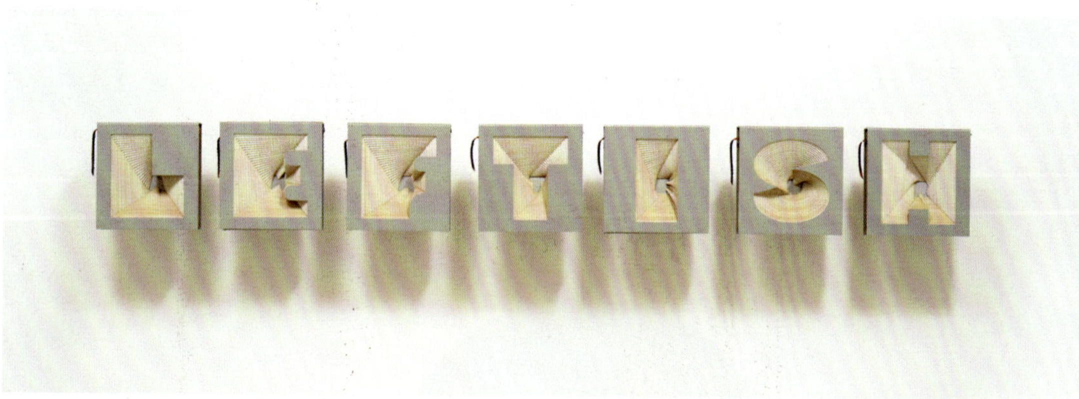

CHAVEZ / CAVIAR **2021**
Paper, fabric Papel, tela
Variable dimensions Dimensiones variables
Photography Fotografía **Alexa Torres**

PROPIEDAD / DEL ESTADO **2021**
Paper, fabric Papel, tela
Variable dimensions Dimensiones variables
Photography Fotografía **Alexa Torres**
Courtesy of Cortesía de **Nara Roesler, São Paulo**

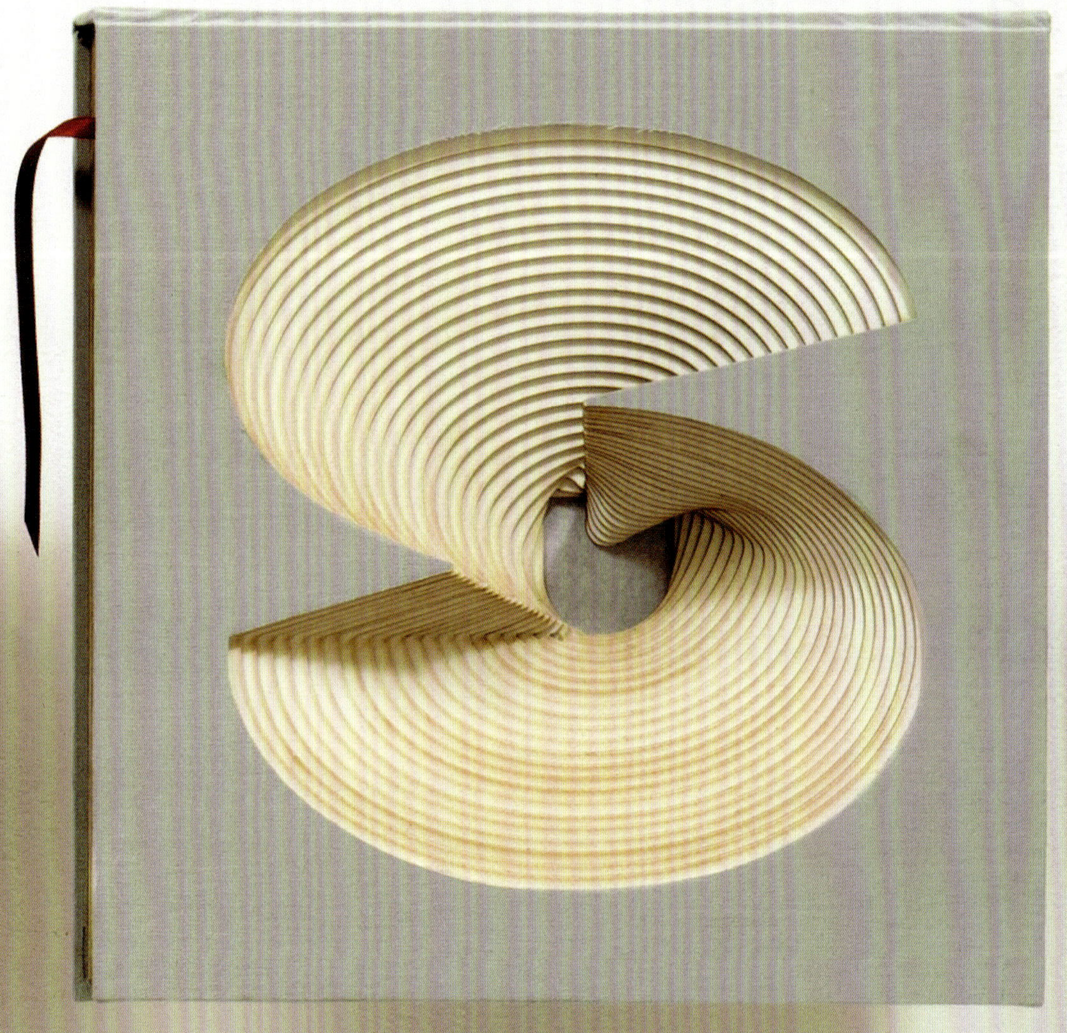

LEFTISH / AMATEUR **2021**
Paper, fabric Papel, tela
Variable dimensions Dimensiones variables
Photography Fotografía **Alexa Torres**
Courtesy of Cortesía de **KOW, Berlin**

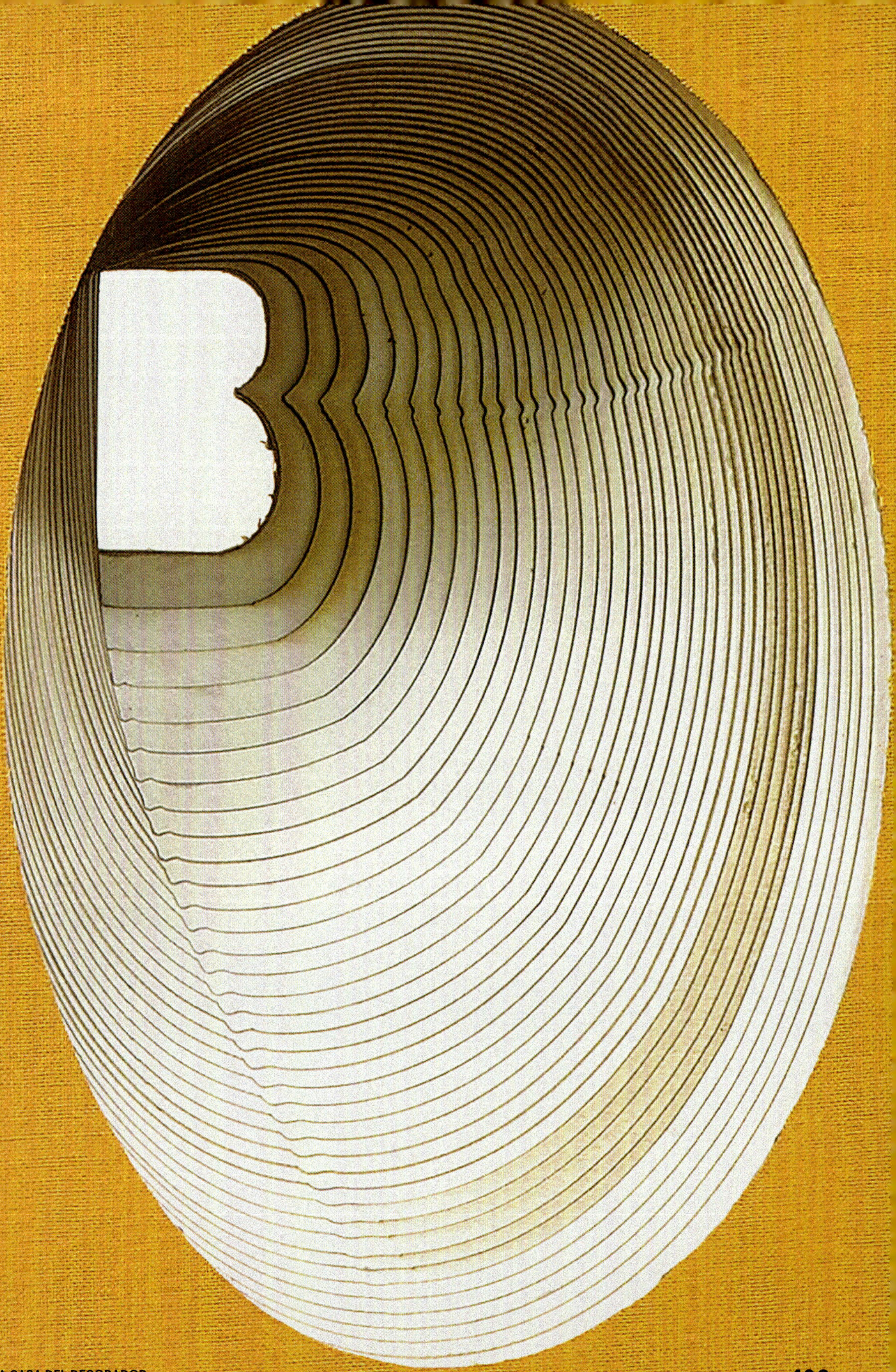

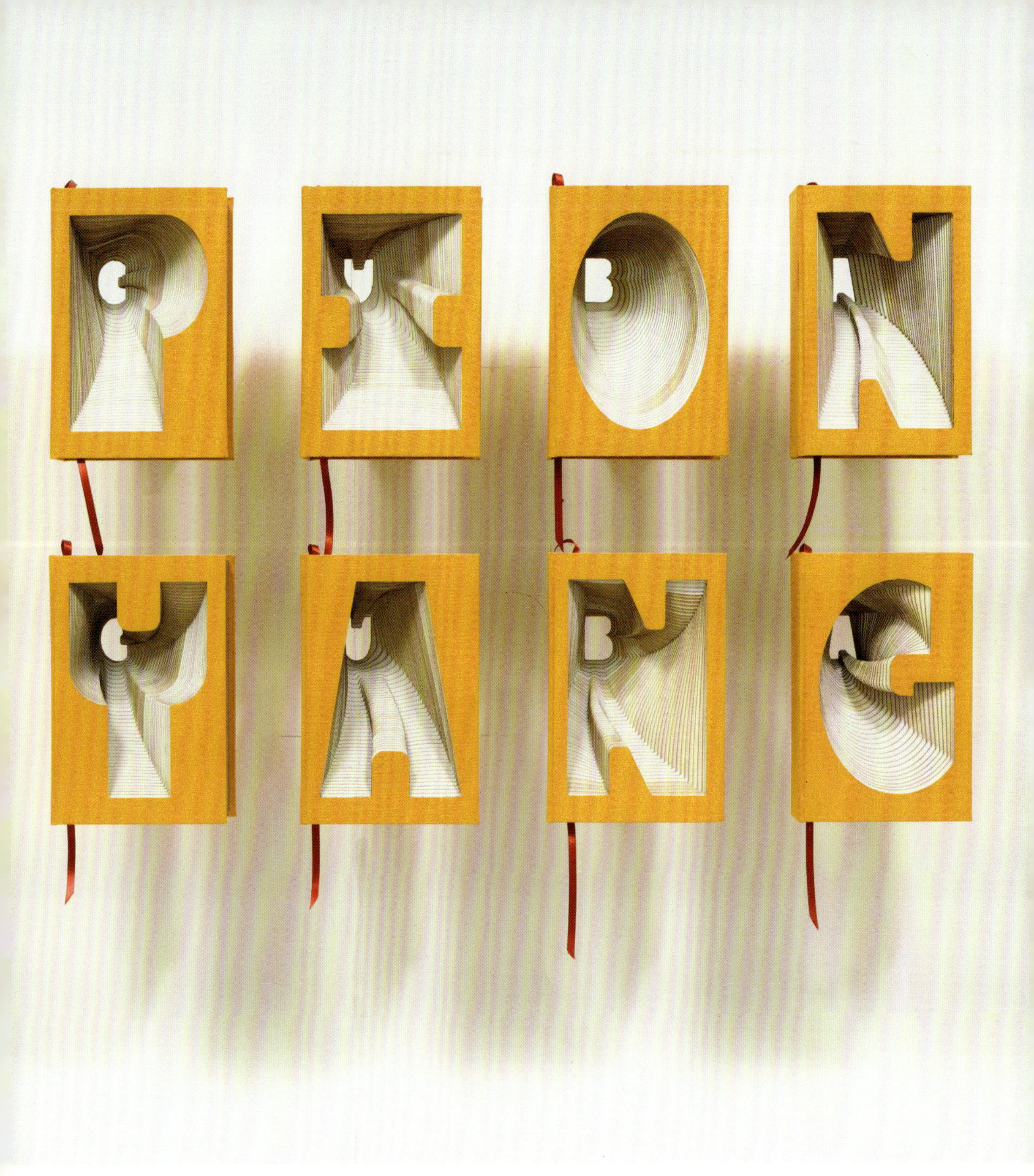

PION YANG / CUBA CUBA **2021**
Paper, fabric Papel, tela
Variable dimensions Dimensiones variables
Photography Fotografía **Alexa Torres**

IVÁN LOURDES GALVÁN

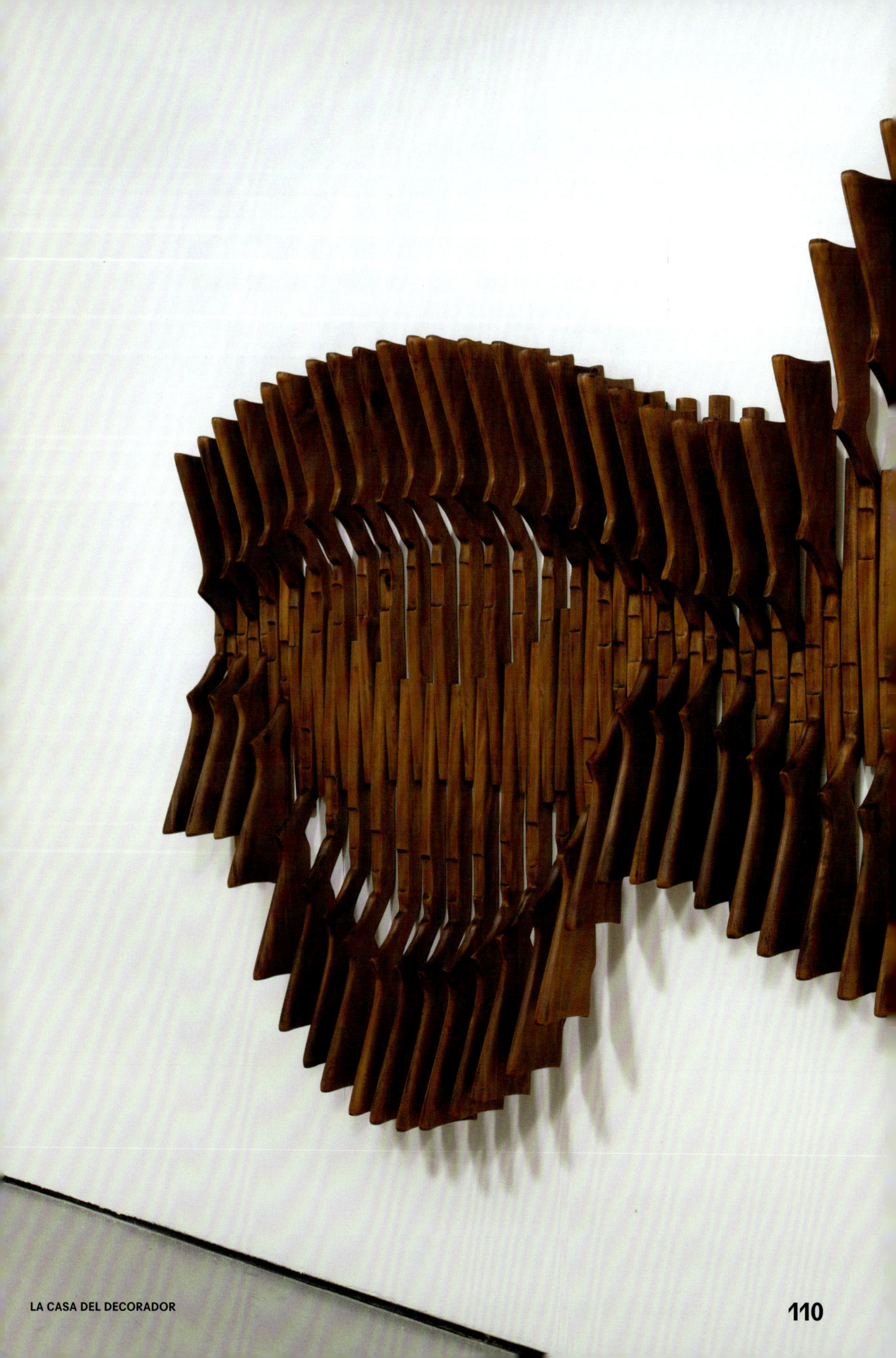

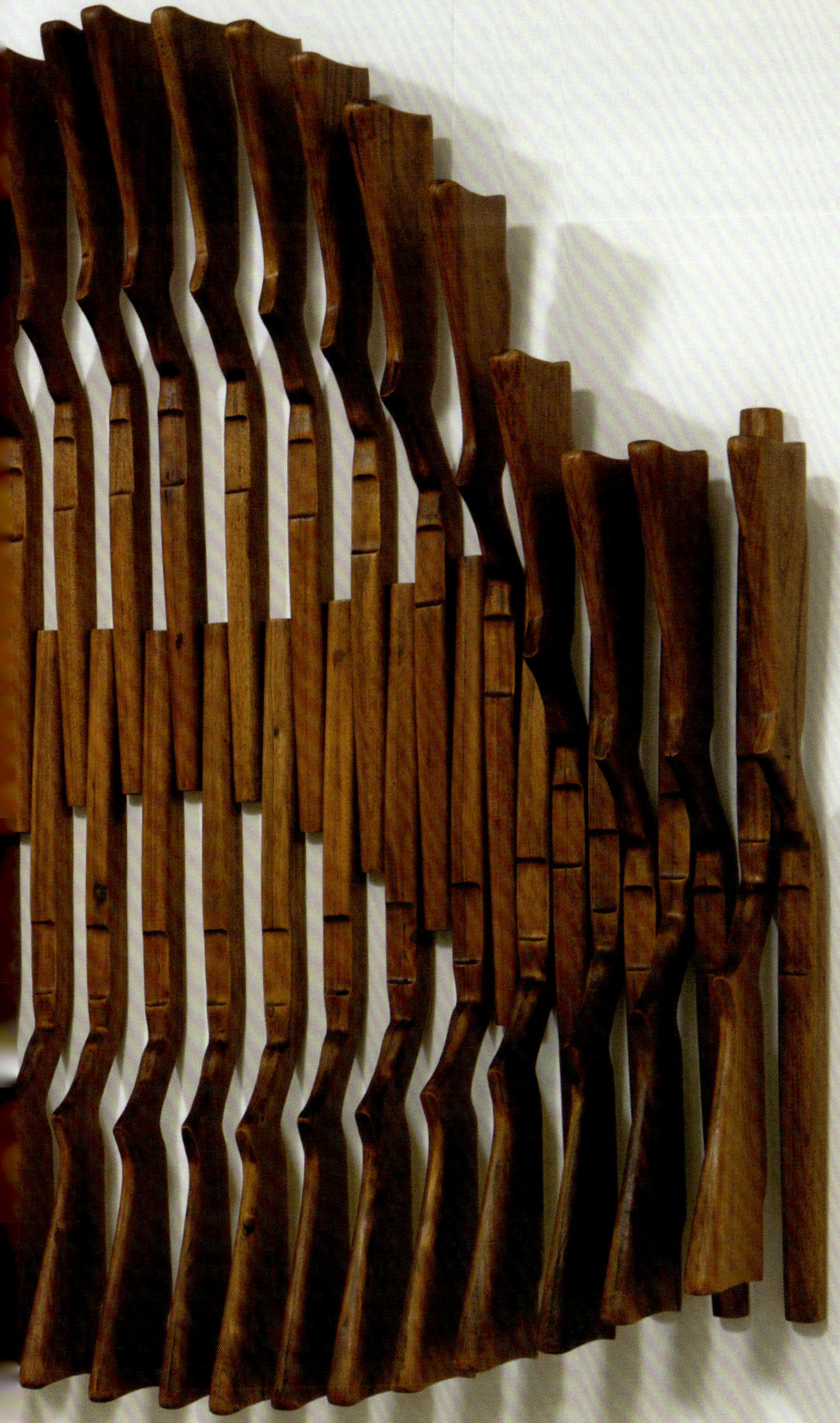

IVÁN (HORIZONTAL) **2020**
Mahogany Caoba **180 x 285 x 17 cm**
Courtesy of Cortesía de **Nara Roesler, São Paulo**
Private collection Colección privada

Marco A. Castillo assumes the role of an interior designer in the midst of a social transition similar to that faced by Cuba, marked by complex economic and political conditions. The artist imagines how he would have decorated spaces such as ministries, boardrooms, military buildings, or schools during a time when the achievements of the Revolution were celebrated through poetry, socialist painting, and music. Castillo transfers the military epic to interior decoration by using gun stocks—a material that is both abundant and familiar in a deeply militarized country—and turning them into the basis of optical and kinetic installations that evoke the rhythm and choreography of a collective subjected to the policies of the state.

Marco A. Castillo asume el rol de un interiorista en medio de una transición social como la que enfrentó Cuba, con complejas condiciones económicas y políticas. El artista imagina la forma en que habría decorado espacios como ministerios, salas de juntas, edificios militares o escuelas, en una época en la que las hazañas de la Revolución eran exaltadas a través de la poesía, la pintura socialista y la música. Castillo traslada la épica militar a la decoración de interiores, a través de culatas de fusiles, un material abundante y familiar en un país profundamente militarizado, los cuales se convierten en la base de instalaciones ópticas y cinéticas que evocan el ritmo y la coreografía de una colectividad sometida a las políticas de estado.

IVÁN (TRIÁNGULO) **2021**
Mahogany Caoba **250 x 86.4 x 17 cm**
Courtesy of Cortesía de **Nara Roesler, São Paulo**

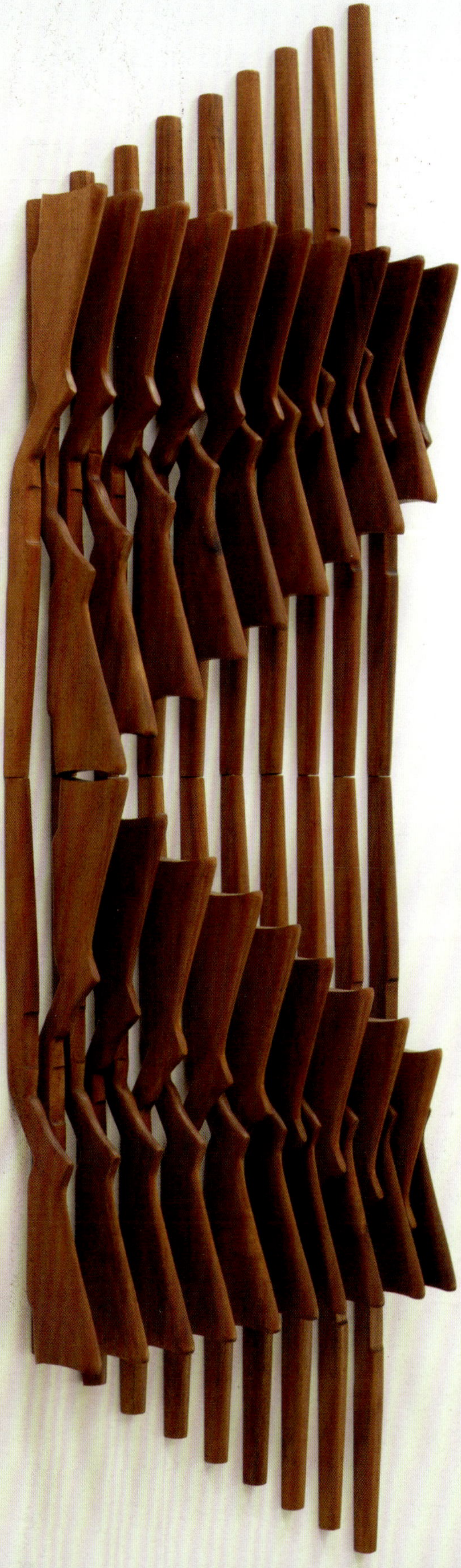

IVÁN (TRIÁNGULO, CÍRCULO, HEXÁGONO Y CUADRADO) **2021**
Mahogany Caoba **Variable dimensions** Dimensiones variables
Photography Fotografía **Flávio Freire**
Exhibition view Vista de exposición
STATE-OWNED PROPERTY *PROPIEDAD DEL ESTADO* **2021**
Nara Roesler, São Paulo
Courtesy of Cortesía de **Nara Roesler, São Paulo**
Collection Colección **Ana Eliza & Paulo Setúbal (Hexágono)**

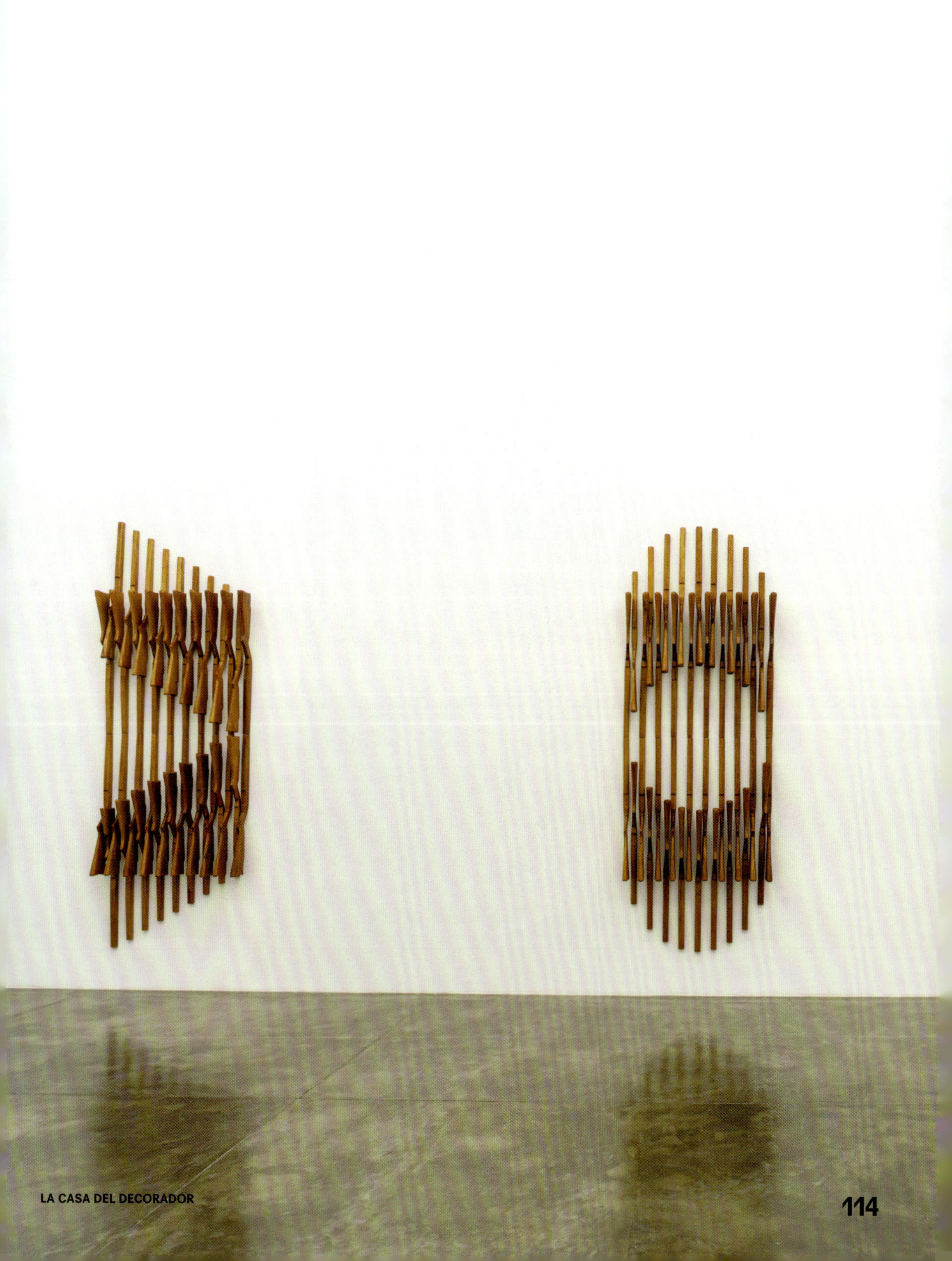

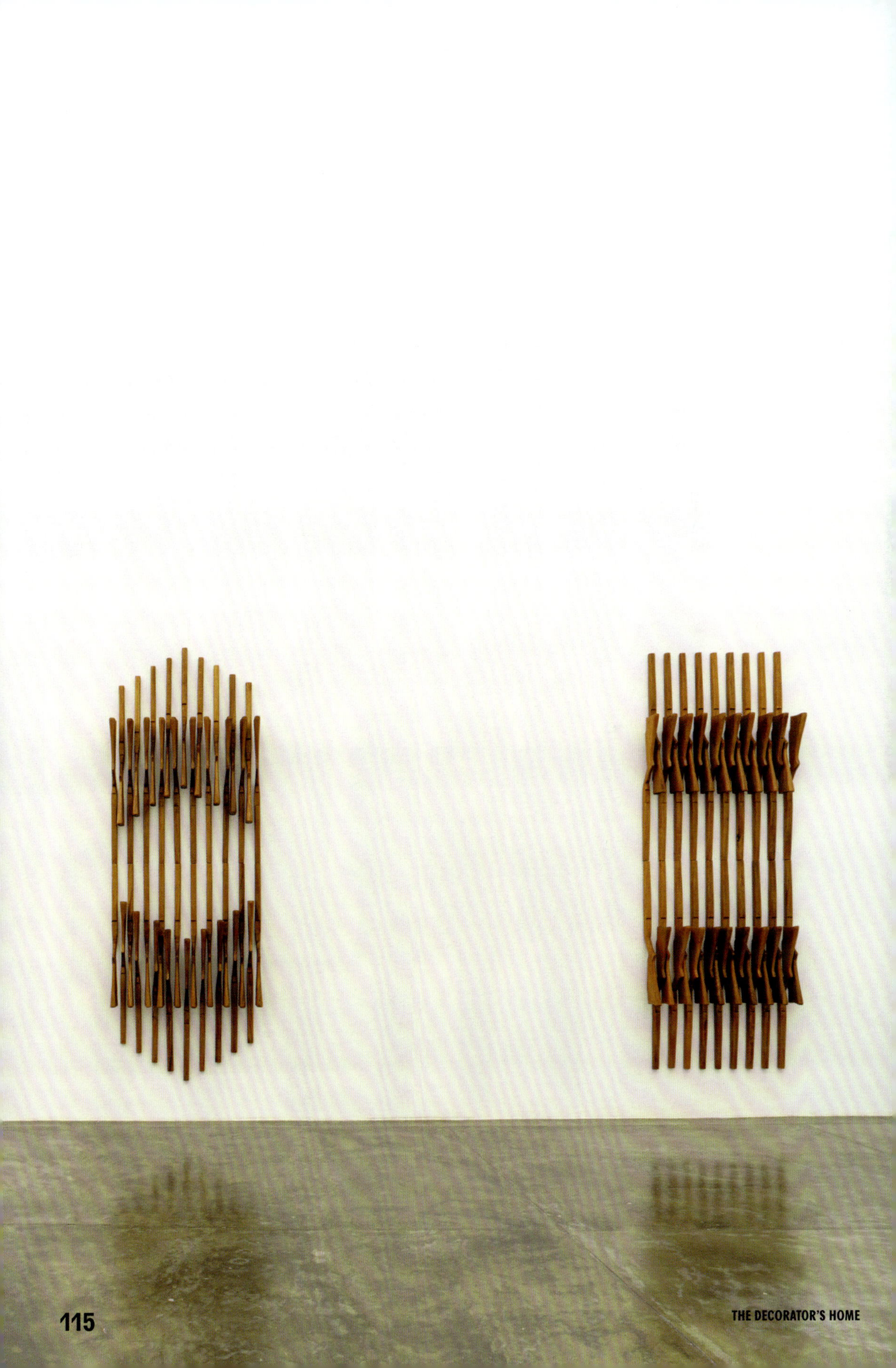

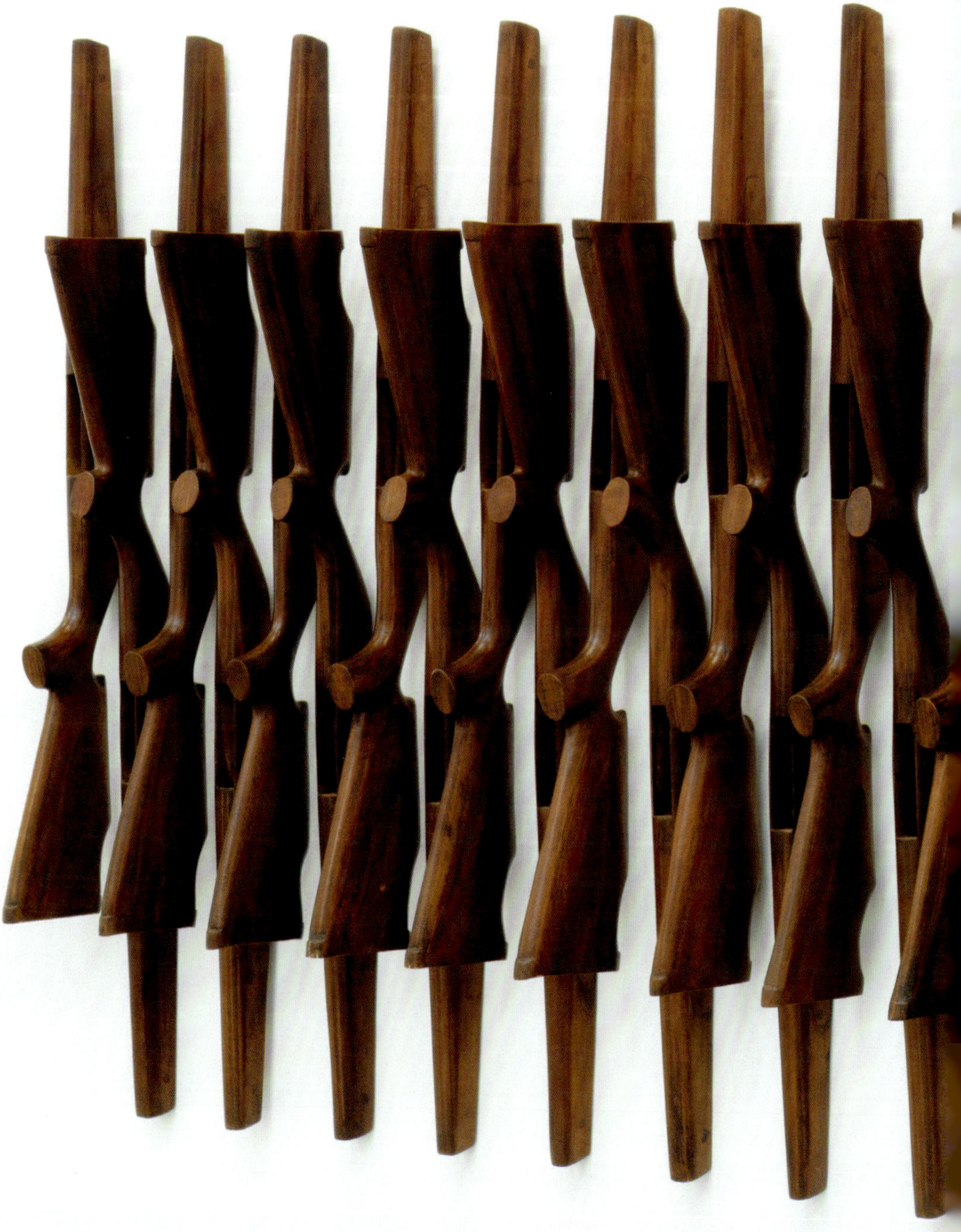

IVÁN **2019**
Wood Madera **96 x 150 x 15.5 cm**
Photography Fotografía **Jeff Mclane**
Courtesy of Cortesía de **UTA Artist Space, Los Angeles**
Private collection Colección privada

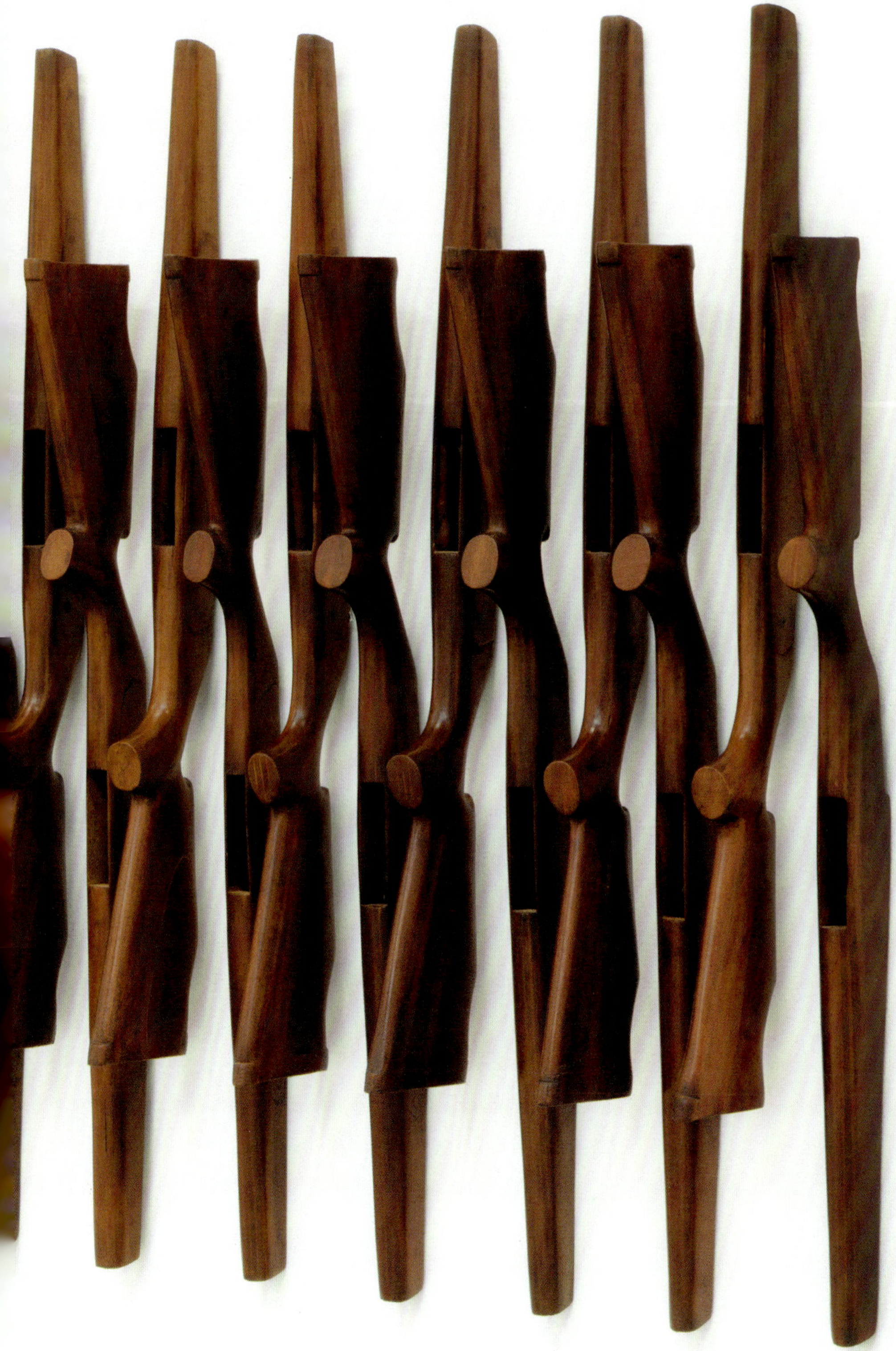

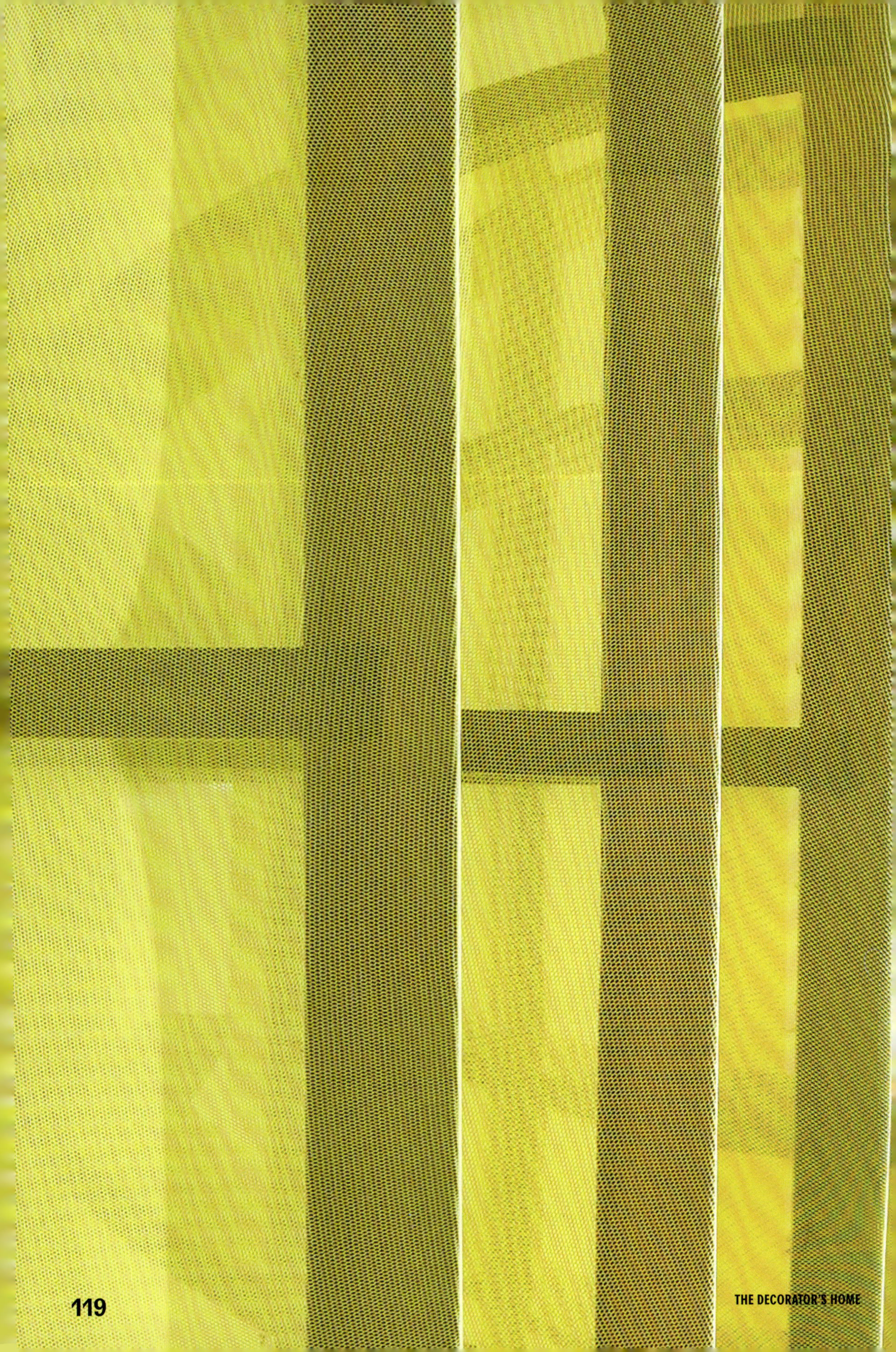

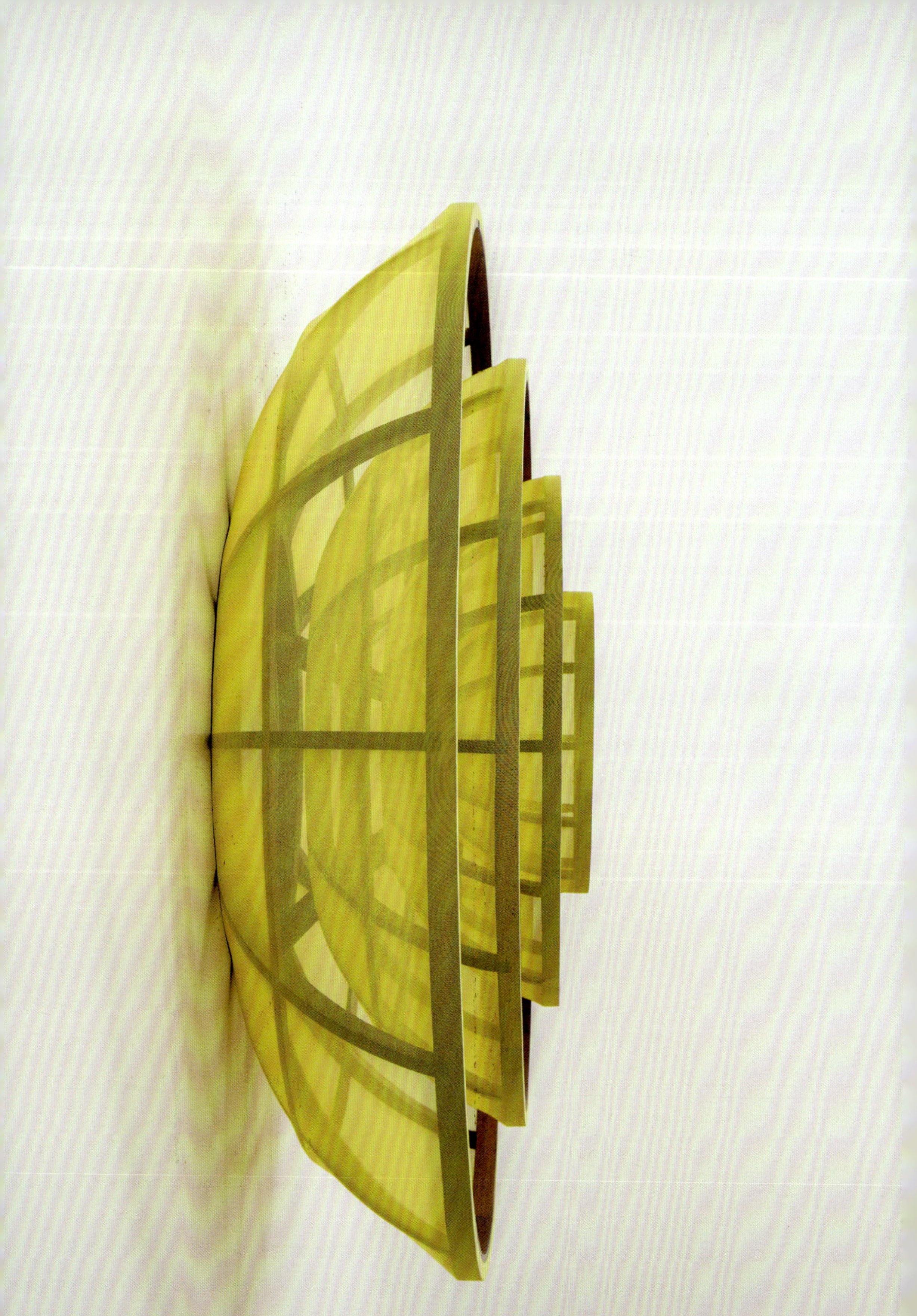

This series, composed of a structure of concentric wooden circles covered with fabric, evokes the communication and listening equipment used in Cuba during the Cold War. The work establishes a link between Cuban industrial design of the 1970s and the control mechanism of the state.

The work references the pendant lamp designed by Gonzalo Córdoba for the *Ambiente Joven* collection, a line of furniture and design objects conceived for the home, intended to be mass-produced with cheaper industrial materials for Cuba's working class. This effort to expand production and accessibility to design contrasts with the parallel strategies of the government, which, while promoting an aesthetic aimed at the working masses, developed a sophisticated system of national and international surveillance. A paradigmatic example of this system is the Lourdes Base—from which the series takes its title—one of the continent's largest espionage centers, designed to intercept communications from the United States.

Esta serie, integrada por un esqueleto de círculos concéntricos de madera, cubiertos con tela, evoca los equipos de comunicación y radioescucha utilizados en Cuba durante la Guerra Fría. La obra establece un vínculo entre el diseño industrial cubano de los años setenta y los mecanismos de control del estado.

La obra toma como referencia la lámpara colgante diseñada por Gonzalo Córdoba para la colección *Ambiente Joven*, una línea de muebles y objetos de diseño concebidos para la vivienda, pensados para ser producidos a gran escala con materiales industriales más económicos y destinados a la clase obrera cubana. Este esfuerzo por ampliar la producción y accesibilidad al diseño contrasta con las estrategias paralelas del gobierno, que mientras promovía un imaginario estético dirigido a las masas trabajadoras desarrollaba un sofisticado sistema de vigilancia nacional e internacional. Un ejemplo paradigmático de este sistema fue la base Lourdes —que da título a la serie—, uno de los mayores centros de espionaje del continente, diseñado para interceptar comunicaciones de los Estados Unidos.

LOURDES (TEJIDO AMARILLO) **2020**
Wood, mesh Madera, malla elástica **150 x 150 x 50.4 cm**
Photography Fotografía **Denise Guerra**
Courtesy of Cortesía de **KOW, Berlin**
Collection Colección **Julia Borja Papini**

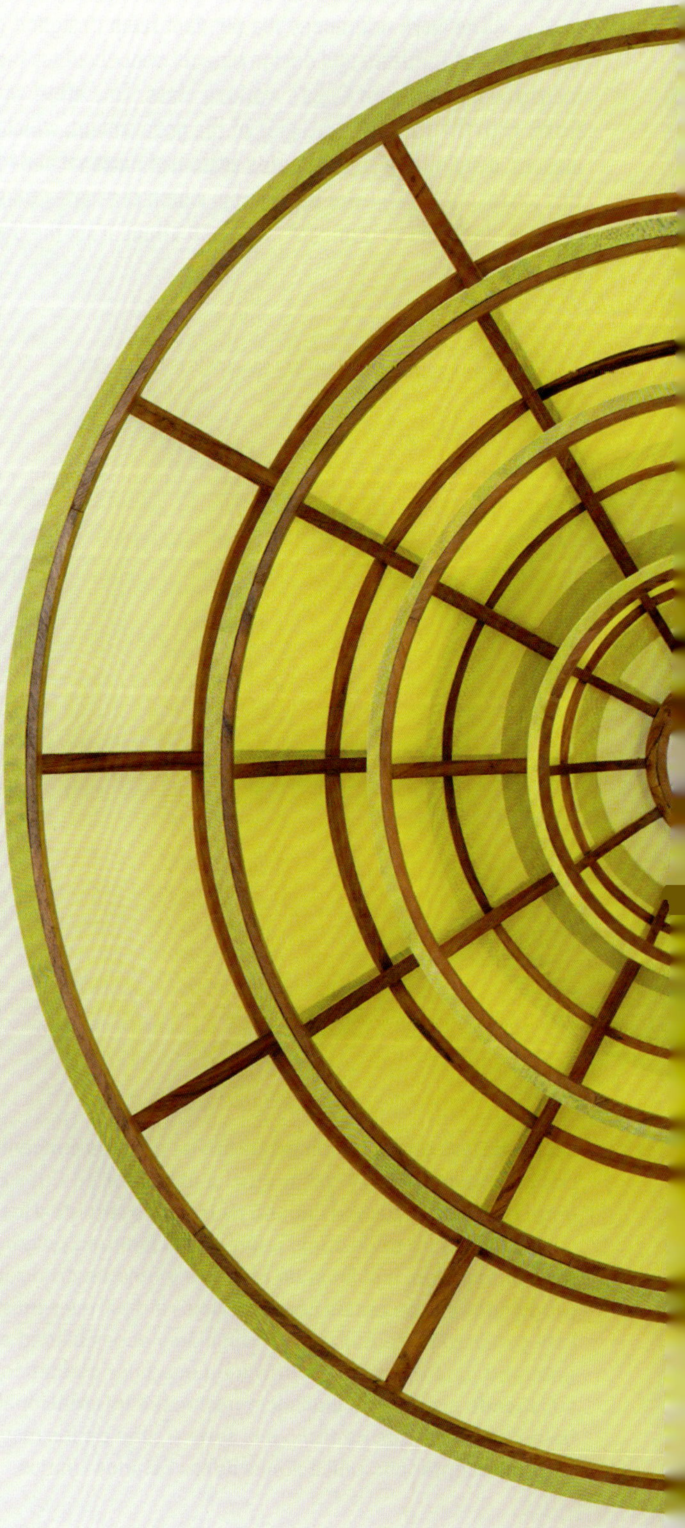

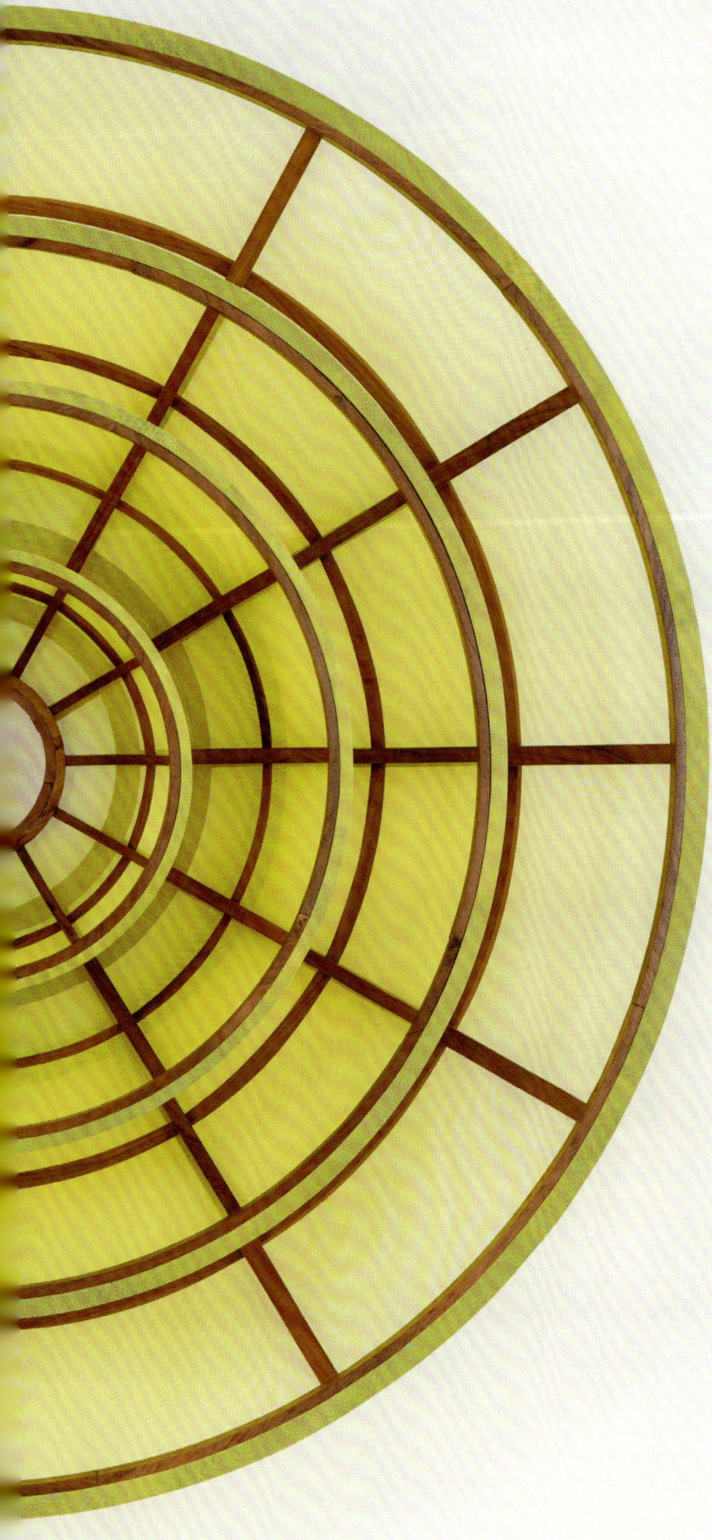

GALVÁN (SECCIÓN I Y II) **2019**
Wood Madera **225 x 195 x 16 cm ea** c/u
Photography Fotografía **Jeff Mclane**
Courtesy of Cortesía de **UTA Artist Space, Los Angeles**

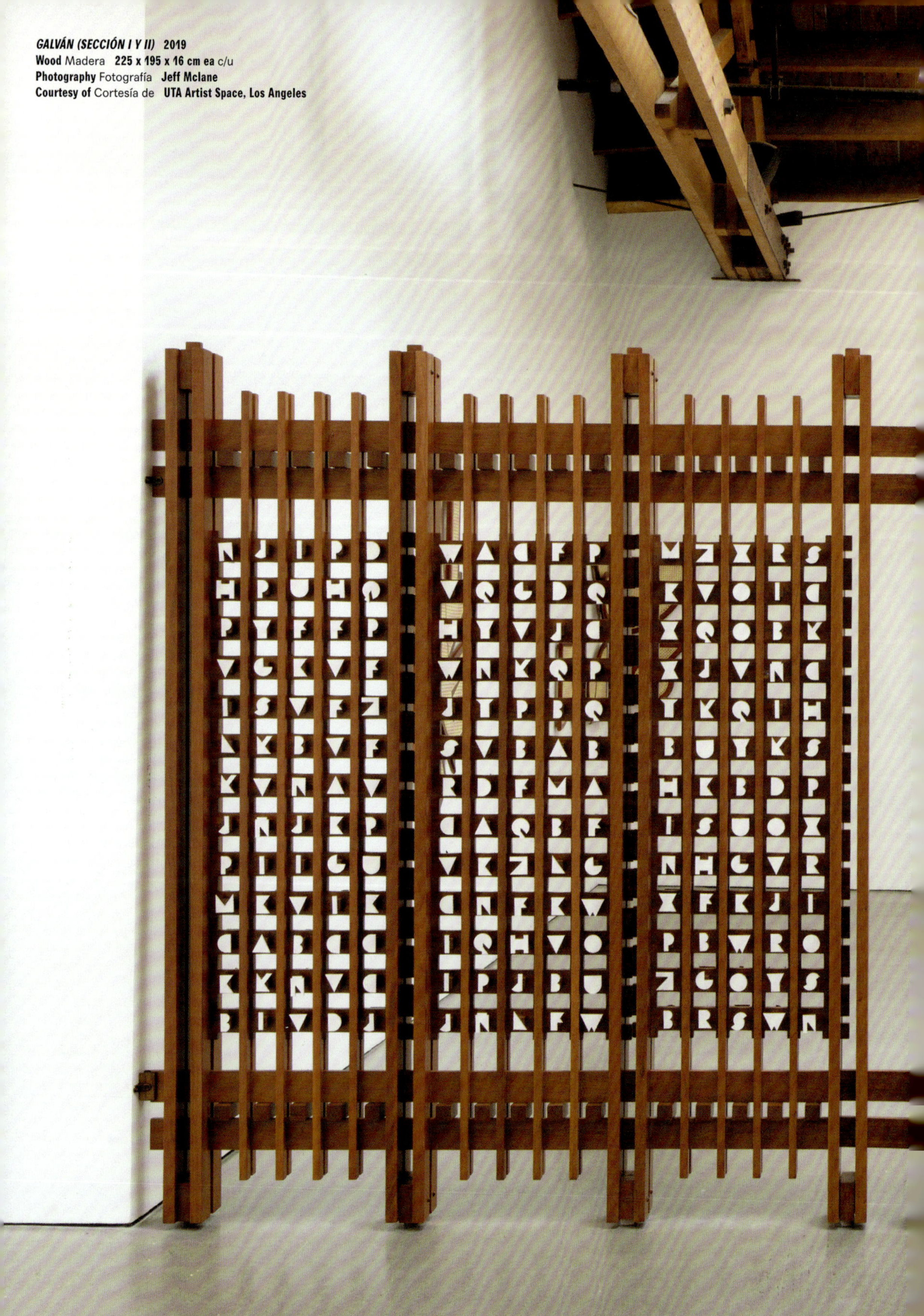

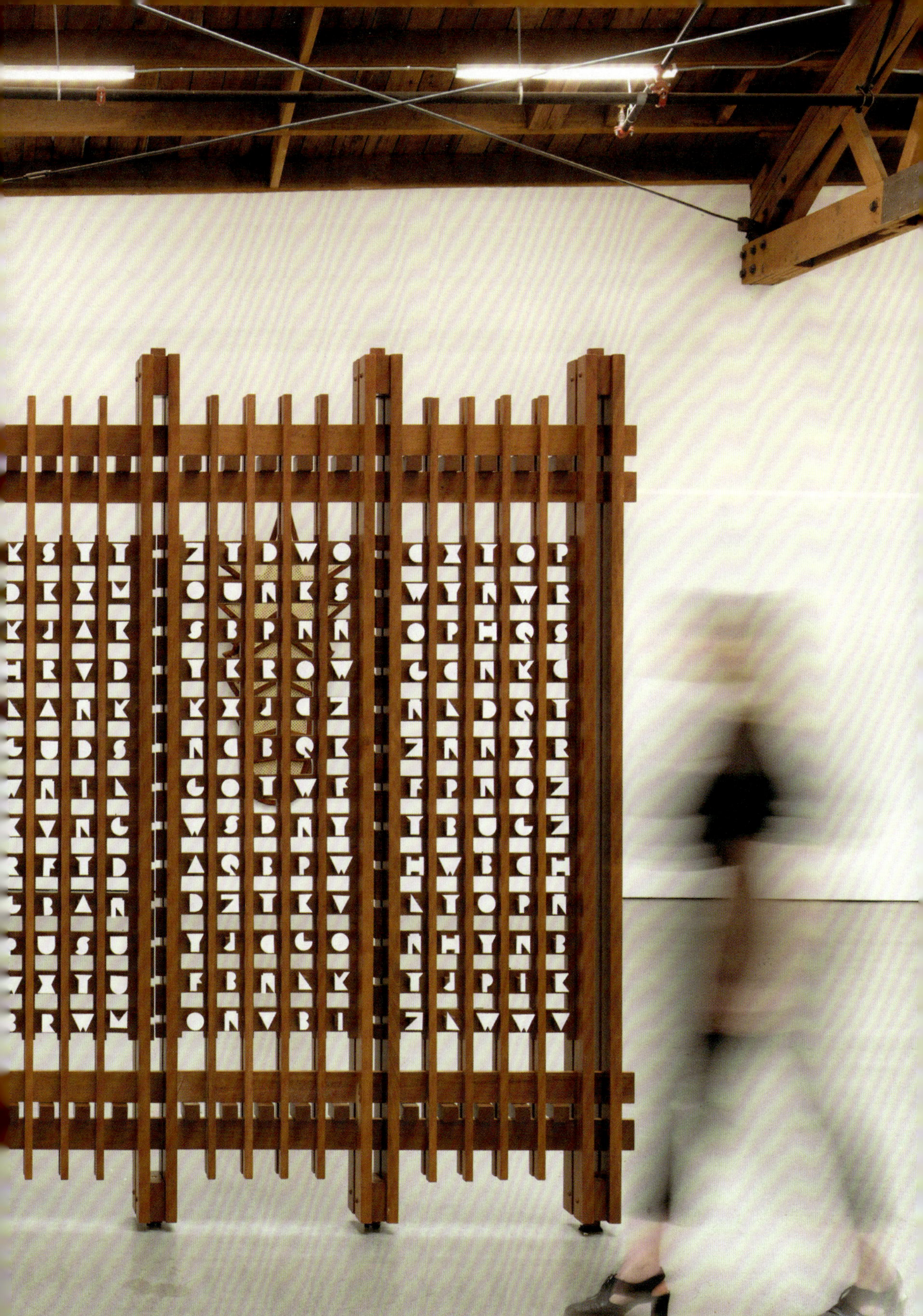

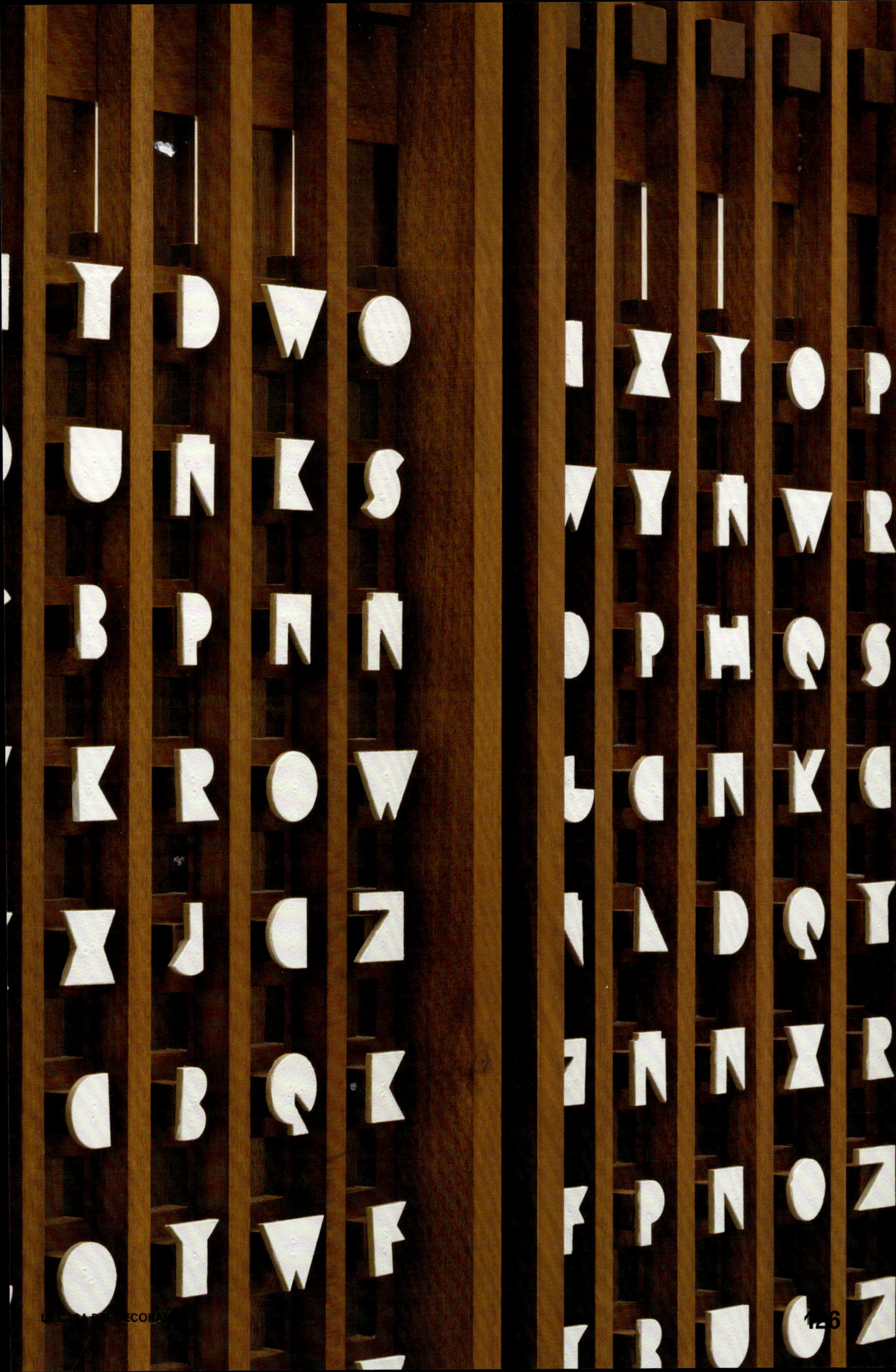

Galván takes inspiration from a folding screen designed by Joaquín Galván and Rodolfo Fernández Suárez for the Salón de Protocolo del Consejo de Estado "El Laguito," in Cuba. Originally intended to create a private space for issuing state orders, this screen is reimagined in Castillo's work. At first glance, the viewer encounters a series of geometric-typeface letters, carved and painted on wood and arranged in rows resembling a word-search puzzle on a lattice.

Rather than forming words or conveying messages, these letters create an indecipherable language that highlights the tension between the Cuban state's public and private discourse, hidden behind these opulent objects with their tropical aesthetic. The work simultaneously evokes the absurdity and sophistication of coded communication during the Cold War.

Galván se inspira en un biombo diseñado por Joaquín Galván y Rodolfo Fernández Suárez para el Salón de Protocolo del Consejo de Estado "El Laguito" de Cuba. Este biombo, cuya función principal era delimitar un espacio de privacidad donde se formulaban órdenes de estado, es resignificado en la obra de Castillo. A primera vista, el espectador observa una serie de letras de una tipografía geométrica, caladas y pintadas en madera, dispuestas en hileras, a manera de una sopa de letras sobre una celosía.

El uso de estas letras, lejos de revelar palabras o mensajes, genera un lenguaje indescifrable que tensiona la relación entre el discurso público y privado del estado cubano, oculto tras estos objetos suntuosos y de una estética tropical, al tiempo que evoca el absurdo y la sofisticación de la recepción y el envío de mensajes cifrados durante la Guerra Fría.

LA PIEL DE LA BESTIA

Sobre la lógica espectulativa en *La casa del decorador* de MARCO A. CASTILLO

POR TORRIVILLA

THE SKIN OF THE BEAST

On speculative logic in MARCO A. CASTILLO's *The Decorator's Home*

BY TORRIVILLA

En la cima de una verde colina de La Habana, se eleva una casa entre las nubes. Desde afuera se ven sus persianas de madera y pasillos abiertos, rodeados por un jardín que conoció tiempos mejores. La casa está al borde de un precipicio que da hacia un pequeño valle y al Río Almendares. Sus amplios ventanales dejan pasar una luz con sordina, entre paredes que apenas permiten la alegría. Una bruma blanca inquietante anuncia el acontecimiento. De frente a la calle, la casa se eleva gracias a una serie de columnas que sostienen su planta perpendicular, coronada por un techo voladizo para los días de sol. Sus espacios abiertos dan lugar a una brisa contradictoria que se pasea como un fantasma, un viento que extrañamente nadie agradece en esta ciudad calurosa, un murmullo que la arquitectura recibe como un negro presentimiento.

Una bestia inquieta habita entre esas paredes. La bestia tose, se acomoda, sus ronquidos hacen eco entre los pasillos y se confunden con los acordes melodramáticos de una canción revolucionaria. Así respira la bestia: el viento ominoso sacude las palmeras que rodean la casa y por las ventanas escurre una que otra gota. Entre los estertores de la guitarra, la bestia amenaza con despertar.

Marco A. Castillo nació en Cuba, un país con una historia volátil que ha llevado a que cada quien le ponga nombre a sus sueños y pesadillas. Converso con él a distancia, evitamos las abstracciones y sus palabras insisten en la superficie lustrosa de la caoba, en el cartoné de los libros, en las maderas de los fusiles, en el ratán de las sillas. Algo vibra en esos materiales: un sedimento oscuro que trastoca la solemnidad de los abundantes retratos oficiales revolucionarios.

La casa del decorador: la revolución de la vida diaria, reúne un cuerpo de trabajo que pone atención en una materialidad ignorada por muchos años, la de la estética oficial cubana. "Nadie siente nostalgia por ese periodo, porque se vive como un doloroso presente", me recuerda Marco, como una invitación a entender el carácter opaco del archivo que ha revisado, así como la violencia histórica que lo atraviesa. *La casa del decorador* está integrada por once cuerpos de trabajos —*Bajorrelieves, Cuadernos — Dictadura, Cuadernos — palabras, Iván, Lourdes, Galván, Córdoba, Alamar, Juego de Sala, Lam, Círculo social obrero*— y un video titulado *Generación*. Estas obras, más que concebidas de forma independiente y reunidas por un capricho exhibitivo, han sido creadas al unísono como aberraciones materiales de espacios modernos arruinados, construcciones fantasmagóricas de tiempos superpuestos.

Abordar este conjunto confronta la evidencia del material con la pregunta por su verdad histórica, como si en esa verdad hubiera una manera de salvar los asientos de ratán de un barco que naufraga. Bertolt Brecht recuerda en *Cinco dificultades para escribir la verdad*: "No es falso que las sillas tengan superficie de asiento y que la lluvia caiga de arriba hacia abajo. Muchos poetas escriben verdades de este tipo. Estos poetas son como pintores que cubren las paredes de los barcos que se hunden con naturalezas muertas". Brecht intenta un chiste pretencioso para advertir que, aunque el temperamento artístico "consiste precisamente en otorgar importancia a una cosa",[1] si no se conocen las relacio-

1 Bertolt Brecht, "Las cinco dificultades para decir la verdad (1934)", en *Boletín del Seminario de Derecho Político*, n. 29-30 (Salamanca, noviembre, 1963).

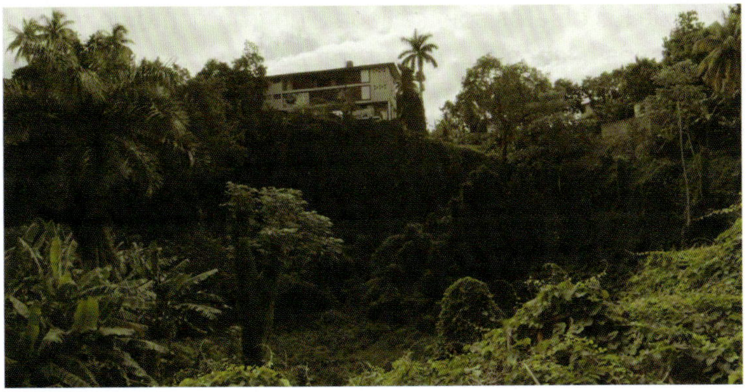

***GENERACIÓN* 2019**
Video 2K, single channel, video projection, color, stereo sound
Video 2K, canal único, proyección de video, color, sonido estéreo **06:45 min**
Courtesy of Cortesía de **Nara Roesler, São Paulo; KOW, Berlin, Albarrán Bourdais, Madrid**
Collection Colección **Cisneros Fontanals Art Foundation, Miami (ed. 1/5)**

Above a green hill in Havana, a house rises among the clouds. The exterior reveals wooden shutters and open corridors, encircled by a garden that has seen better days. The house is on the edge of a cliff that overlooks a small valley and the Almendares River. Its large windows let in a soft light, set against walls that barely allow for joy. A haunting white haze heralds the event. Facing the street, the house stands up on a series of columns that support its perpendicular layout and is crowned by a cantilevered roof for sunny days. Its open spaces allow for a paradoxical breeze that moves like a ghost, a wind that, strangely, no one appreciates in this sweltering city, a whisper that the architecture takes in like a black foreboding.

A restless beast dwells within those walls. The beast coughs, settles in, and its snoring echoes through the corridors, mingling with the melodramatic chords of a revolutionary song. This is how the beast breathes: the ominous wind shakes the palm trees around the house and a few drops run down the windows. Amidst the guitar's death rattles, the beast threatens to awaken.

Marco A. Castillo was born in Cuba, a country with a turbulent history that everyone has used to name their dreams and nightmares. We speak at a distance, avoiding abstractions, and his words dwell on the lustrous surface of the mahogany, the hardcover binding of the books, the wood of the rifles, and the rattan of the chairs. There is something vibrating in these materials: a dark sediment that disrupts the solemnity of the numerous official revolutionary portraits.

***La casa del decorador: la revolución de la vida diaria* [The Decorator's Home: The Revolution of Daily Life] brings together a body of work that focuses on a materiality that has long been overlooked: the official Cuban aesthetic. "No one feels nostalgia for that period, because it is lived as a painful present," Marco says, inviting me to understand the rather opaque character of the archive he has reviewed, as well as the historical violence that runs through it. *The Decorator's Home* consists of eleven bodies of work—*Bajorrelieves* [Bas-Reliefs], *Cuadernos – Dictadura* [Notebooks – Dictatorship], *Cuadernos – Palabras* [Notebooks – Words], *Iván, Lourdes, Galván, Córdoba, Alamar, Juego de Sala* [Living Room Set], *Lam, Círculo social obrero* [Workers' Social**

nes históricas detrás de los objetos sólo se llega a un fragmento de verdad, si acaso a una acumulación de pequeños hechos que no son capaces de convertirse en una herramienta para hacer manejables las cosas de este mundo.

En *La casa del decorador*, Marco A. Castillo toma el diseño doméstico revolucionario como llamado para desencadenar la tormenta histórica mediante la fuerza deformante de la especulación. Este ejercicio, más que una lectura nostálgica que pretenda recuperar lo perdido, un esfuerzo interpretativo para categorizar el pasado, o una iniciativa arqueológica que quiera brindar justicia al relato de la nación, se permite invocar la tormenta para atravesarla. Los objetos del artista, entonces, no naufragan, sino que llaman su propia destrucción para salir renovados, deformados, con un nuevo semblante.

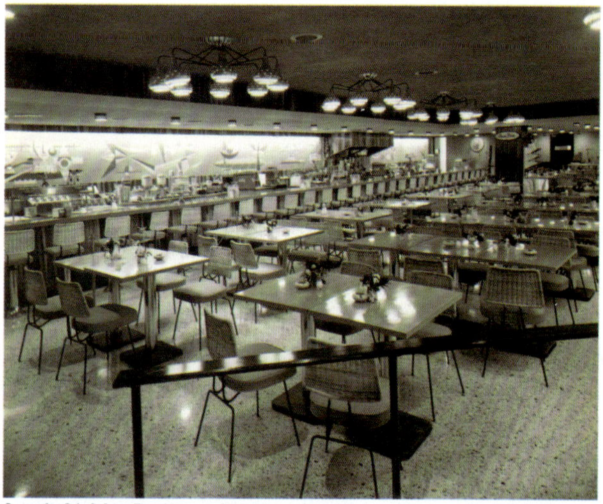

Gonzalo Córdoba Furniture and interiors of Mobiliario e interiores de **Cafetería Kimboo between** entre **Galiano & Concordia, Havana** La Habana **1957 Courtesy of** Cortesía de **Archivo de Laura Córdoba**

Un visitante entra a la casa de persianas modernas; es un hombre joven que llega con un disco de vinilo en sus manos. En la planta, lo recibe un grupo alegre entre la brisa que antecede la tormenta. La bestia se retuerce como un perro intranquilo, pero nadie parece preocupado por el momento en que despierte. Una mujer fuma detrás de las cortinas. Otros esperan sentados en una terraza que da al barranco, batiendo las piernas en el aire como niños en una ociosa tarde de vacaciones.

En casa de las hermanas Farfante, el aire húmedo del barrio Nuevo Vedado recuerda más la inminencia del diluvio que el descanso. Una bestia inquieta habita entre esas paredes y todos se han acercado a ella. Esa bestia está a punto de despertar en esta casa elevada, pero se la ha visto otras veces en Cuba: en la cafetería Kimboo de la calle Galiano, con sus sillas Jaialai de cabilla redonda y junquillo; en los salones del Palacio de la Revolución, donde un oficial fuma tranquilo en una butaca Guamá trenzada con pieles naturales. La bestia recorre los espacios domésticos de la joven revolución como santuarios de la extrañeza. Sus pasos firmes, definitivos, no flaquean con hambre; la bestia se ha acostumbrado a tragar generación tras generación, por eso se pasea tan cómoda entre las ruinas.

Un grupo nutrido se sienta en la azotea mientras los rodea un hombre con una guitarra. Todos oyen los gruñidos de la bestia, están ahí para encontrarla, han escuchado de ella, puede que hayan visto su sombra; sus padres, sus abuelos, sí la han visto de cerca, se han arriesgado a sus fauces. Deja de llover, pero nadie recuerda cómo luce un día soleado. Una pareja se besa en los pies de la escalera; un hombre baila solo mientras otro aprovecha para fotografiar al grupo. Mientras unos cantan, otros conversan; también está ahí una chica que prefiere ver el cielo gris. Finalmente, un bostezo. Se eriza la piel de la bestia. En medio de la canción, todos se ponen de pie. La bestia ha despertado.

Circle]—and a video entitled *Generación* [Generation]. These works, rather than being conceived independently and brought together on an exhibitionist whim, were created in unison as material aberrations of ruined modern spaces, phantasmagorical constructions of superimposed times.

To approach this set is to confront the material's evidence with the question of its historical truth, as if that truth contained a way to save the rattan seats of a sinking ship. Bertolt Brecht recalls in "Writing the Truth: Five Difficulties": "It is not untrue that chairs have seats and that rain falls downward. Many poets write truths of this sort. They are like a painter adorning the walls of a sinking ship with a still life." Brecht attempts a pretentious joke to warn that, while "it is the nature of artistic creation to confer importance,"[1] if one does not understand the historical relationships behind objects, one can only get to a fragment of truth—if anything, an accumulation of small facts incapable of becoming a tool for managing this world's affairs.

In *The Decorator's Home*, Marco A. Castillo takes revolutionary interior design as a call to unleash the historical storm through the deforming force of speculation. This exercise, rather than a nostalgic reading that seeks to retrieve what has been lost, an interpretative endeavor to categorize the past, or an archaeological initiative to bring justice to the nation's narrative, invokes the storm in order to move through it. The artist's objects, therefore, are not sinking, but calling for their own destruction in order to emerge renewed, deformed, with a new countenance.

A visitor enters the modern shuttered house, a young man holding a vinyl record. A cheerful group greets him at the house in the breeze that precedes the storm. The beast writhes like a restless dog, but no one seems worried about the moment it will wake up. A woman smokes behind the curtains. Others sit on a terrace facing the cliff, swinging their legs in the air like kids on a holiday afternoon.

At the Farfante sisters' house, the humid air of the Nuevo Vedado neighborhood is more reminiscent of the imminence of the flood than of rest. A restless beast dwells within those walls and everyone has approached it. That beast is about to awaken in this raised house, but it has been seen elsewhere in Cuba: in the Kimboo Cafeteria on Galiano Street, with its Jaialai chairs made of round rebar and reed; and in the halls of the Palace of the Revolution, where an officer smokes peacefully in a Guamá armchair braided with natural leather. The beast roams the young revolution's domestic spaces like sanctuaries of strangeness. Its steady, determined strides do not falter with hunger; the beast has become accustomed to swallowing generation after generation, which is why it moves so comfortably among the ruins.

A large group sits on the rooftop. A man with a guitar circles around them. They all hear the beast's growls. They are there to confront it. They have heard about it. They may have seen its shadow. Their parents and grandparents, if they have seen it up close, have exposed themselves to its jaws. The rain has stopped, but no one remembers what a sunny day looks like. A couple kisses at the foot of the stairs; one man dances alone, while another photographs the group. Some sing, some talk, and there is a girl who prefers to look at the gray sky. Finally, a yawn. The skin of the beast bristles. In the middle of the song, everyone stands up. The beast has awakened.

There is a surviving photo of Fidel Castro resting on the *Turiguanó* sofa designed by Gonzalo Córdoba for Muebles Dujo. Córdoba was a pioneering architect of revolutionary Cuban industrial

1 Bertolt Brecht, "Writing the Truth: Five Difficulties." trans. by Richard Winston. *Twice a Year*, no. 16-17 (1948), 123.

Sobrevive una foto en la que Fidel Castro descansa sobre el sofá *Turiguanó*, diseñado por Gonzalo Córdoba para Muebles Dujo. Córdoba fue un arquitecto pionero del diseño industrial cubano revolucionario. A su muerte, en el 2020 —a la edad de 96 años—, el diario oficial *Granma* recordó las palabras que le dedicó el poeta y crítico de arte Nelson Herrera Ysla: “su entusiasmo y pasión por desarrollar en nuestro país un diseño acorde con los materiales locales existentes, las condiciones climáticas, la racionalidad económica, el sentido de lo bello y la expresión de códigos y valores de una isla en cuyo destino se entrecruzan culturas provenientes de diversas regiones del mundo”.[2]

Luego del triunfo de la Revolución, con la prohibición de la empresa privada, el régimen crea una compañía de diseño industrial llamada Dujo,[3] con Gonzalo Córdoba a la cabeza. A partir de una impronta del modernismo europeo aterrizada en los materiales y tradiciones locales, los muebles de Dujo fueron usados en las oficinas de los oficiales de la Revolución. Y, por supuesto, en la de Castro.

La historia del diseño cubano es lo que ha inspirado a Marco A. Castillo en *La casa del decorador*, una muestra que permite reflexionar sobre un poder como el del estado cubano, una maquinaria que se ha hecho experta en su propia conservación. El artista ha creado piezas de interiorismo que recuerdan su origen decorativo, las artes aplicadas y las tradiciones artesanales cubanas, pero que trascienden su propia técnica tradicional con una fuerza que Castillo califica de aberrante, cualidad a la que me gustaría sumar la idea de *especulativa*.

La serie *Córdoba*, obras de caoba y ratán, consiste en módulos que se van apilando como despliegue de una transición entre el círculo y la estrella. Esta transición es circular: se presenta hacia la pared, pero también hacia el suelo como una estrella que brinca hasta alcanzar su propia transformación. La serie ha sido bautizada en homenaje a Gonzalo Córdoba y en ella hacen crisis los principios materiales tradicionales del diseño y aquella “racionalidad económica” celebrada a partir de la expresión de los códigos oficiales de la identidad revolucionaria cubana. Castillo usa los materiales, más que por la adaptabilidad climática o el diálogo entre lo local y los principios modernos del diseño, como homenajes fúnebres, piezas imprevistas y errores de programación en la maquinaria de una historia pensada como triunfo.

Como estrategia conceptual y principio constructivo de las obras, esta aberración especulativa se repite a lo largo de todas las series, haciendo referencia a distintos materiales industriales cubanos, pero también al repertorio formal de la Revolución. En piezas como *María Victoria* y *Lourdes*, la composición recuerda el realismo socialista soviético, satélites espaciales imposibles y afiches que anuncian la arquitectura del futuro. En el caso de los *Cuadernos—Dictadura*, el juego geométrico esconde una palabra que ha recorrido la historia cubana del último siglo: dictadura. Las piezas hacen referencia al anverso y reverso de las formas, a los sedimentos de la voluntad de poder, sin importar la superficie

2 Virginia Alberdi Benítez, “Adiós a Gonzalo Córdoba, pionero del diseño cubano”, en *Granma* (La Habana, 19 de mayo de 2020). Consultado el 1 de agosto de 2024, en: https://www.granma.cu/cultura/2020-05-19/adios-a-gonzalo-cordoba-pionero-del-diseno-cubano-19-05-2020-19-05-00.

3 Sobre la creación de Muebles Dujo y la historia del diseño cubano se publicó recientemente el catálogo homónimo de la exhibición *Cuban Mid-Century Design: A Modernist Regime*, (Cranbrook Art Museum-Rizzoli Electa, 2024). En una entrevista, uno de los curadores de la muestra, Andrew Satake Blauvelt, explica cómo los muebles Dujo se pensaron para ser usados en las oficinas y hogares de altos oficiales, así como para exportación. Steven Heller, “The Daily Heller: Modernism in Castro's Cuba”, en IMPRESIÓN, (20 de mayo de 2024). Consultado el 30 de agosto de 2024, en: https://www.printmag.com/daily-heller/the-daily-heller-modernism-in-castros-cuba/.

design. Upon his death in 2020, at the age of 96, the official newspaper *Granma* recalled the words dedicated to him by poet and art critic Nelson Herrera Ysla: "His enthusiasm and passion for developing in our country a design consistent with the existing local materials, climatic conditions, economic rationality, sense of beauty, and expression of codes and values of an island whose destiny is intertwined with cultures from all over the world."[2]

Following the Revolution's victory and the prohibition of private enterprise, the regime established Dujo, an industrial design company[3] led by Gonzalo Córdoba. Dujo's furniture, influenced by European modernism but based on local materials and customs, was used in the offices of revolutionary officers—and, of course, in Castro's.

The history of Cuban design led Marco A. Castillo to create *The Decorator's Home*, an exhibition that allows us to reflect on power such as that of the Cuban State, a machine that has become an expert in its own preservation. The artist has created interior design pieces that evoke their decorative origins, the applied arts, and Cuban craft traditions while transcending their own traditional technique with a strength that Castillo defines as aberrant, and to which I would add the term *speculative*.

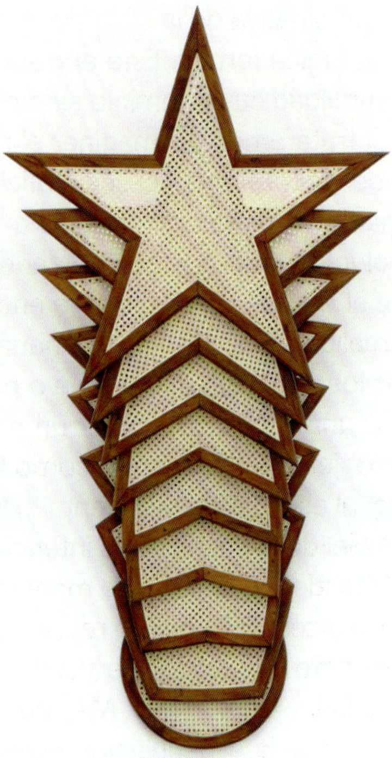

CÓRDOBA **2019**
Wood, rattan Madera, ratán **190 x 99.5 x 30 cm**
Photography Fotografía **Jeff Mclane** **Courtesy of** Cortesía de **Haines Gallery, San Francisco; UTA Artist Space, Los Angeles**

The *Córdoba* series, works in mahogany and rattan, consists of stacked modules that portray a transition between the circle and the star. This transition is circular: it is projected on the wall but also on the ground as a star leaping to reach its own transformation. The series is named in honor of Gonzalo Córdoba, and in it, the traditional material principles of design and the "economic rationality" celebrated as an expression of the official codes of the Cuban revolutionary identity are in crisis. Castillo uses the materials not for climatic adaptability or a dialogue between local and modern design principles, but as funeral tributes, unforeseen pieces, and programming errors in the machinery of a narrative conceived as a triumph.

This speculative aberration is repeated throughout the series as a conceptual strategy and creative principle, referencing different Cuban industrial materials as well as the Revolution's formal repertoire. In pieces such as *María Victoria* and *Lourdes*, the composition evokes Soviet socialist realism, impossible space satellites and posters announcing the architecture

2 Virginia Alberdi Benítez, "Adiós a Gonzalo Córdoba, pionero del diseño cubano," *Granma* (Havana, May 19, 2020). Accessed August 1, 2024, at: https://www.granma.cu/cultura/2020-05-19/adios-a-gonzalo-cordoba-pionero-del-diseno-cubano-19-05-2020-19-05-00.

3 On the creation of Muebles Dujo and the history of Cuban design, see the exhibition catalog *Cuban Mid-Century Design: A Modernist Regime* (Cranbrook Art Museum-Rizzoli Electa, 2024). In an interview, Andrew Satake Blauvelt, one of the exhibition's curators, discusses how Dujo furniture was intended for use in high-ranking officials' offices and homes, as well as for export. Steven Heller, "The Daily Heller: Modernism in Castro's Cuba," in PRINT (May 20, 2024). Accessed August 30, 2024, at: https://www.printmag.com/daily-heller/the-daily-heller-modernism-in-castros-cuba/.

prometedora del discurso o el grosor de sus disquisiciones. Al final, sólo dicen una sola cosa: dictadura.

Presento la idea de lo *especulativo* a partir de las teóricas Antonia Majaca y Luciana Parisi, quienes consideran necesario romper con la lógica inductiva/deductiva en la historia para, desde la imaginación, proyectar un mundo en el que lo desconocido tenga sentido.[4] Para eso, rescatan la "abducción" como un método de pensamiento que comienza con la premisa imaginativa de la obra de arte como una pólvora (mojada) que arma y desarma el rigor de la lógica formal. Esta entrada de lo imprevisto imagina nuevas hipótesis para una instrumentalidad cuyo dominio siempre se ha hecho cargo de parecer incuestionable.

Si tratáramos de imaginar el mundo que dibujan las obras de Marco A. Castillo en *La casa del decorador*, la casa, la oficina, el despacho, deliran hasta convertirse en lugares donde nadie se reconoce, gracias a un extrañamiento producido por las mismas obras. Una revolución pretende conquistarlo todo para reinventar un sentido de justicia. Castillo descorre el velo de la justicia para encontrar al monstruo. Cuando Muebles Dujo era todavía una realidad posible, la maquinaria de producción estaba perfectamente aceitada para construir los espacios de un nuevo poder, entablar una nueva relación con el territorio y encontrar una forma de *habitar* un país nuevo. Castillo *aliena* esa maquinaria y la pone a producir objetos que se abren como heridas mismas de la técnica y la historia. Entramos, entonces, al espacio de la violenta extrañeza revolucionaria: lo único que vemos con claridad es la piel de la bestia y sus intenciones de dominio.

Esta idea se aprecia de manera muy aguda en la serie *Iván*. A través de un cuidadoso proceso artesanal, Castillo retira los elementos metálicos del rifle para convertir el arma en un elemento escultórico de instalación, con la disposición óptica de los constructivismos modernos latinoamericanos. Más que una "estetización" del objeto funcional, entiendo estas obras desde la especulación alienante de la lógica histórica. Miles de culatas de rifles descansan año tras año en los depósitos cubanos agarrando el corrosivo polvo de los sueños revolucionarios. El paso del tiempo parece revelar que no fueron para la solidaridad internacional o para vencer al enemigo externo; su función es el absurdo, el apilamiento, el depósito. Han perdido su relación significante con la sangre y se han reconciliado con la madera. No son símbolos, entonces, son principios disolutivos, amuletos de la extrañeza, el material paradójico de la voluntad moderna latinoamericana de la segunda mitad del siglo XX. Castillo, más que organizar las culatas desarmadas, actúa como director de orquesta: le da sentido a la partitura disonante de la caoba cubana.

El cuerpo de trabajo reunido en *La casa del decorador* resulta de especial relevancia como fuerza alienante en la construcción de la historia del arte latinoamericano en relación con los proyectos nacionales regionales. No se trata, como asegura el lugar común crítico, de un gesto de resistencia al poder; es más bien un acto de desconfiguración

4 "Si sabemos que hoy la imaginación política está limitada por el encanto de lo 'cuantificable', entonces la lógica de la abducción, introducida por Charles Sanders Pierce a principios del siglo XX, podría tener el potencial de generar imaginación y agencia no paranoicas. Con la abducción, es posible crear cadenas semióticas (de signos no-significantes a significados) impulsadas por hipótesis que proponen la mejor explicación de situaciones desconocidas. Este podría ser un punto de partida para prácticas no inferenciales, en las que la materialidad y la verdad no son lo mismo, sino que ambas forman parte de un continuo más amplio de modos de razonamiento (abducción-inducción-deducción)" [Traducción del autor] en: Antonia Majaca y Luciana Parisi, "The Incomputable and Instrumental Possibility", en *e-flux Journal*, n. 77 (noviembre de 2016). Consultado el 1 de agosto de 2024, en: https://www.e-flux.com/journal/77/76322/the-incomputable-and-instrumental-possibility/.

of the future. In the case of *Notebooks—Dictatorship*, the geometric play hides a word that has run through the Cuban history of the last century: dictatorship. The pieces refer to the front and back of the forms, to the sediments of the will to power, regardless of how promising the discourse appears or how thick its disquisitions are. In the end, they only say one thing: dictatorship.

I present the idea of the *speculative* based on the work of theorists Antonia Majaca and Luciana Parisi, who believe that it is vital to break from history's inductive/deductive logic in order to create a future in which the unknown makes sense through imagination.[4] To this end, they rescue "abduction" as a method of thought that begins with the imaginative premise of the work of art as a (wet) gunpowder that arms and disarms the rigor of formal logic. This introduction of the unforeseen imagines new hypotheses for an instrumentality whose dominance has always managed to seem unquestionable.

When attempting to imagine the world depicted by Marco A. Castillo's works in *The Decorator's Home,* the house and office become places where no one recognizes themselves as a result of an alienation caused by the works themselves. A revolution seeks to conquer everything in order to reinvent a sense of justice. Castillo lifts the veil of justice to find the monster. When Muebles Dujo was still a possibility, the industrial apparatus was perfectly suited to create spaces for a new power, to establish a new relationship with the territory, and to find a way to *live in* a new country. Castillo *alienates* that apparatus and sets it to produce objects that open like wounds of technique and history. We then enter the space of violent revolutionary strangeness, where the only thing we see clearly is the skin of the beast and its intentions of domination.

This idea can be extremely well appreciated in the series *Iván*. Castillo uses a meticulous artisanal process to remove the rifle's metallic parts, transforming it into a element of sculptural installation with the optical arrangement of modern Latin American constructivism. Rather than an "aestheticization" of the functional object, I understand these works through the alienating speculation of historical logic. Every year, thousands of rifle butts lay in Cuban warehouses, collecting the corrosive dust of revolutionary ideals. The passage of time seems to reveal that they were not intended for international solidarity or to defeat the external enemy; rather, their function is absurdity, stacking, and storage. They have lost their significant relationship with blood and have reconciled with wood. They are not symbols; they are dissolutive principles, amulets of strangeness, the paradoxical material of the modern Latin American will of the second half of the twentieth century. Castillo, rather than organizing the disassembled rifle butts, acts as a conductor, making sense of the dissonant score of Cuban mahogany.

The body of work gathered in *The Decorator's Home* is particularly significant as an alienating force in the construction of Latin American art history in relation to regional national projects. It is not, as the critical cliché implies, a gesture of resistance to power; rather, it is an act of deconfiguration of meaning, an opening to a space of understanding that must unavoidably

4 "If we know that today political imagination is limited by the spell of the 'quantifiable,' then the logic of abduction, introduced by Charles Sanders Pierce at the beginning of the twentieth century, might have the potential to generate non-paranoid imagination and agency. With abduction, it is possible to create semiotic chains (from non-signifying signs to meanings) driven by hypotheses that propose the best explanation from unknown situations. This could be a starting point for non-inferential practices, where materiality and truth are not the same, but both partake in a larger continuum of modes of reasoning (abduction-induction-deduction)" in: Antonia Majaca and Luciana Parisi, "The Incomputable and Instrumental Possibility," in *e-flux*, no. 77 (November 2016). Accessed August 1, 2024, at: https://www.e-flux.com/journal/77/76322/the-incomputable-and-instrumental-possibility/.

del sentido, una apertura a un espacio de entendimiento que se distancia necesariamente de los principios ideológicos para darle entrada al extrañamiento. Así lo sugiere la obra *Galván*, una revisión de los parabanes de madera que hacían Joaquín Galván y Rodolfo Fernández Suárez para el Salón de Protocolo del Consejo de Estado en La Habana. Marco A. Castillo convierte la trama de la celosía en un soporte para un lenguaje críptico que recuerda las paranoias de la Guerra Fría, pero que en realidad es una provocación al principio mismo del secreto estatal: lo señala de manera burlona, con la suficiente sofisticación como para pasar desapercibido entre la usual estulticia oficial. Esta es la obra de un artista que sabe que las críticas sutiles son una forma de sobrevivencia ante los autoritarismos más feroces.

La bestia se acicala en la terraza de la casa. El grupo de jóvenes, impávido, decide subir las escaleras para verla. El cielo comienza a despejarse por última vez y todos comparten un gesto de liviana resignación. Primero rodean a la bestia, un cancerbero de orgullo innoble. Se acercan a tocarla: su piel se siente como una lustrosa caoba revolucionaria. Finalmente, de cerca, nadie duda sobre lo que pasará a continuación. Desde hace muchas décadas, este día está marcado para cada nueva generación de cubanos. El contacto con la bestia les ha dado la señal. El animal se sacude y da un paseo en la terraza, su cola de espinas se enrolla entre las piernas de alguno de los chicos. Se han puesto todos en fila y la bestia, en la vigilia más feroz, abre sus fauces.

remove itself from ideological premises in order to allow for alienation. So suggests the piece *Galván*, a revision of the wooden folding screens created by Joaquín Galván and Rodolfo Fernández Suárez for the Protocol Room of the Council of State in Havana. Castillo uses the lattice weave to support a cryptic language that recalls Cold War paranoia but is actually a provocation to the very principle of state secrecy; it points it out in a mocking manner, with enough sophistication to go unnoticed among the usual official foolishness. This is the work of an artist who understands that subtle criticism is a way of survival in the face of the most brutal authoritarian regimes.

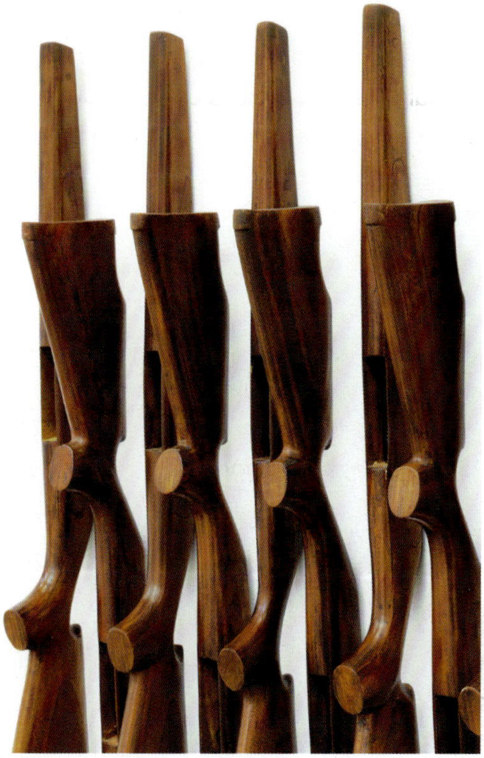

IVÁN **detail** detalle **2019**
Wood Madera **96 x 150 x 15.5 cm** **Photography** Fotografía **Jeff Mclane**
Courtesy of Cortesía de **UTA Artist Space, Los Angeles**
Private collection Colección privada

The beast grooms itself on the terrace of the house. The group of young people, undaunted, decide to climb the stairs to see it. The sky begins to clear for the last time and everyone shares a gesture of slight resignation. They begin by surrounding the beast, an ignoble Cerberus. They reach out to touch it: its skin feels like lustrous revolutionary mahogany. Finally, up close, no one questions what will happen next. For many decades, this day has been marked for each new generation of Cubans. Contact with the beast has given them the signal. The animal shakes itself off and strolls across the terrace, its spiky tail slithering between the legs of one of the youngsters. They have all lined up, and the beast, in the fiercest of vigils, opens its jaws.

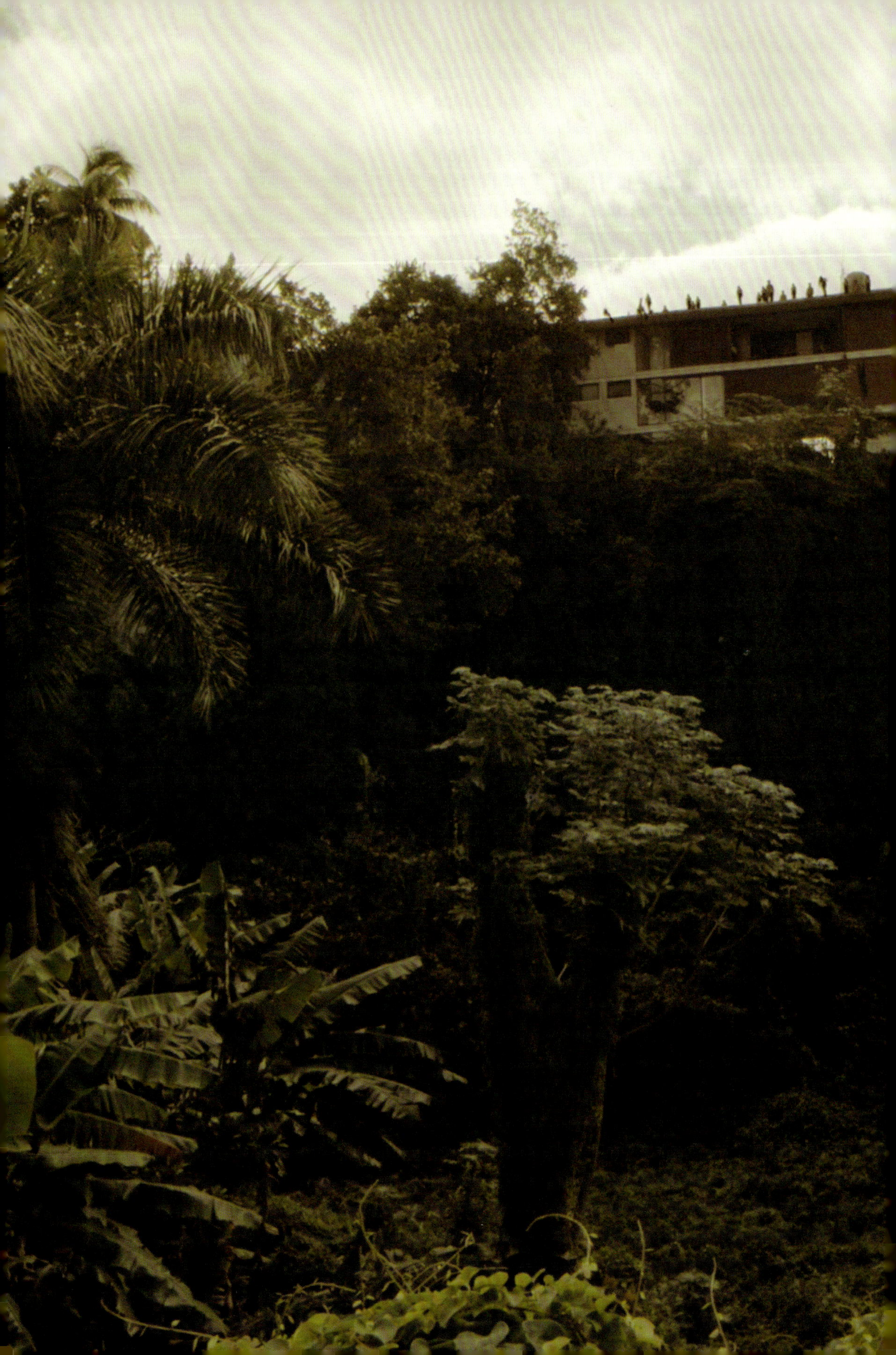

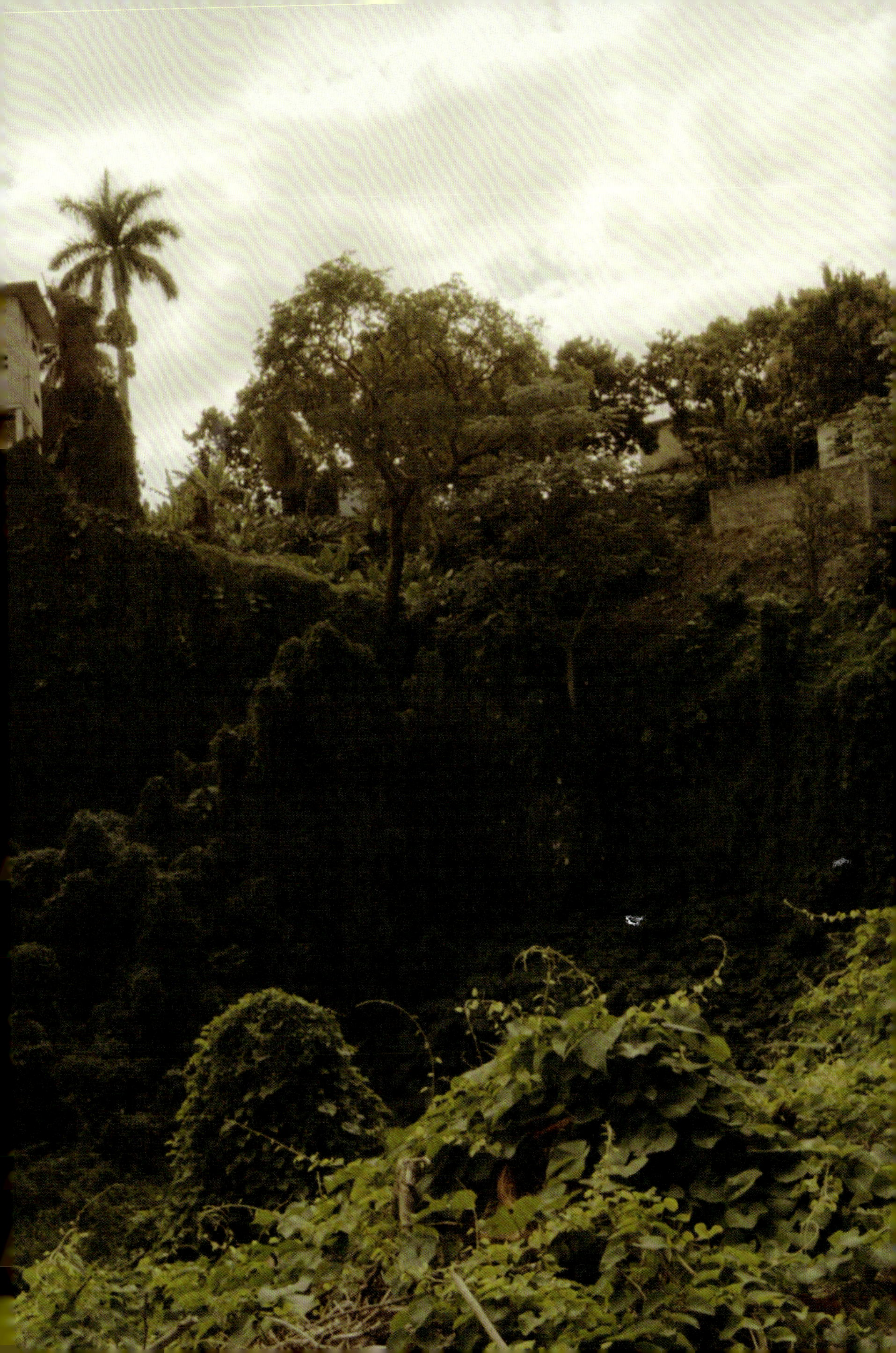

La estrella, símbolo central de la propaganda de la Revolución Cubana, encarna ideales de soberanía, progreso e internacionalismo que, en el imaginario colectivo, representaban un horizonte utópico de justicia social. Este emblema es reinterpretado críticamente por Marco A. Castillo en las series *Córdoba* y *Alamar*. En *Córdoba*, el artista utiliza los asientos de ratán y caoba, materiales emblemáticos de la generación de diseñadores de inicios de la Revolución, que se transforman en una estrella para reflexionar sobre la transformación social y psicológica de los cubanos a lo largo de décadas. Esta transformación implica una complejización gradual que, capa por capa, transita de la simplicidad de una figura geométrica como el círculo hacia una estructura cargada de ideales y contradicciones.

En *Alamar*, Castillo desarrolla un juego gráfico en el cual los picos de la estrella representan la letra "A". Con cinco picos, la estrella permite formar palabras de hasta cinco letras "A". A partir de esta lógica, el artista creó un diccionario que recoge palabras vinculadas al vocabulario generado por la utopía cubana, un léxico que, aunque muchas veces resulta incomprensible fuera del contexto local, es esencial para el imaginario colectivo de la isla. Formar estas palabras implica superar una restricción: limitarse al uso exclusivo de esta vocal. Esta limitación funciona como una metáfora de la vida bajo un régimen autoritario, donde la precariedad, la falta de libertad de expresión, la escasez de recursos informacionales y la represión del deseo no sólo condicionan la existencia, sino que se convierten en la base para construir una comunicación colectiva y explorar la posibilidad de sobrevivir a través de la creatividad.

CÓRDOBA ALAMAR

The star, a central symbol of Cuban revolutionary propaganda, encapsulates ideals of sovereignty, progress, and internationalism, which, in the collective imagination, once represented a utopian horizon of social justice. Marco A. Castillo critically reinterprets this emblem in his series *Córdoba* and *Alamar.* In Córdoba, the artist uses chair seats made of rattan and mahogany—materials emblematic of the generation of designers at the dawn of the Revolution—transforming them into a star. This transformation serves as a reflection on the social and psychological evolution of Cubans over decades. The process unfolds layer by layer, moving from the simplicity of a geometric form, such as the circle, to a complex structure charged with ideals and contradictions.

In *Alamar*, Castillo introduces a graphic game where the points of the star represent the letter "A." With its five points, the star enables the creation of words using up to five "A"'s. Building on this logic, the artist developed a dictionary compiling words associated with the vocabulary born from the Cuban utopia. While often incomprehensible outside its local context, this lexicon is vital to the island's collective imagination. Constructing these words requires overcoming a restriction: the exclusive use of this single vowel. This limitation acts as a metaphor for life under an authoritarian regime, where precarity, censorship, resource scarcity, and the repression of desire not only shape existence but also form the basis for collective communication and the exploration of survival through creativity.

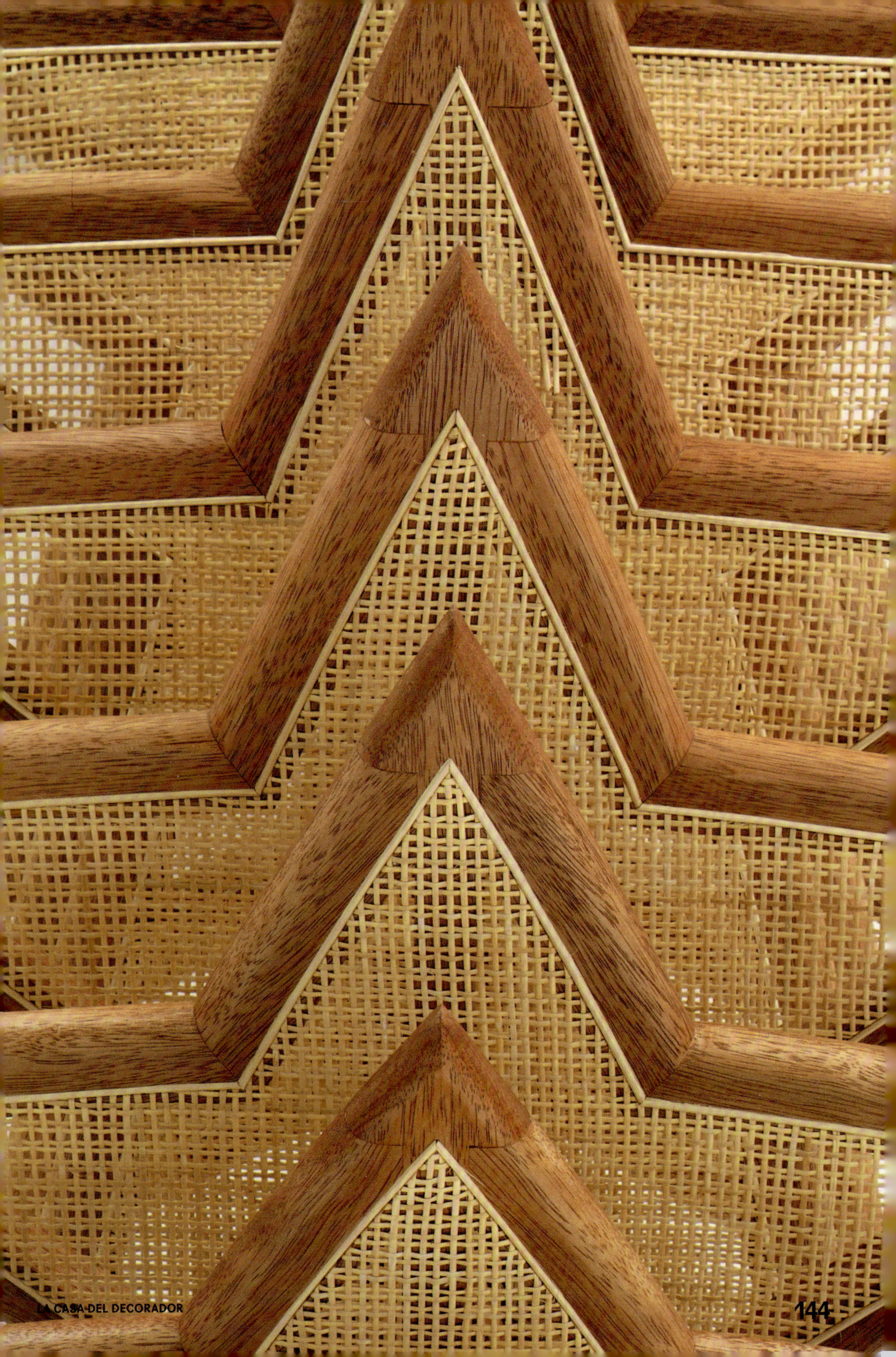

CÓRDOBA (DE LA ESTRELLA AL CÍRCULO) **2024**
Wood, rattan Madera, ratán **215 x 98.5 x 104 cm**
Courtesy of Cortesía de **Nara Roesler, São Paulo**

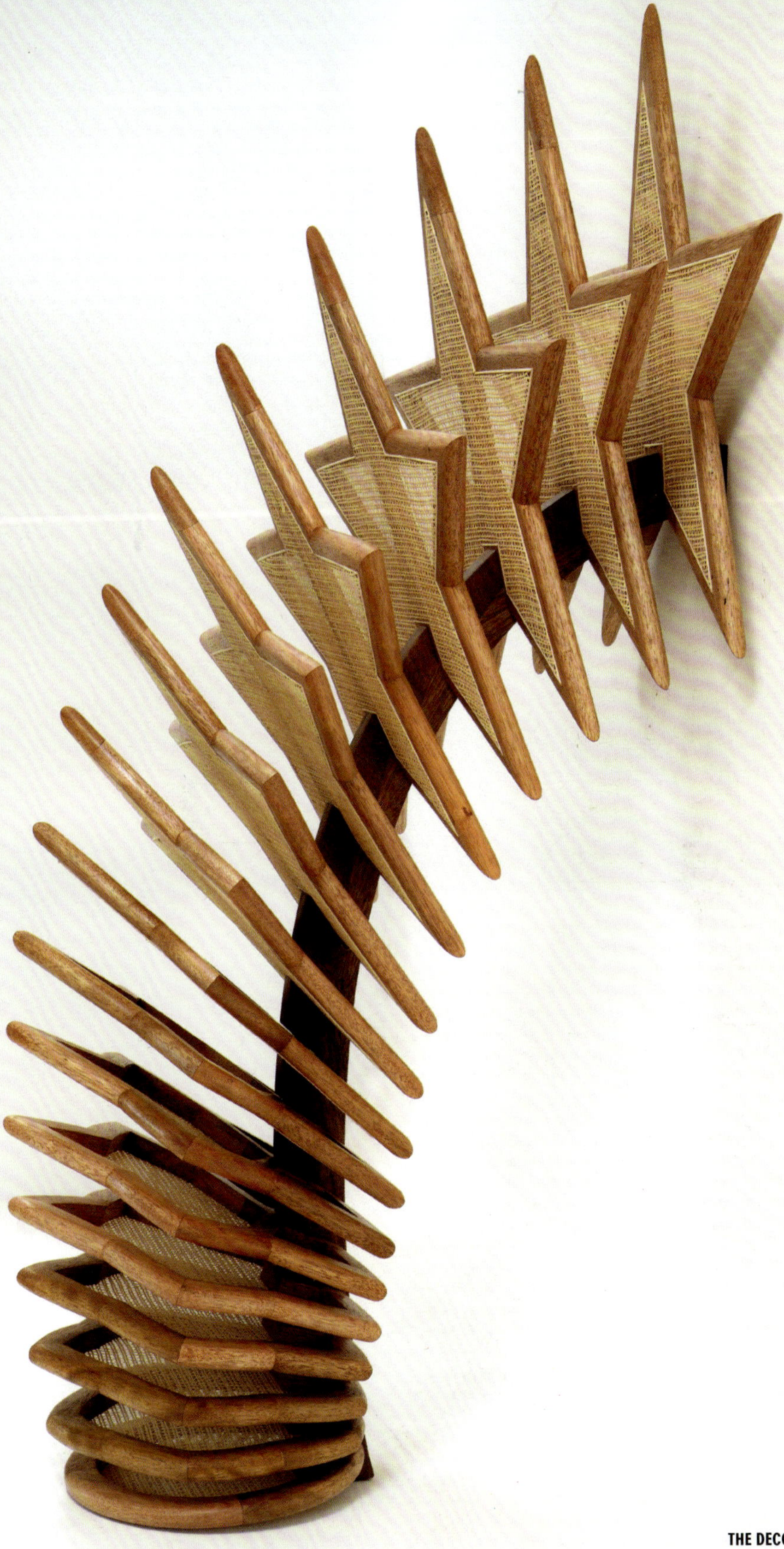

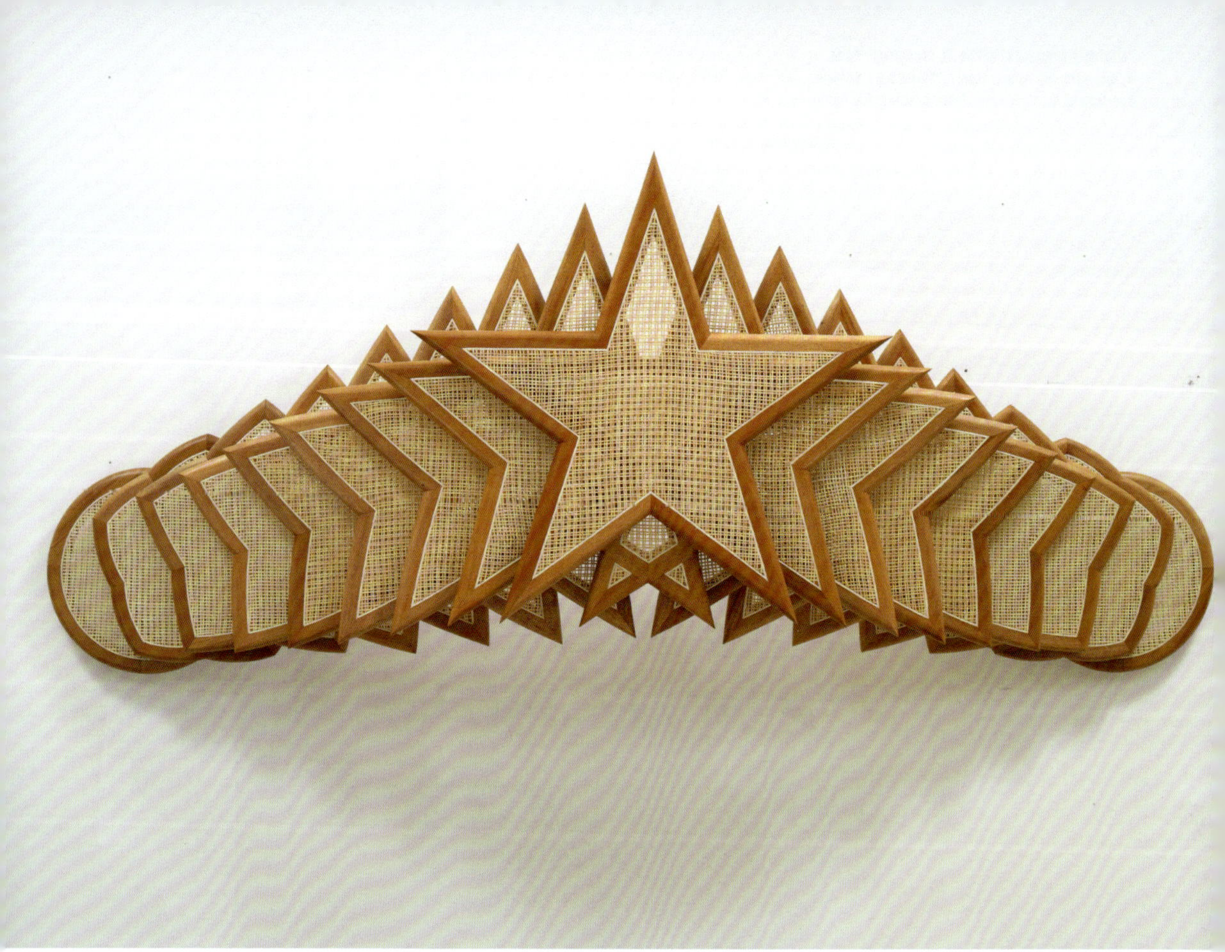

CÓRDOBA (DEL CÍRCULO A LA ESTRELLA Y DE LA ESTRELLA AL CÍRCULO) **2023**
Mahogany, rattan Caoba, ratán **114.3 x 261 x 54 cm**
Photography Fotografía **David Avilés**
Courtesy of Cortesía de **Nara Roesler, São Paulo**

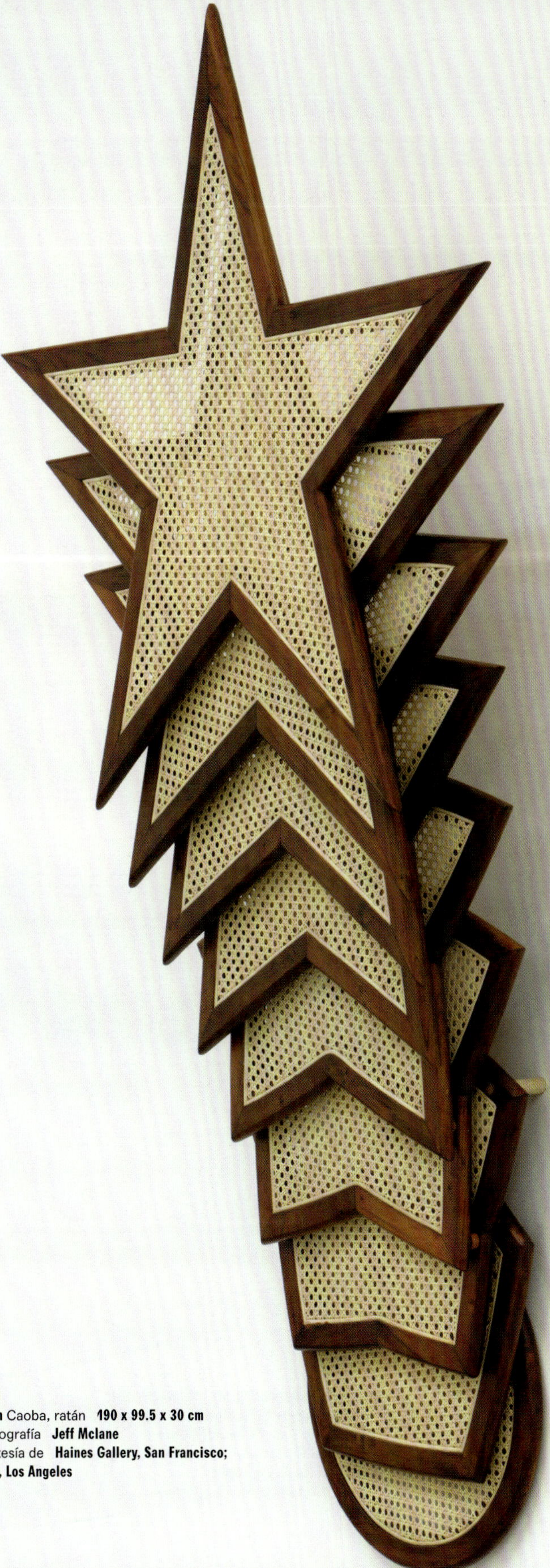

CÓRDOBA **2019**
Mahogany, rattan Caoba, ratán **190 x 99.5 x 30 cm**
Photography Fotografía **Jeff Mclane**
Courtesy of Cortesía de **Haines Gallery, San Francisco; UTA Artist Space, Los Angeles**

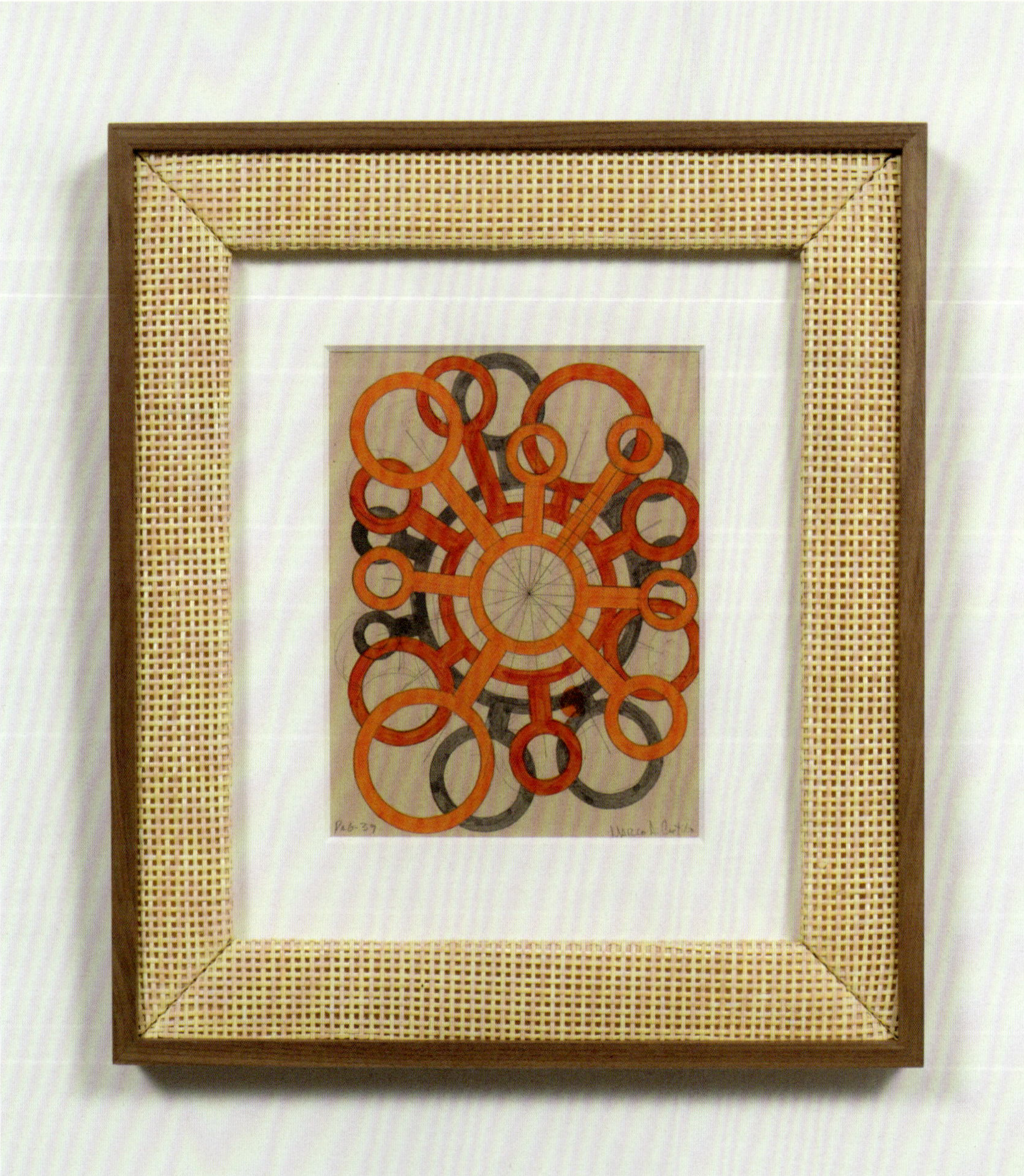

PRIMERA LIBRETA DE NOTAS, PÁGINA 39 **2018**
Ink, pencil, paper Tinta, lápiz, papel **24.8 x 19.8 cm**
Photography Fotografía **Jeff Mclane**
Courtesy of Cortesía de **Haines Gallery, San Francisco; UTA Artist Space, Los Angeles**
Private collection Colección privada

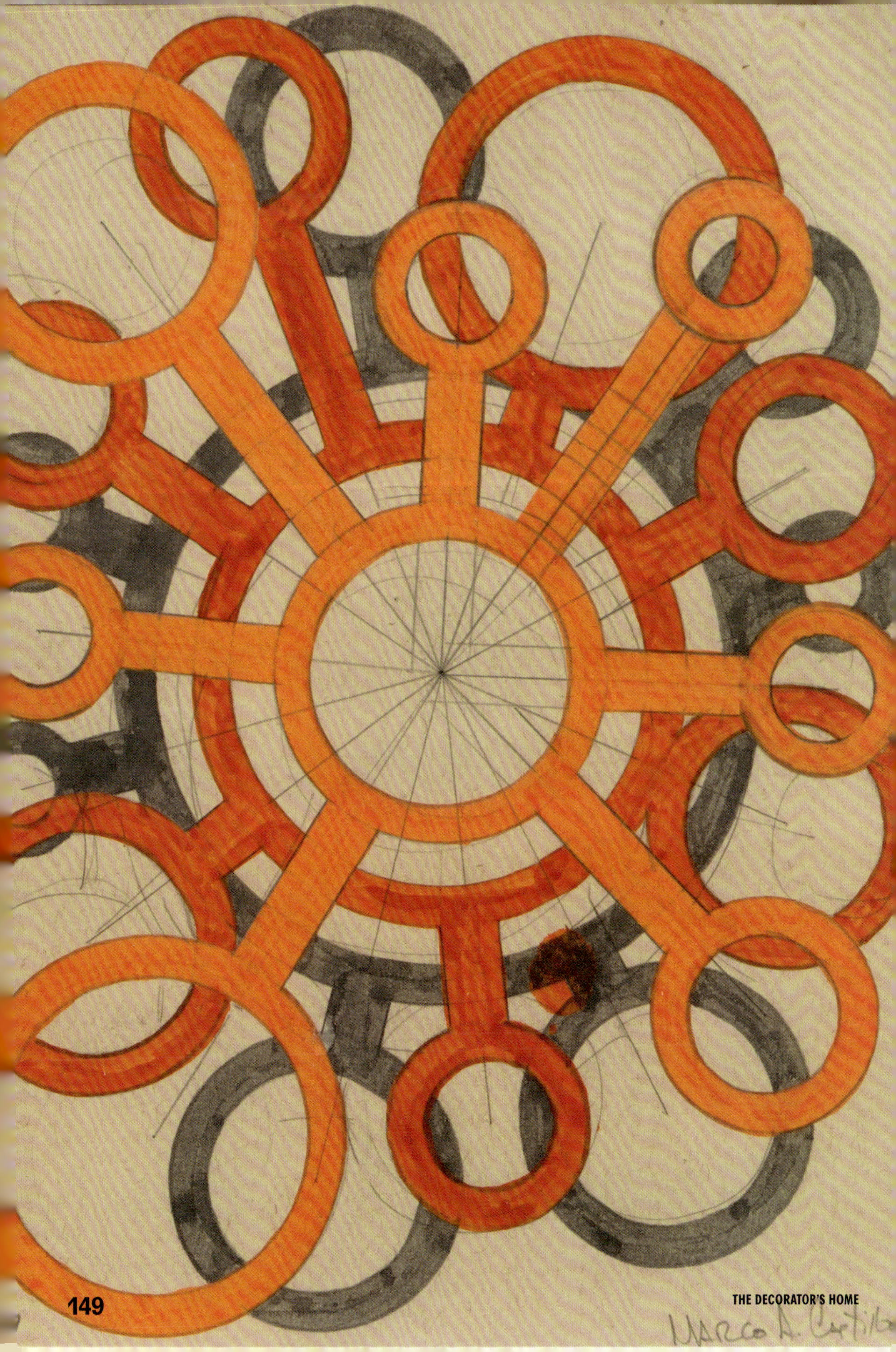

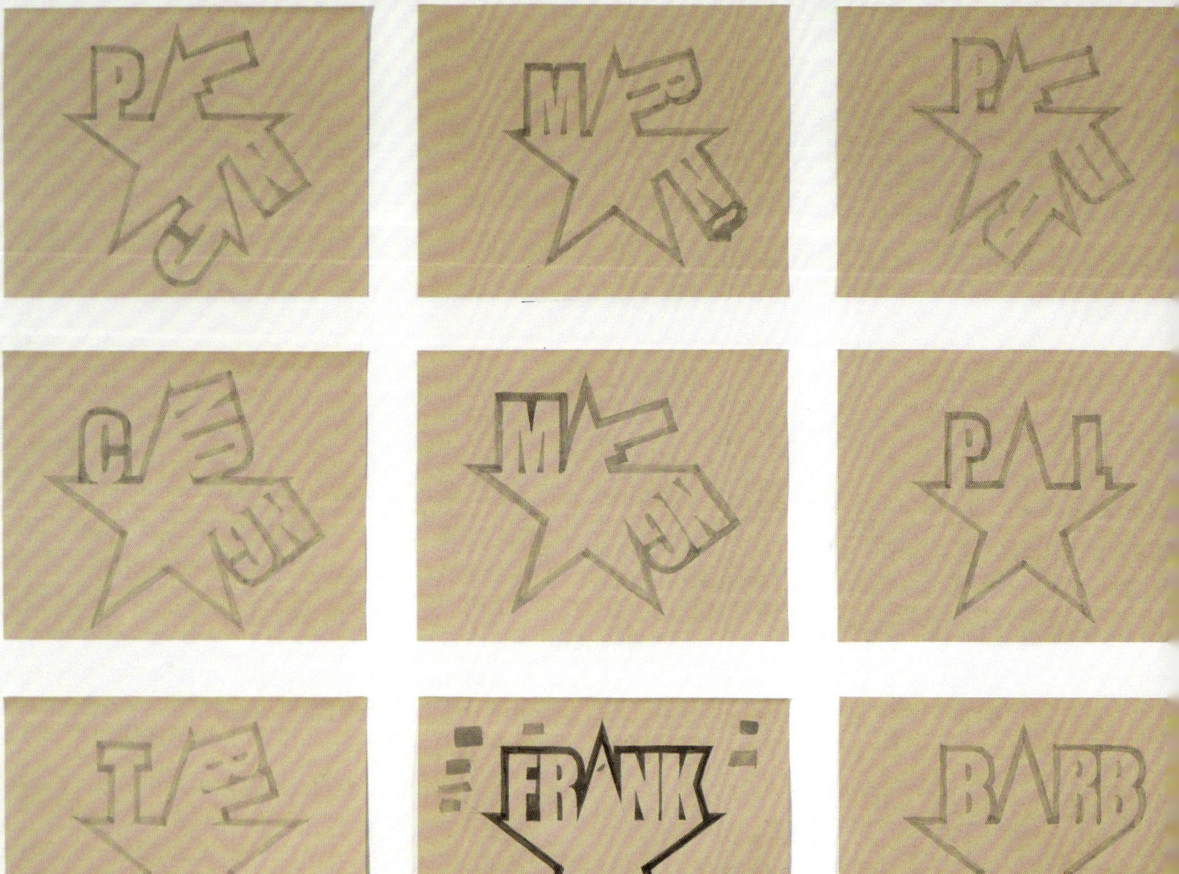

LIBRETA DE NOTAS **2018**
Ink, pencil, paper Tinta, lápiz, papel **21.3 x 28 cm ea** c/u
Exhibition view Vista de exposición
THE DECORATOR'S HOME *LA CASA DEL DECORADOR*
Este No. 8, Nuevo Vedado, Havana La Habana
Photography Fotografía **Denise Guerra**

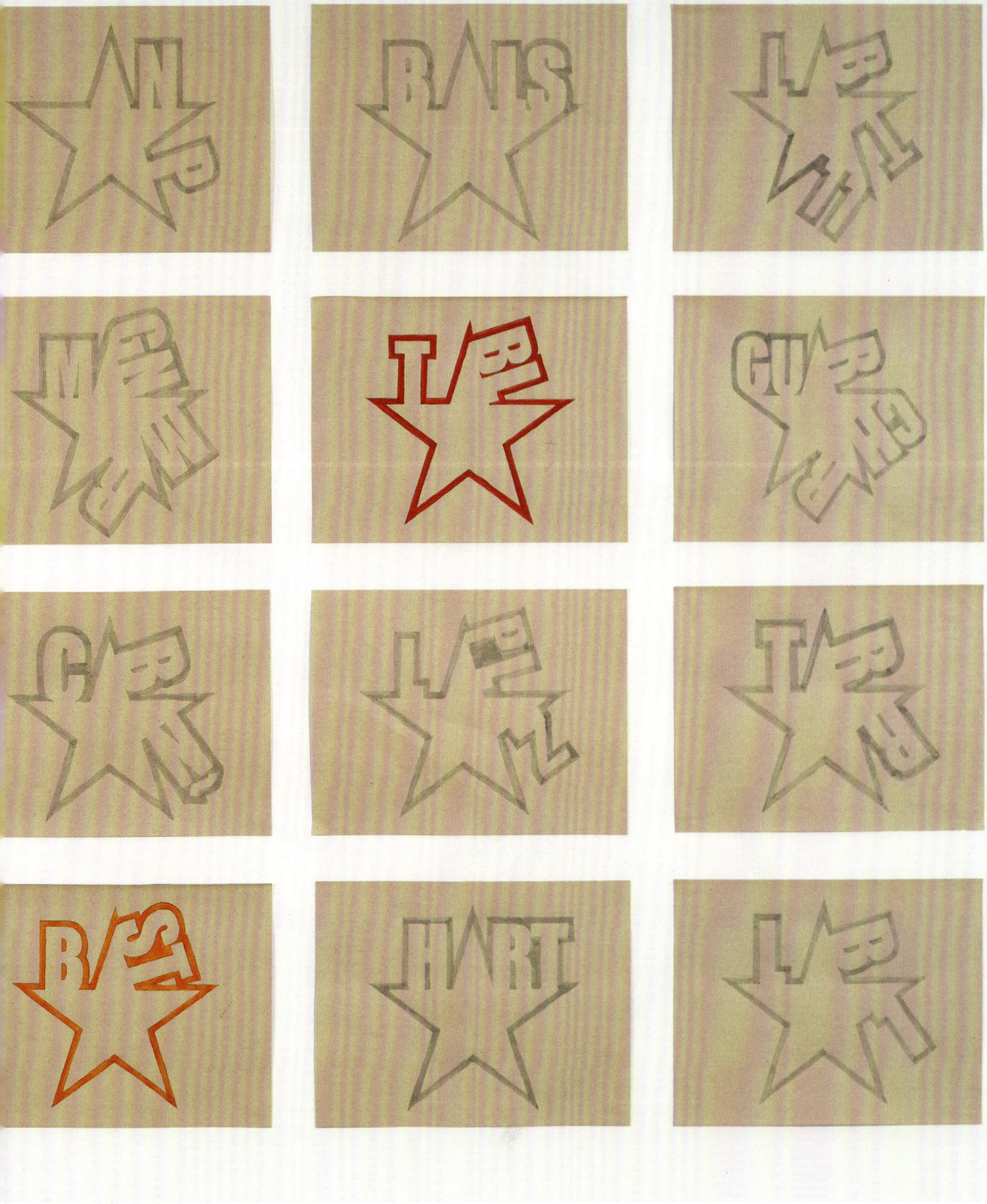

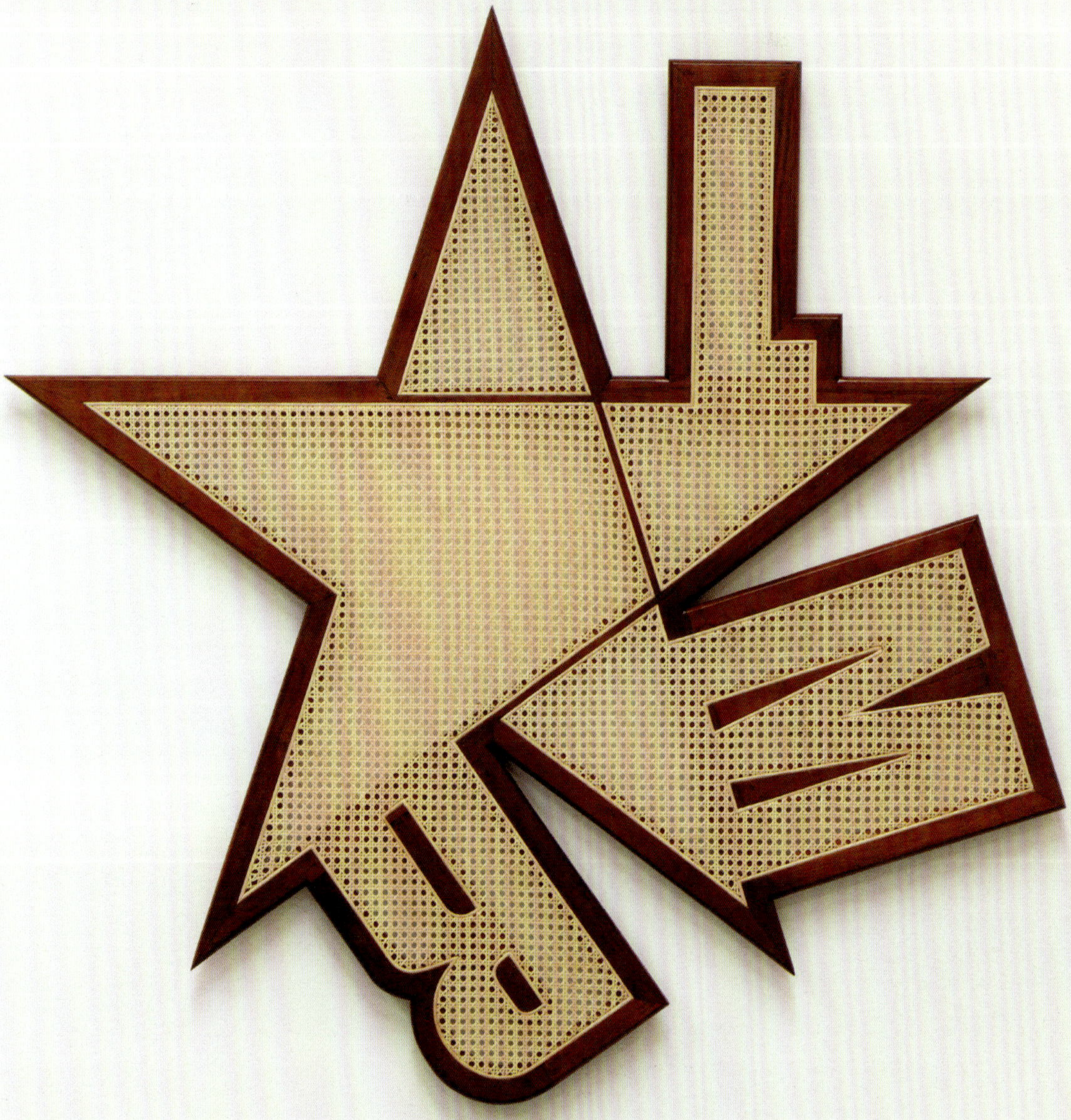

ALAMAR **2019**
Mahogany, rattan Caoba, ratán **124 x 137 x 5 cm**
Photography Fotografía **Jeff Mclane**
Courtesy of Cortesía de **UTA Artist Space, Los Angeles**

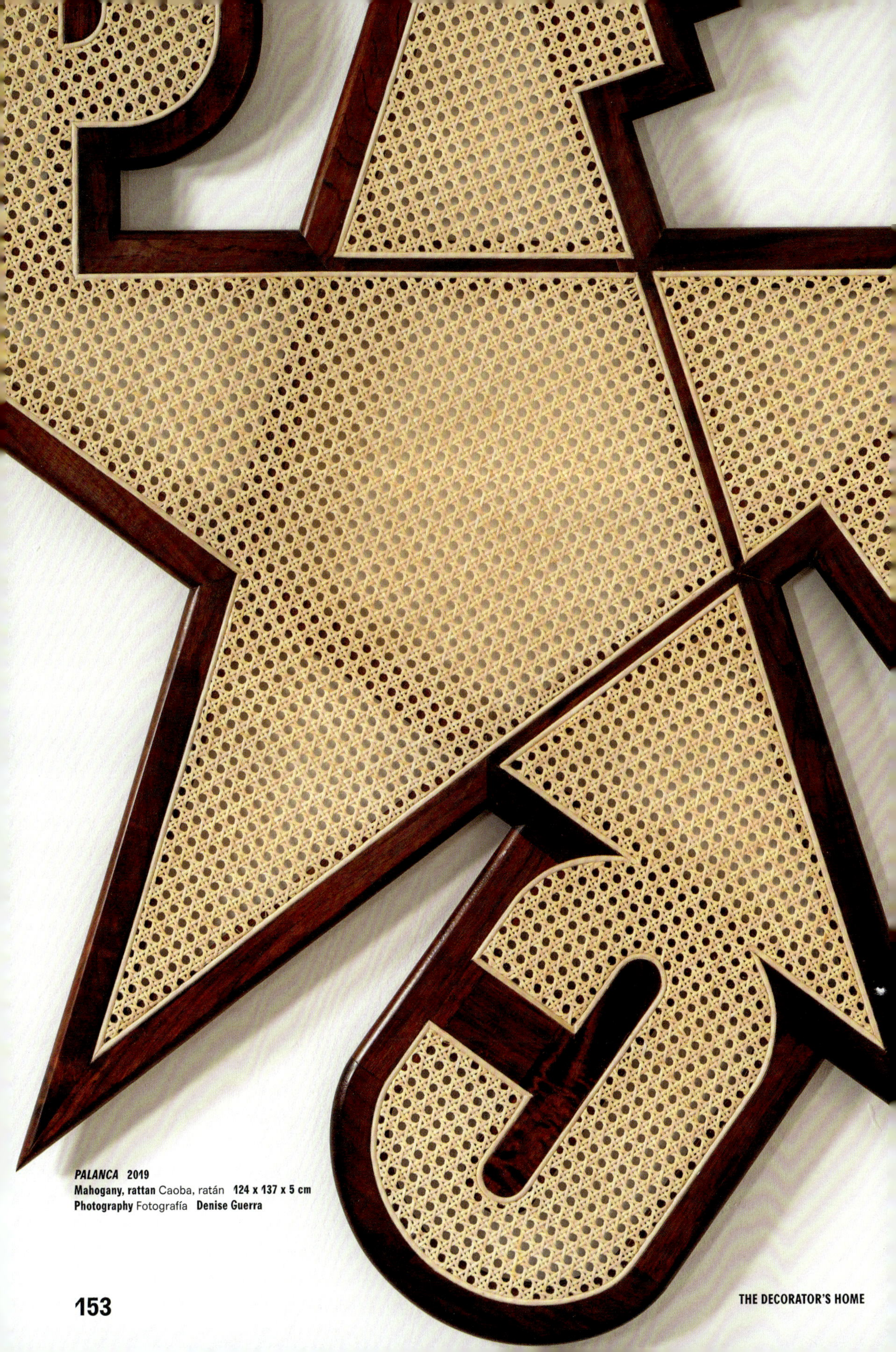

PALANCA 2019
Mahogany, rattan Caoba, ratán **124 x 137 x 5 cm**
Photography Fotografía **Denise Guerra**

JUEGO DE SALA

En la serie *Juego de Sala*, Marco A. Castillo combina elementos geométricos y materiales orgánicos para reflexionar sobre las tensiones entre modernidad, identidad y memoria en el contexto cubano. Con influencias del realismo socialista soviético y el movimiento moderno arquitectónico de los años sesenta en Cuba, cada figura geométrica se ensambla de manera radial, evocando la disposición de espacios domésticos como salas o comedores. Desde una vista cenital, estas configuraciones representan la distribución de los muebles en el hogar: remiten especialmente a sillas y superficies para sentarse, las cuales generan un dinamismo que sugiere una expansión diaspórica desde un centro.

Paradójicamente, mientras se exaltaba una revolución estética que buscaba modular la vida del supuesto hombre nuevo, Cuba atravesaba procesos que transformaron profundamente su tejido social: la desestructuración de la familia tradicional, la desarticulación de la clase media y la mayor migración en la historia de la isla. En esta serie, Castillo recupera la imagen de la familia cubana en la memoria colectiva, apuntando simbólicamente a su reorganización y al equilibrio perdido.

LIVING ROOM SET

In the *Living Room Set* series, Marco A. Castillo merges geometric elements with organic materials to explore the tensions between modernity, identity, and memory within the Cuban context. Drawing inspiration from Soviet socialist realism and the modern architectural movement of 1960s Cuba, each geometric form is assembled radially, evoking the layout of domestic spaces like living and dining rooms. Viewed from above, these configurations resemble the arrangement of household furniture, particularly chairs and seating surfaces, creating a dynamic sense of diasporic expansion radiating outward from a central point.

Paradoxically, while an aesthetic revolution aimed to shape the life of the so-called "New Man," Cuba was undergoing profound social transformations: the breakdown of traditional family structures, the dismantling of the middle class, and the largest wave of migration in the island's history. In this series, Castillo revisits the image of the Cuban family within collective memory, symbolically addressing its reorganization and the loss of balance.

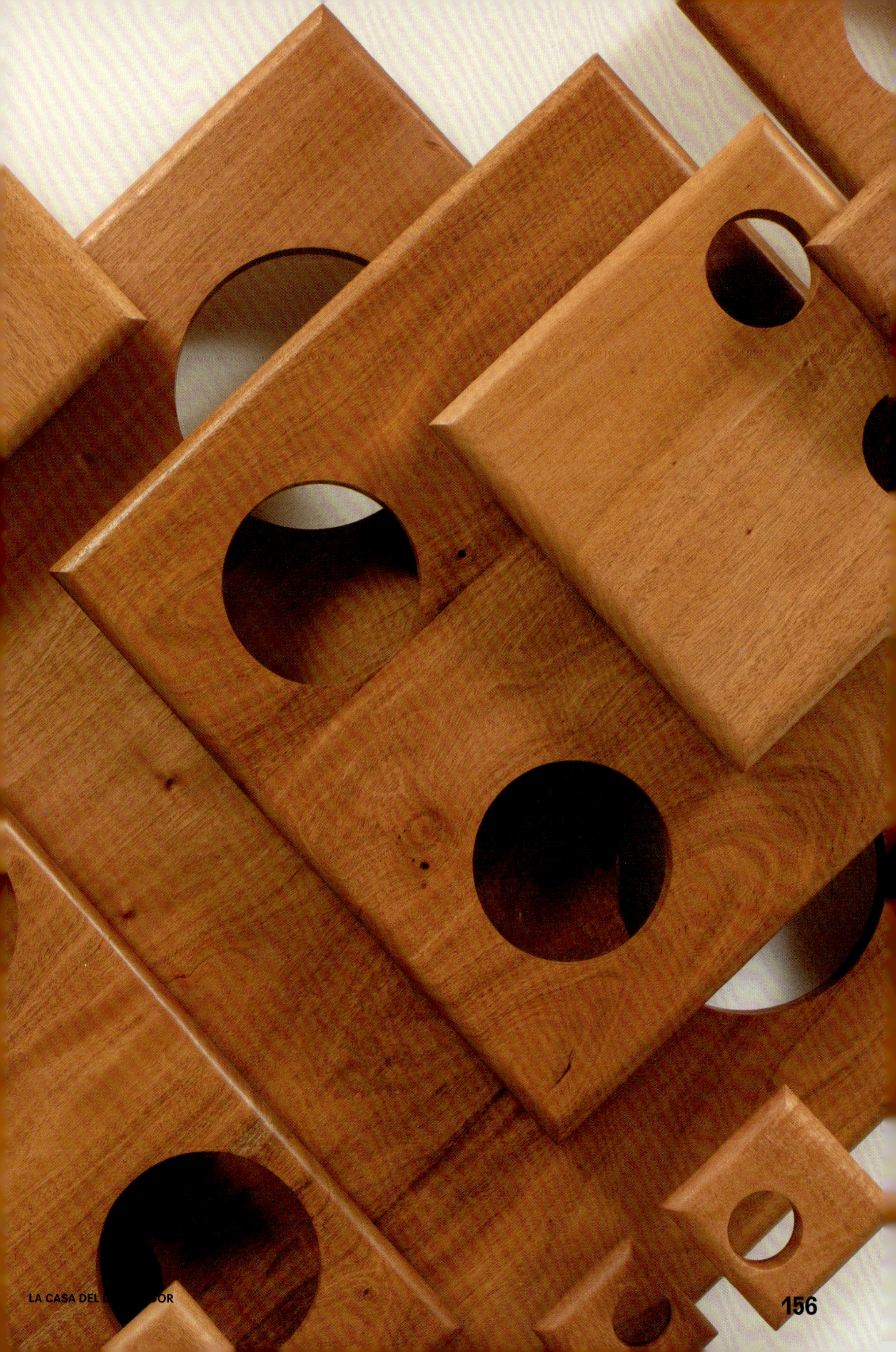

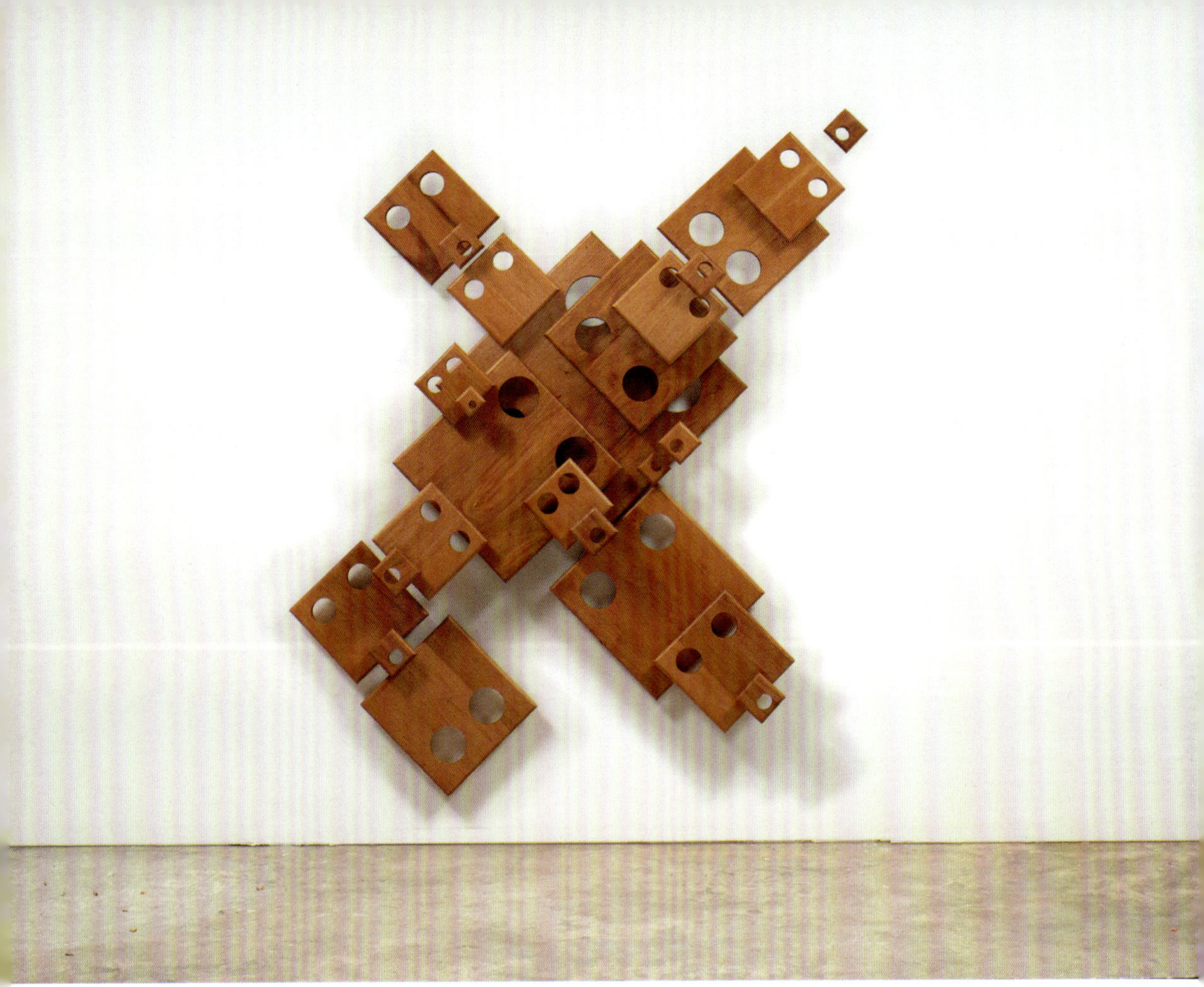

LOS CUETO ESPINOSA **2022**
Mahogany Caoba **267 x 320 x 19.2 cm**
Photography Fotografía **David Avilés**
Courtesy of Cortesía de **Albarrán Boudais, Madrid**

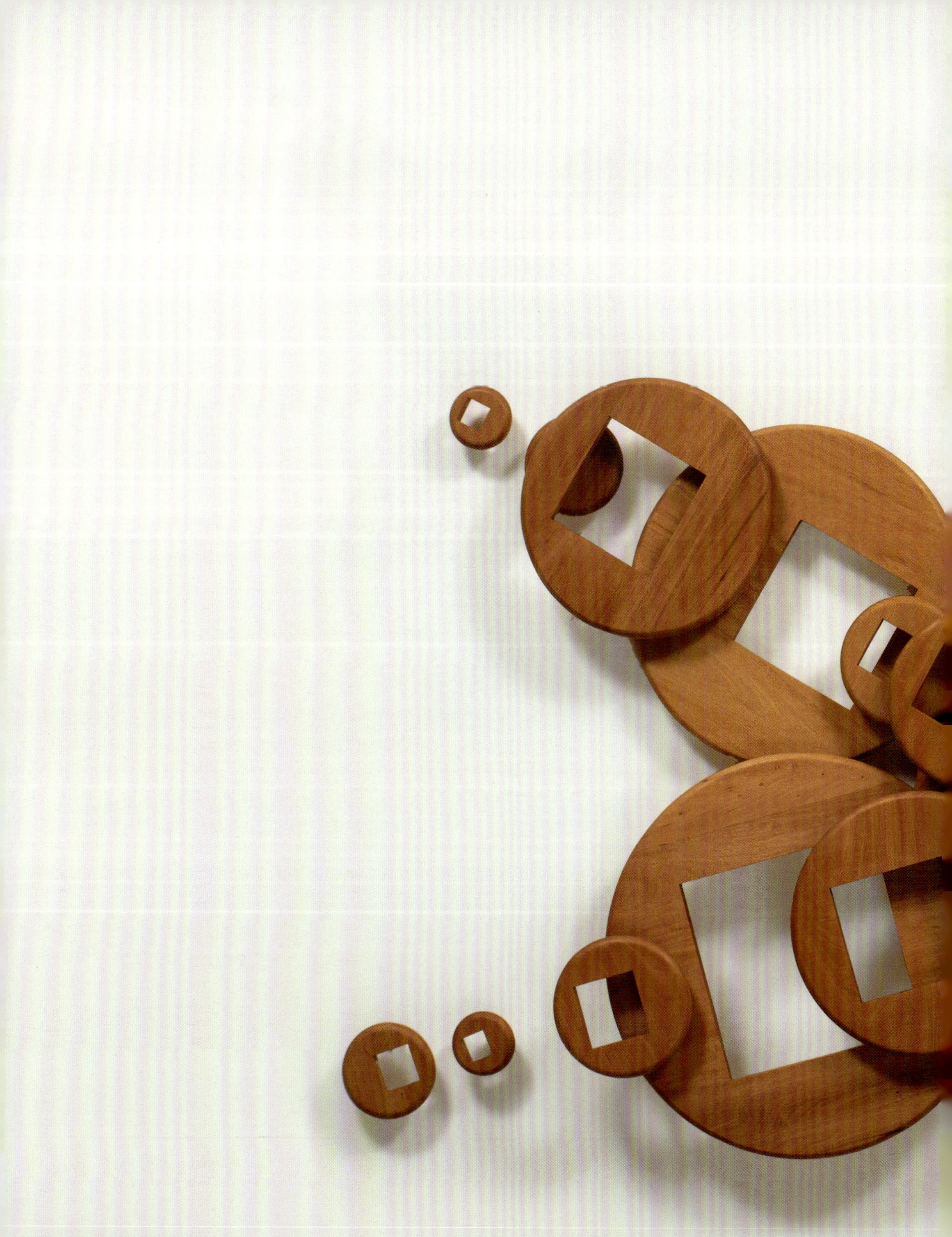

LOS FERNÁNDEZ BULTÉ **2022**
Mahogany Caoba **240 x 297 x 27 cm**
Photography Fotografía **David Avilés**
Courtesy of Cortesía de **Albarrán Boudais, Madrid**

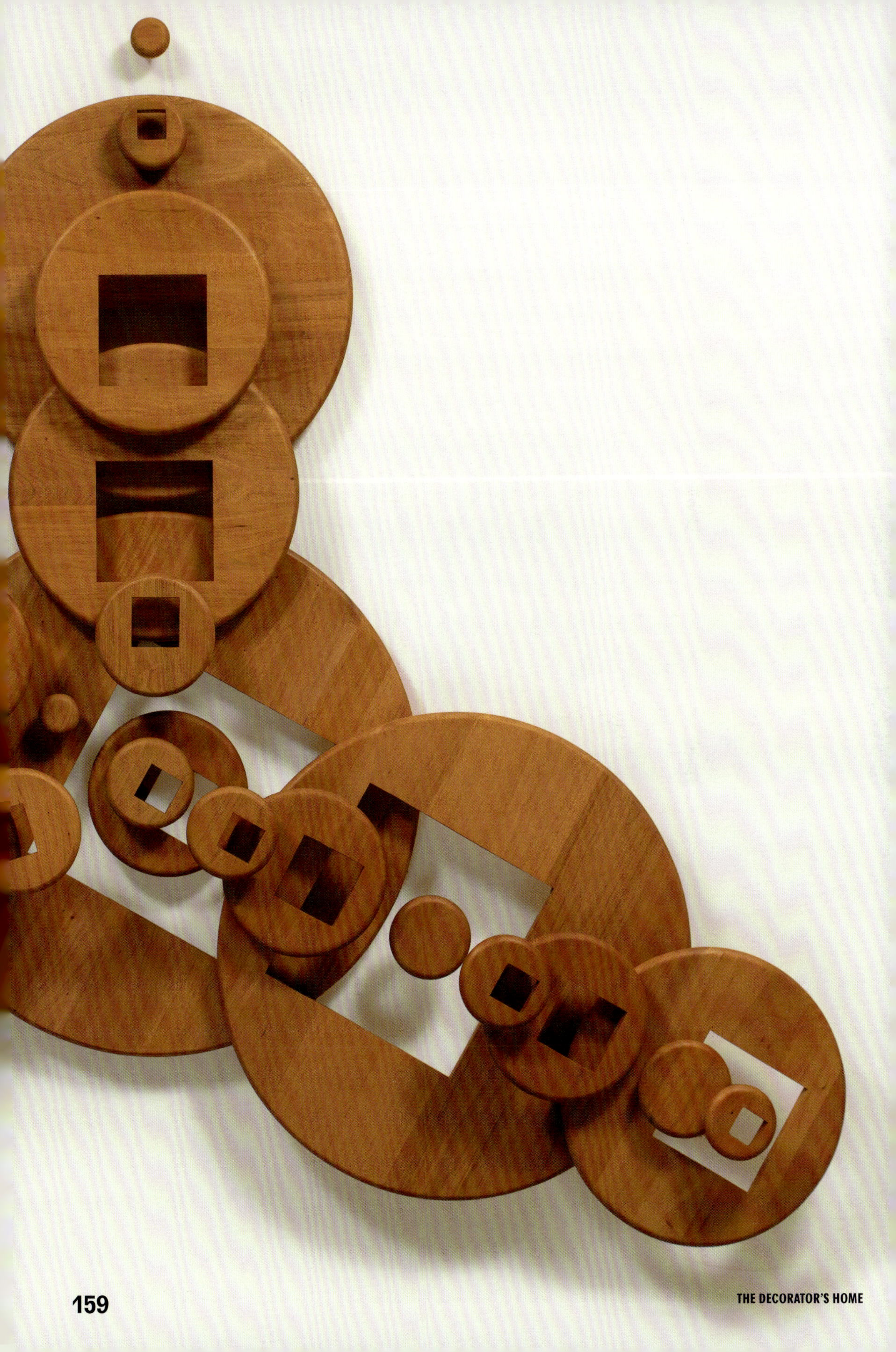

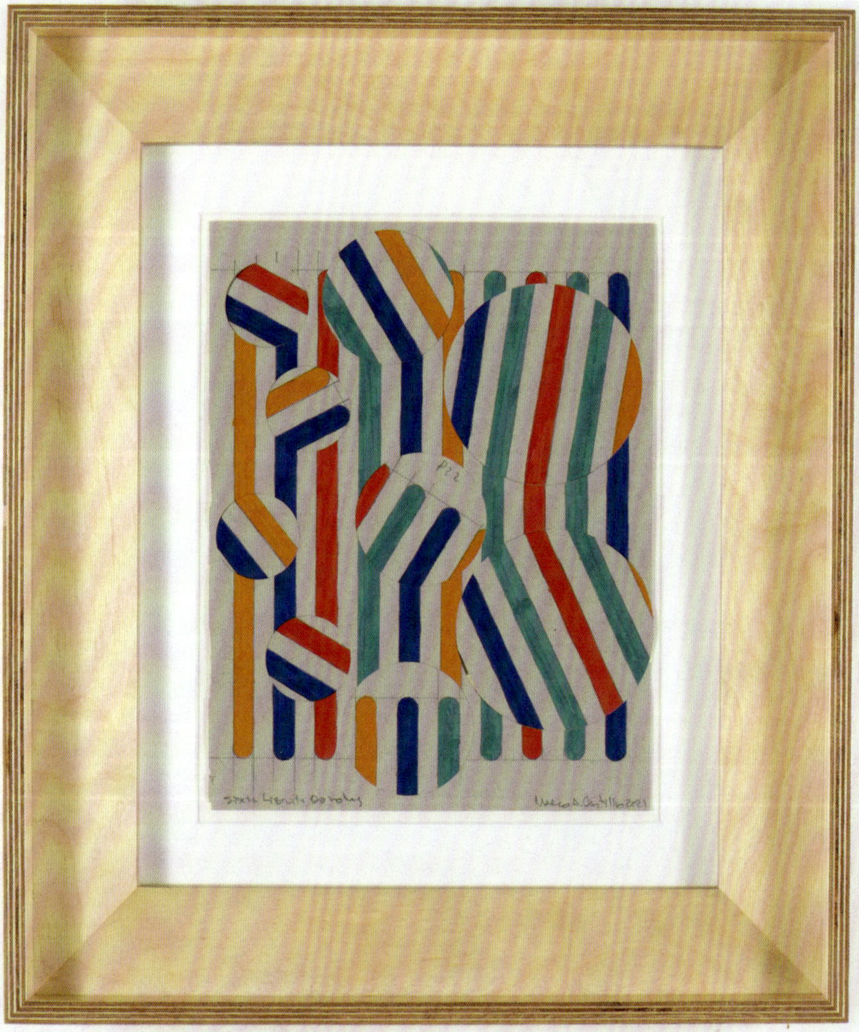

SEXTA LIBRETA DE NOTAS, PÁGINA 22 **2021**
Ink, pencil, paper Tinta, lápiz, papel **27.8 x 21.2 cm**
Courtesy of Cortesía de **China Art Object, Los Angeles & México**
Private collection Colección privada

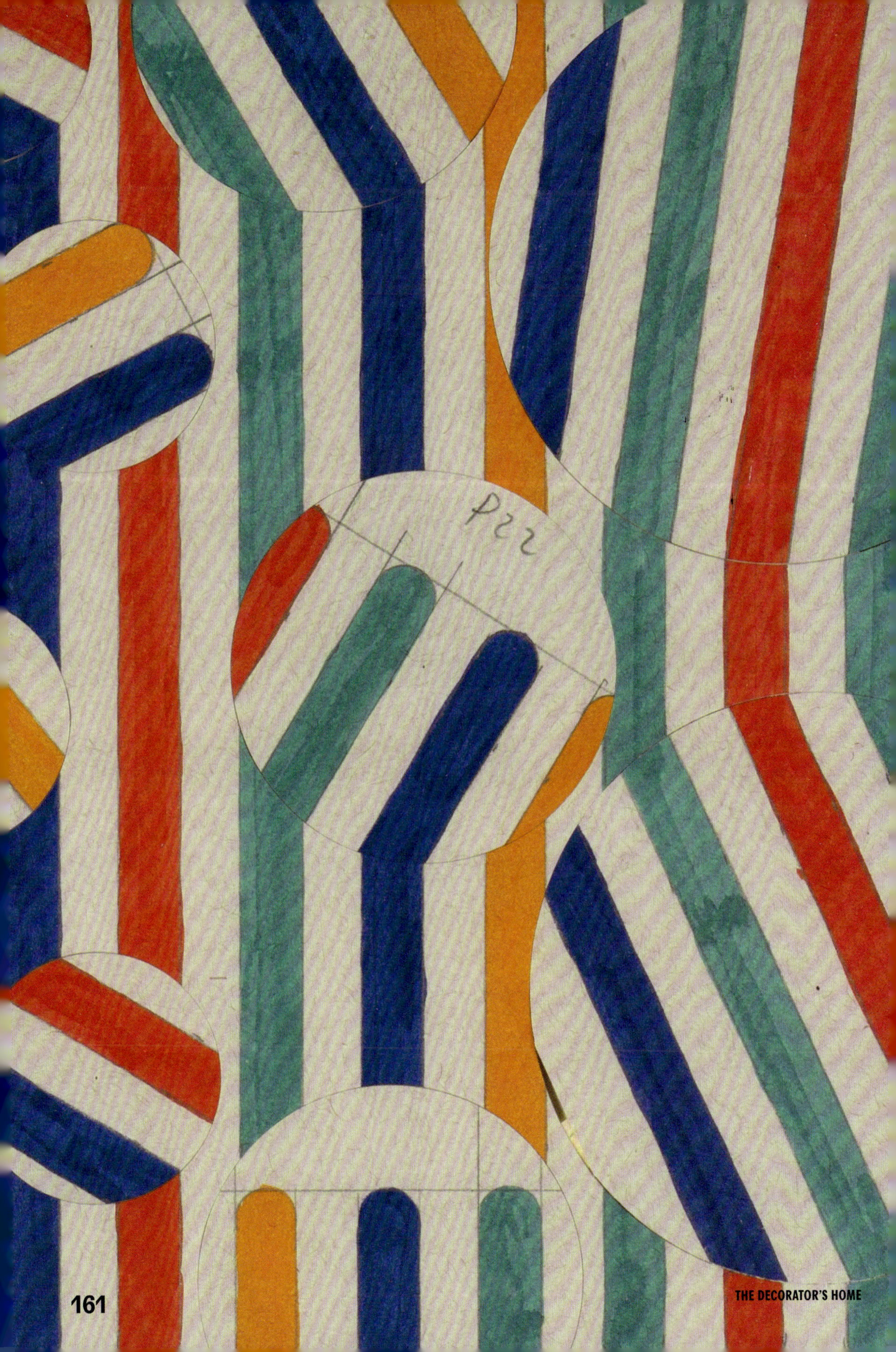
P22

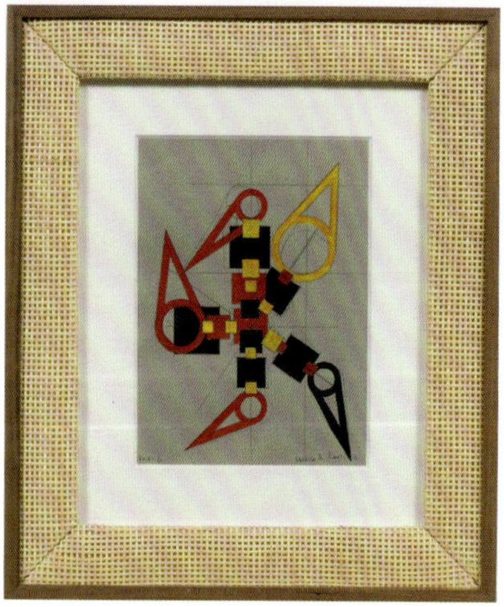

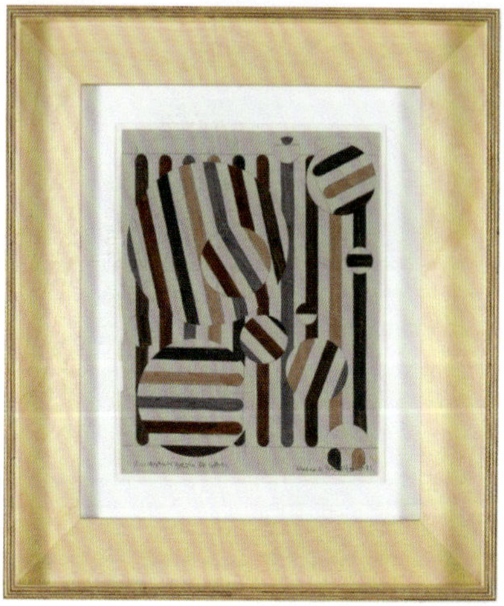

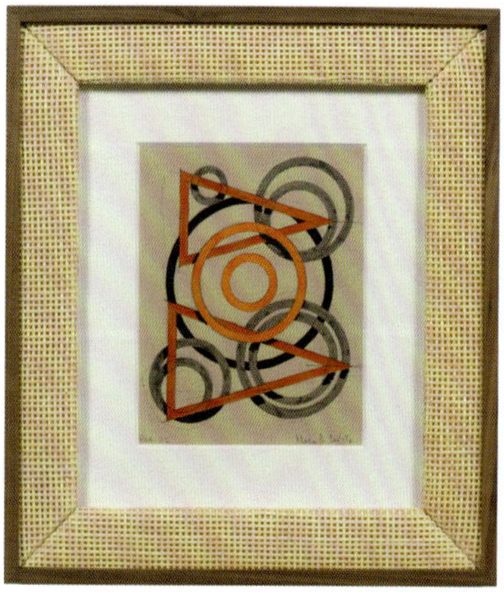

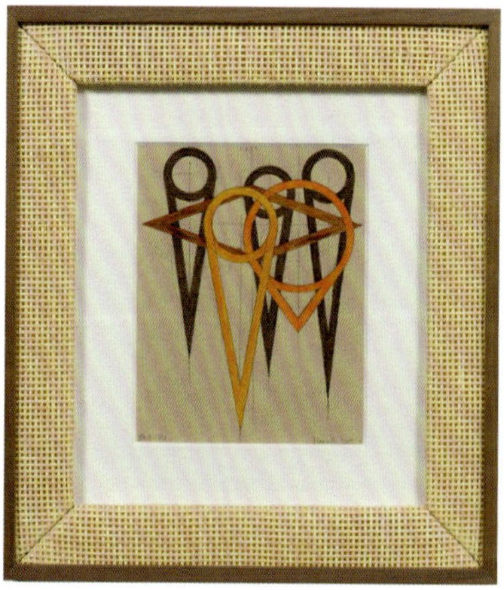

LIBRETA DE NOTAS **2018-2021**
Ink, pencil, paper Tinta, lápiz, papel
Variable dimensions Dimensiones variables
Photography Fotografía **Jeff Mclane**
Courtesy of Cortesía de **Haines Gallery, San Francisco;**
China Art Objects, Los Angeles & México; UTA Artist Space Los Angeles

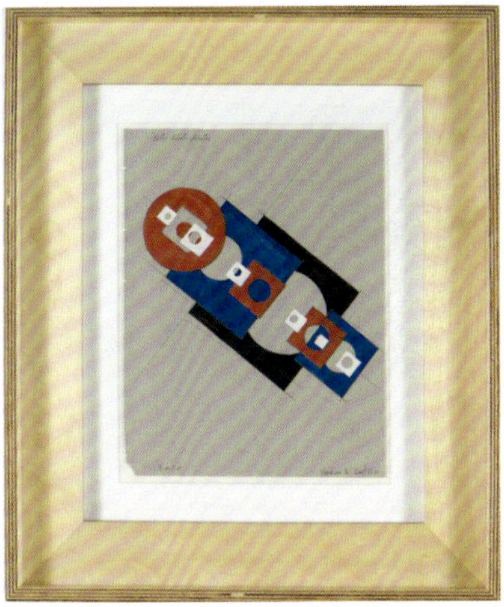
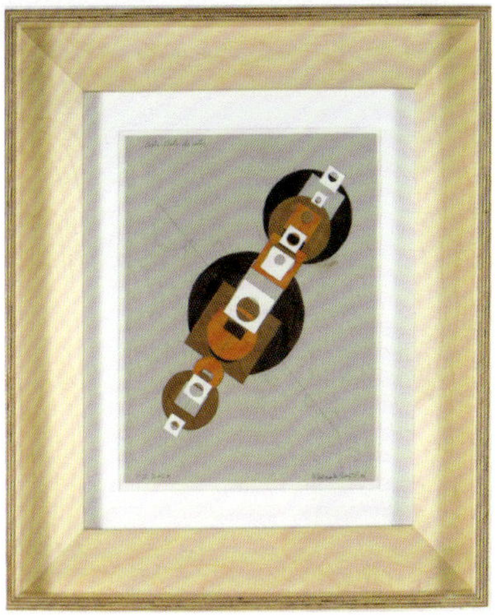
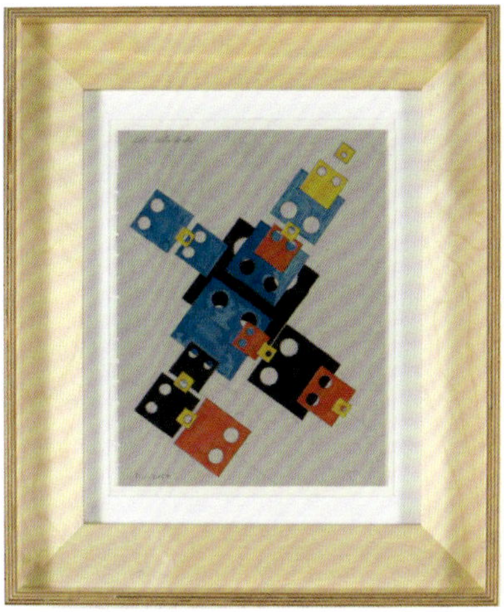
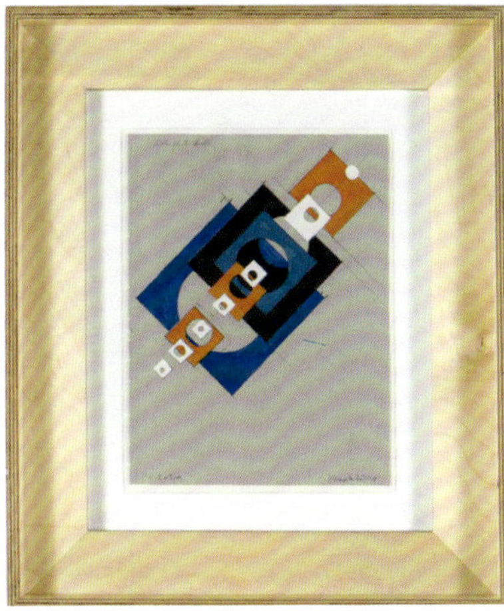

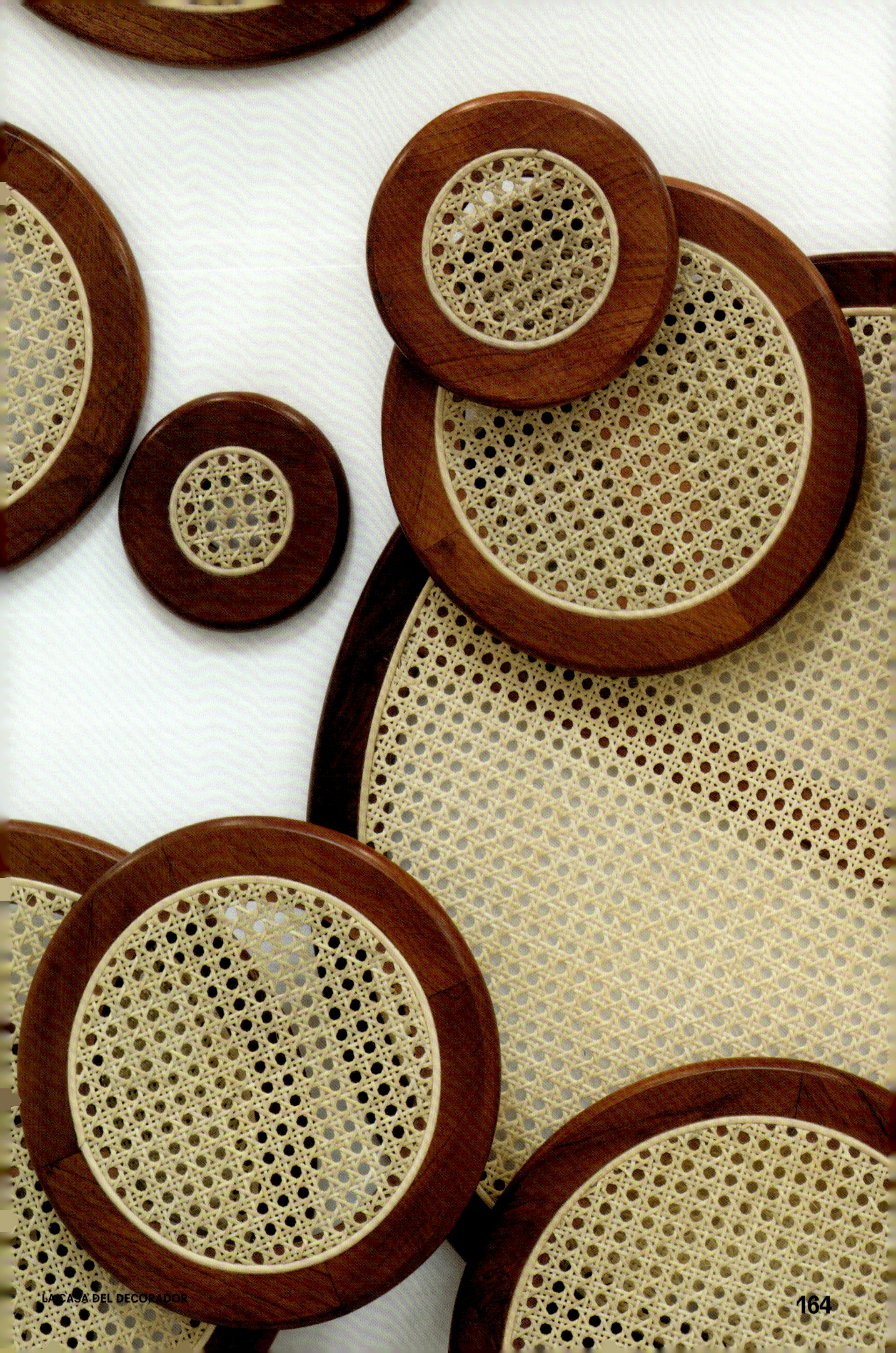

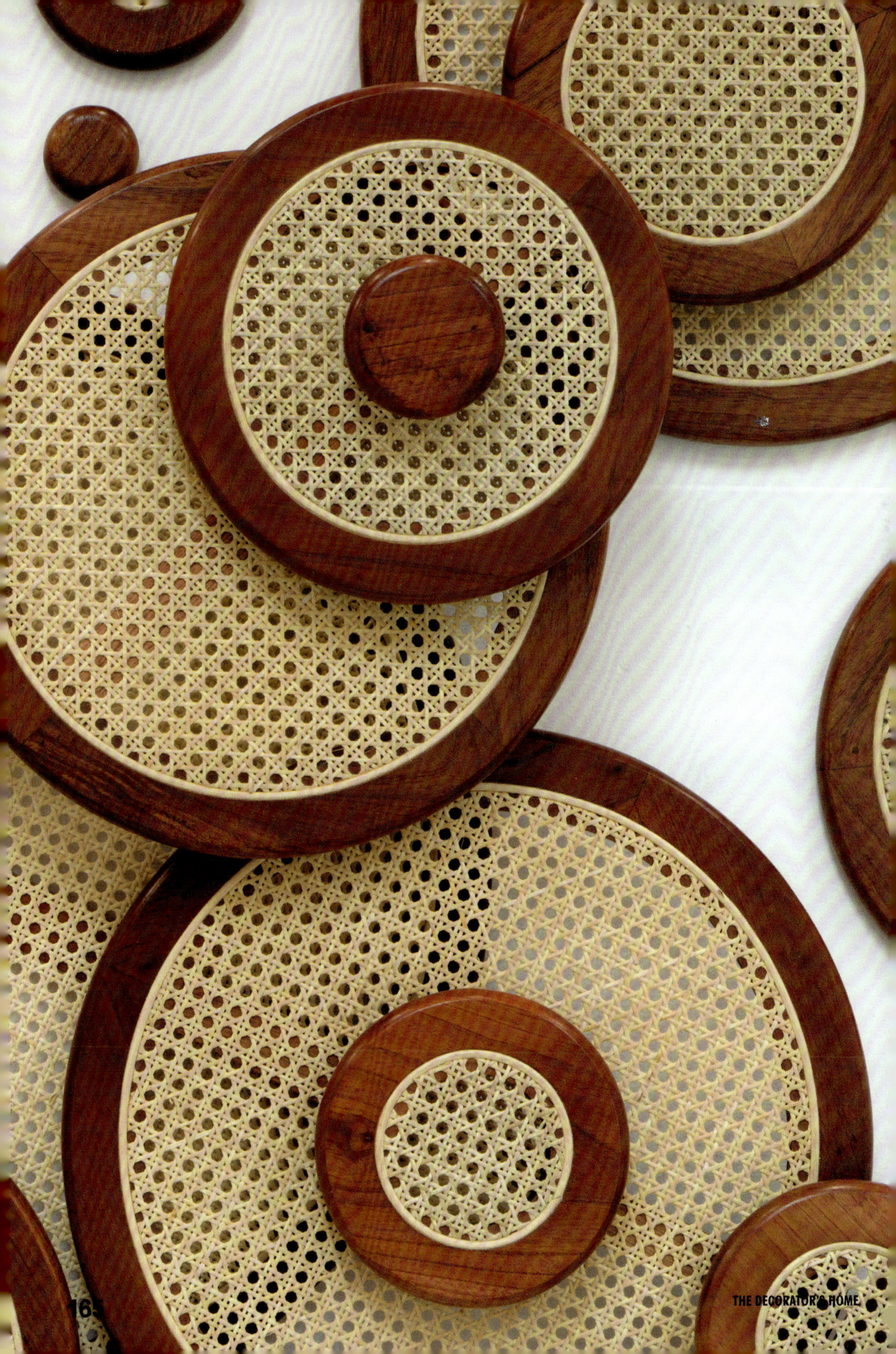

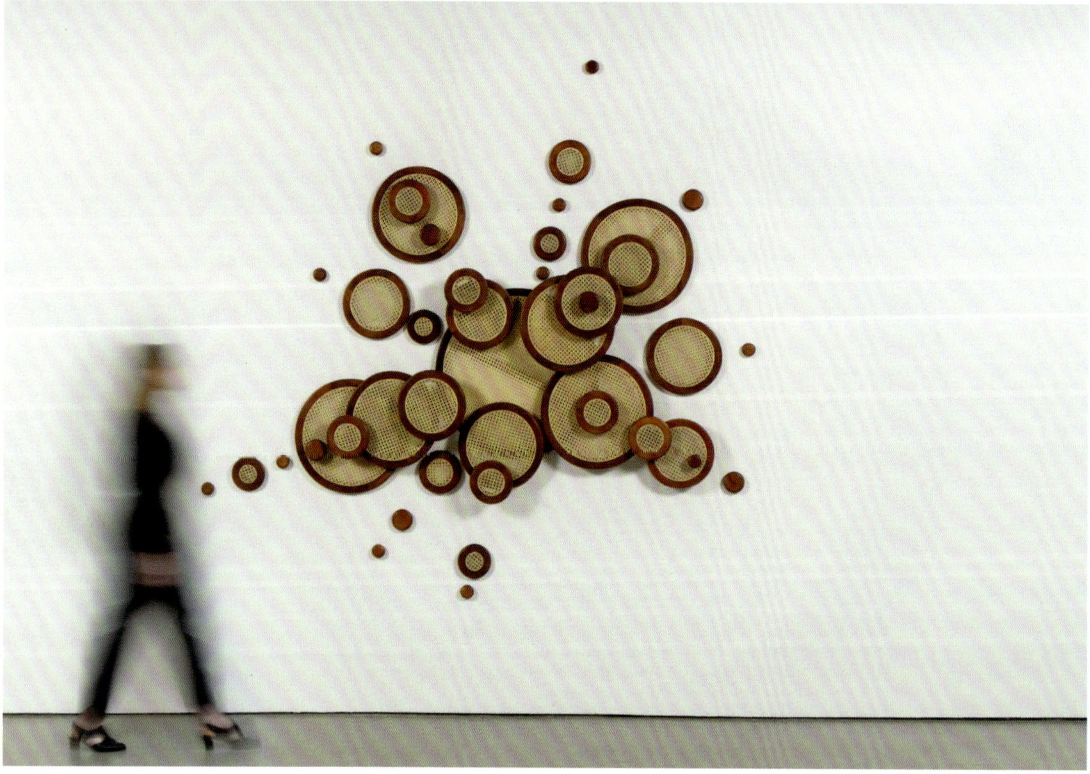

MARÍA VICTORIA **2019**
Mahogany, rattan Caoba, ratán **212 x 277 x 21 cm**
Photography Fotografía **Jeff Mclane**
Courtesy of Cortesía de **Nara Roesler, São Paulo; UTA Artist Space, Los Angeles**
Collection Colección **Maria Victoria Dias**

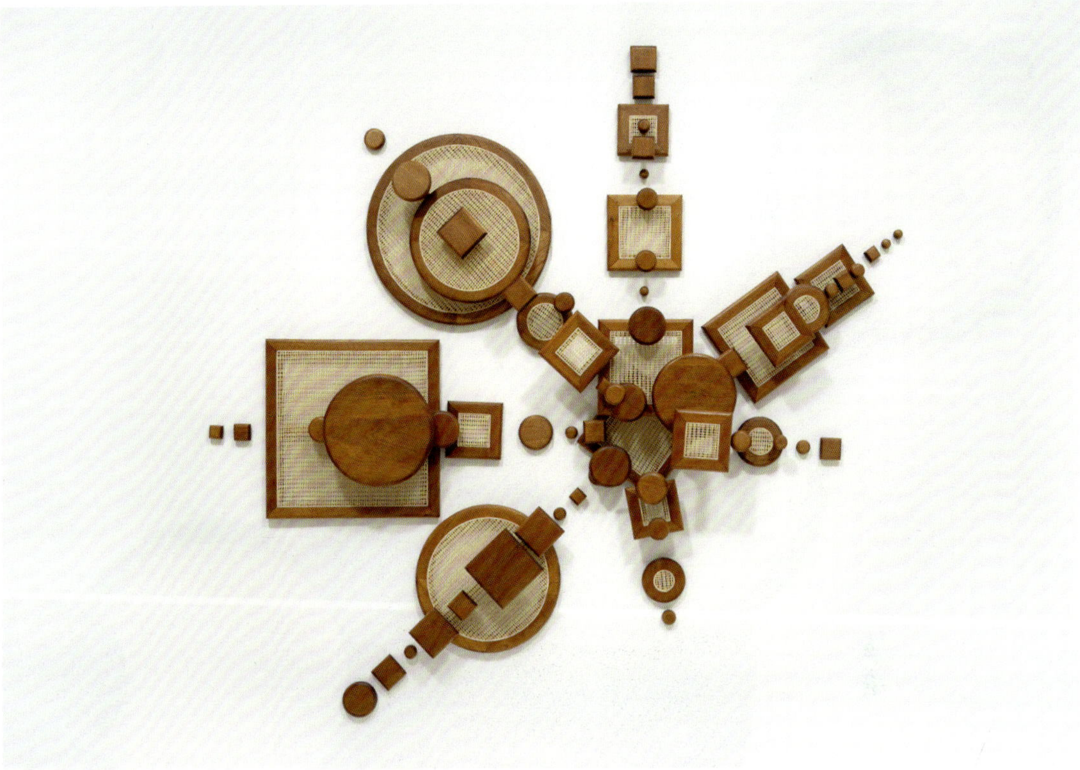

MARÍA VICTORIA 4 **2020**
Caoba, rattan Caoba, ratán **201 x 205 x 24.5 cm**
Courtesy of Cortesía de **Nara Roesler, São Paulo.**
Collection Colección **Ernesto Dias Neto**

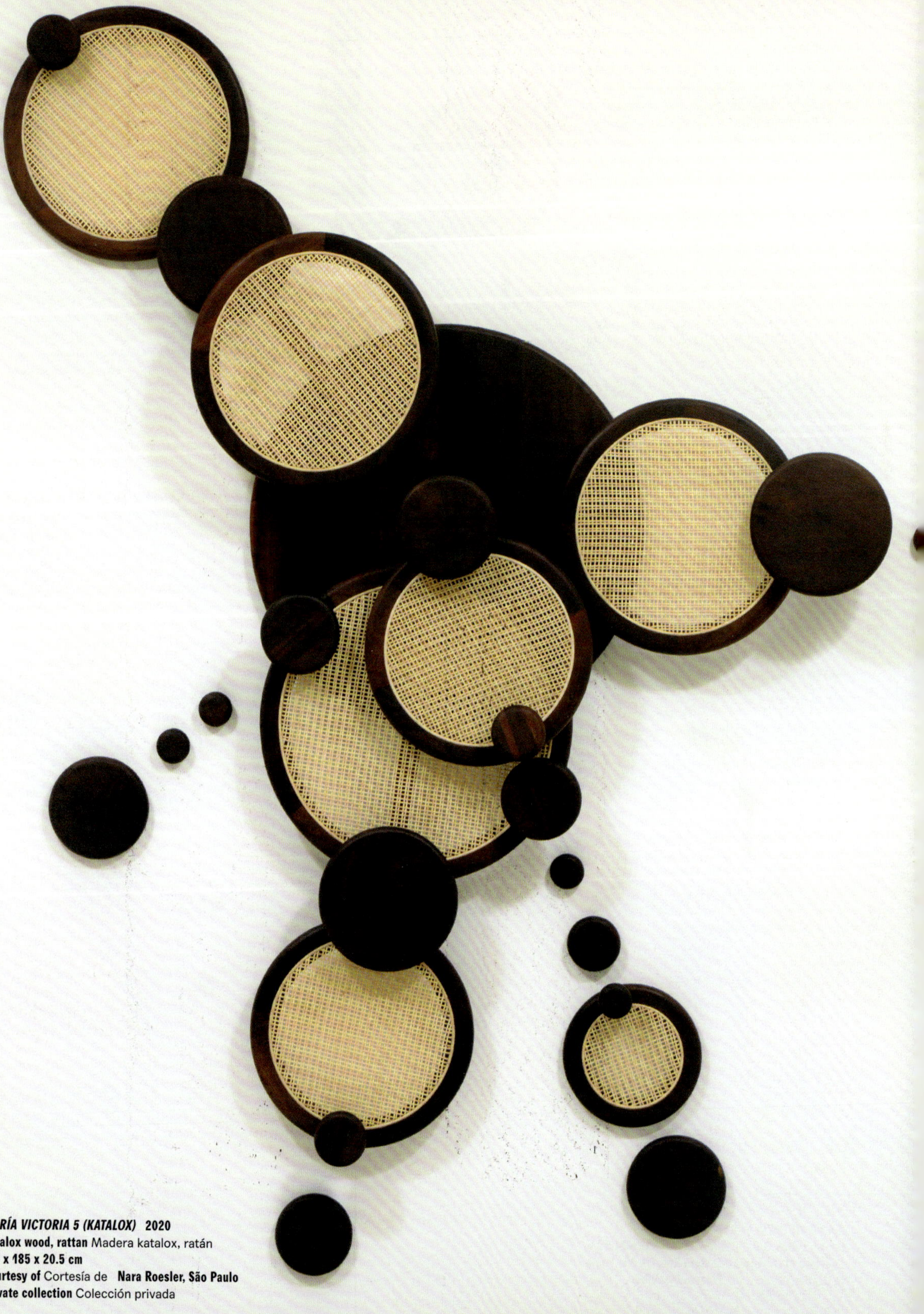

MARÍA VICTORIA 5 (KATALOX) **2020**
Katalox wood, rattan Madera katalox, ratán
218 x 185 x 20.5 cm
Courtesy of Cortesía de **Nara Roesler, São Paulo**
Private collection Colección privada

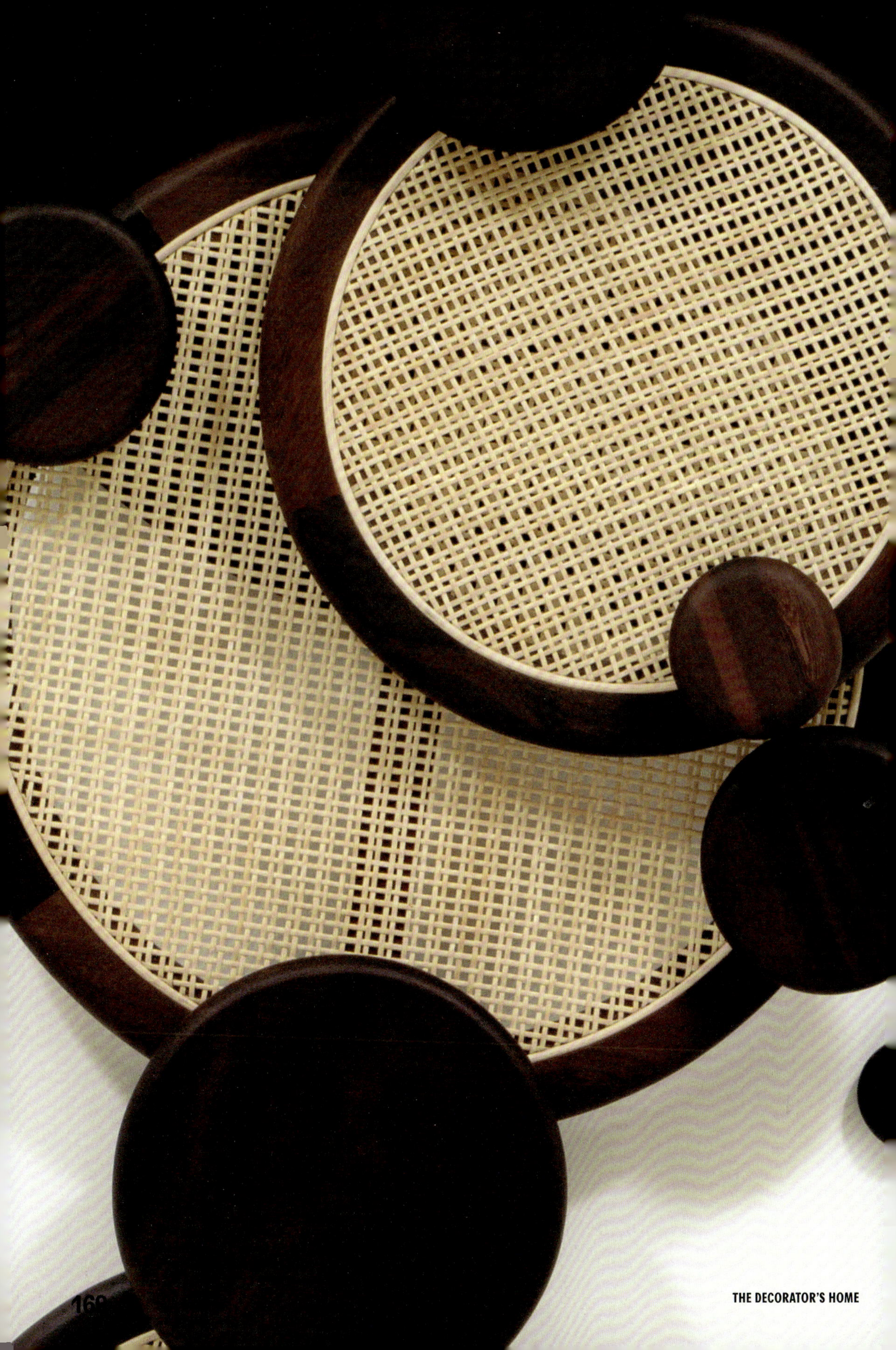

La serie *Lam* parte de un aspecto promovido por el modernismo en el diseño cubano de los años sesenta, el cual consistió en la revalorización de motivos afrocaribeños e indígenas. Esta serie utiliza como estructura base el grafismo de las firmas o jeroglíficos utilizados por los iniciados del Palo Monte o Regla de Mayombe, una práctica religiosa afrocubana de origen bantú. Al mismo tiempo, las esculturas evocan fragmentos de mobiliario (asientos, respaldos, bases, entre otros) y materiales propios de la modernidad cubana. El nombre rinde homenaje a Wifredo Lam, artista plástico clave por darle visibilidad en el medio artístico a las tradiciones y símbolos africanos en el Caribe. Con estas referencias, Castillo explora la manera en que formas y símbolos viajan entre distintos campos creativos, subrayando la complejidad cultural y política de estos legados.

LAM

The *Lam* series draws inspiration from a key aspect of modernism in Cuban design during the 1960s: the revalorization of Afro-Caribbean and Indigenous motifs. This series uses the graphic forms of the signatures or hieroglyphs employed by initiates of Palo Monte or Regla de Mayombe, an Afro-Cuban religious practice of Bantu origin, as its main structure. Simultaneously, the sculptures evoke fragments of furniture—seats, backrests, bases, and other elements—as well as materials emblematic of Cuban modernity.

The series takes its name from Wifredo Lam, a seminal artist who brought visibility to African traditions and symbols within the Caribbean art scene. Through these references, Castillo examines how forms and symbols traverse different creative fields, highlighting the cultural and political complexity of these legacies.

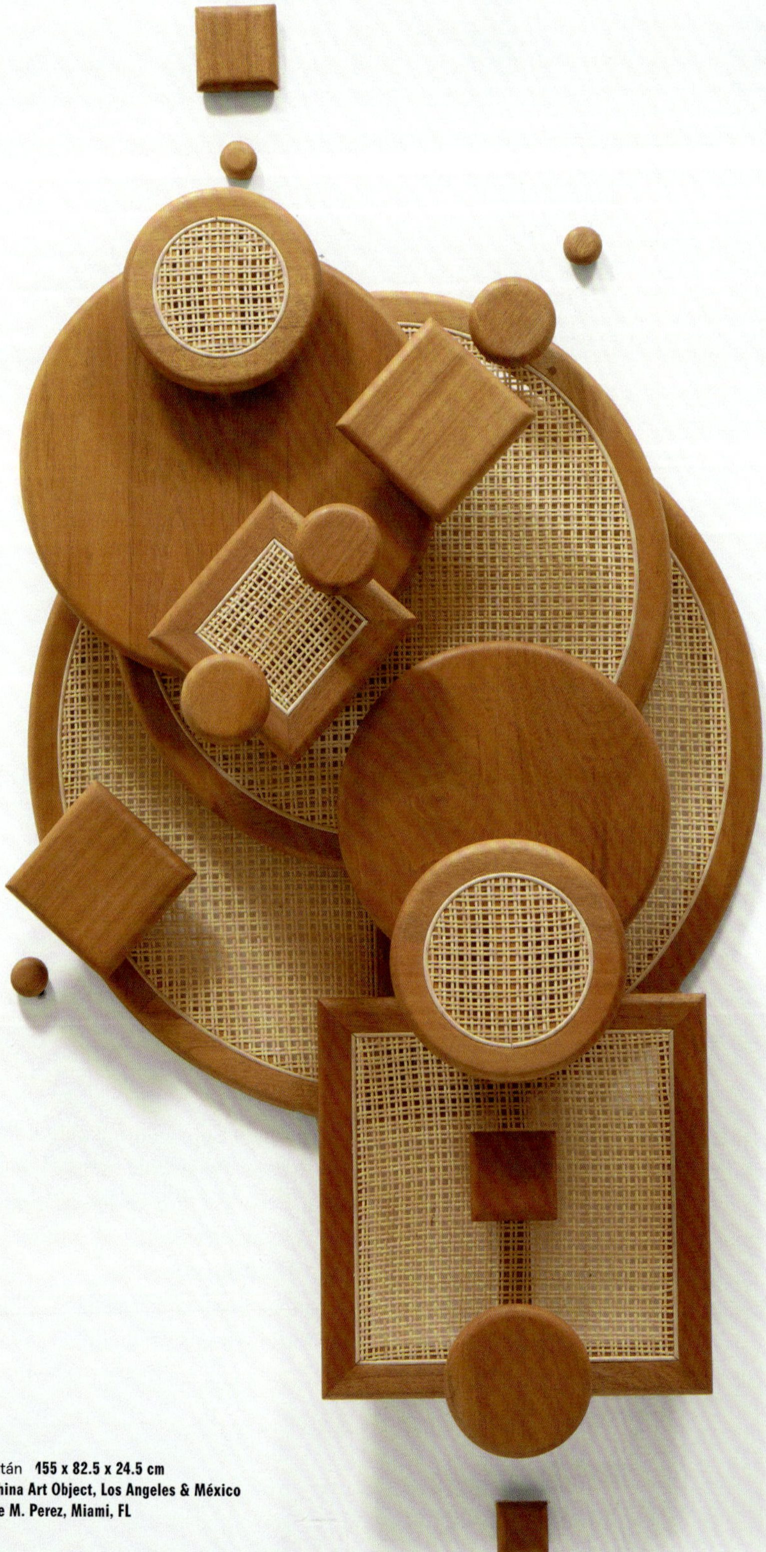

LAM (CAOBA 3) **2021**
Mahogany, rattan Caoba, ratán **155 x 82.5 x 24.5 cm**
Courtesy of Cortesía de **China Art Object, Los Angeles & México**
Collection Colección **Jorge M. Perez, Miami, FL**

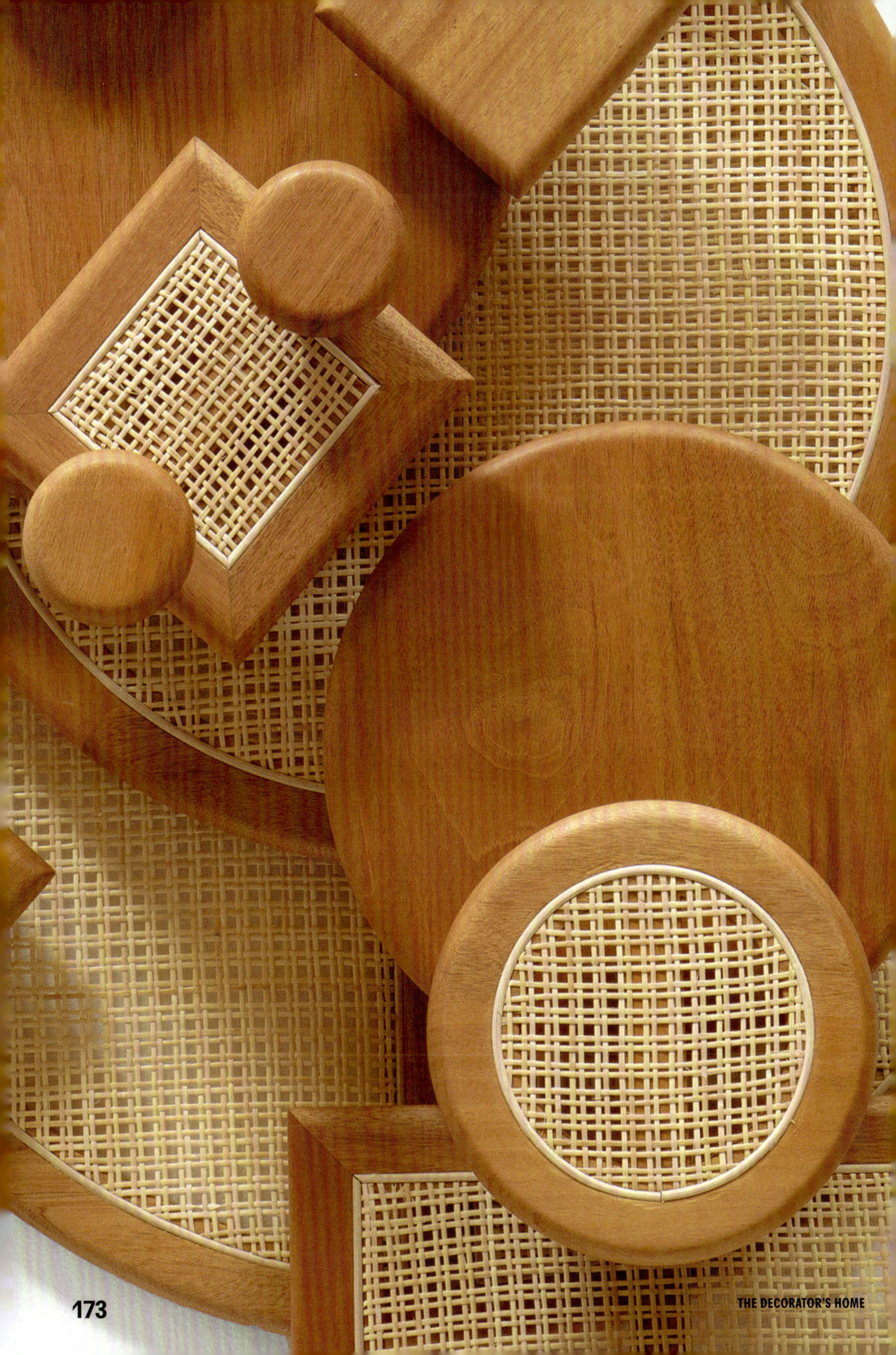

LAM (COMBINADA 1) **2021**
Mahogany, katalox wood, rattan Caoba, madera katalox, ratán
185 x 59 x 30 cm
Courtesy of Cortesía de **KOW, Berlin**

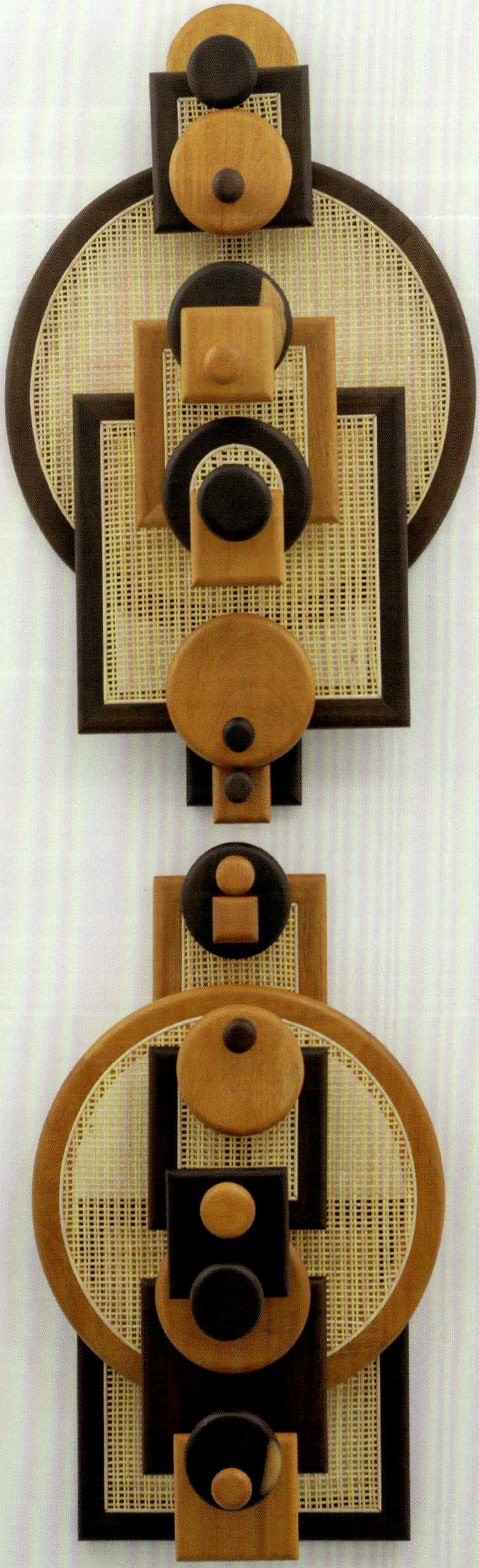

***LAM PALO 1* 2024**
Mahogany, mesh, rubber Caoba, malla elástica, goma
203 x 126 x 50 cm
Photography Fotografía **David Avilés**

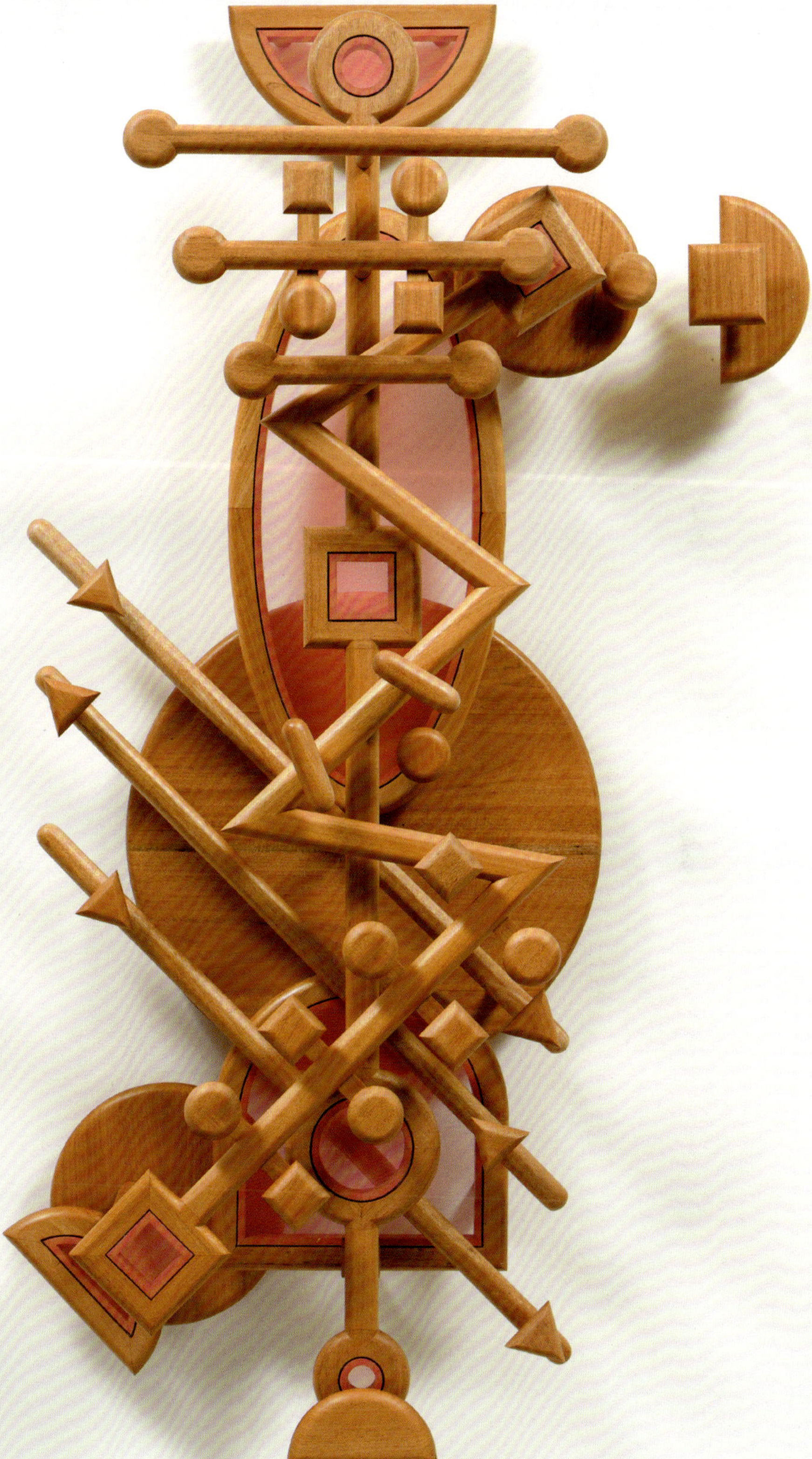

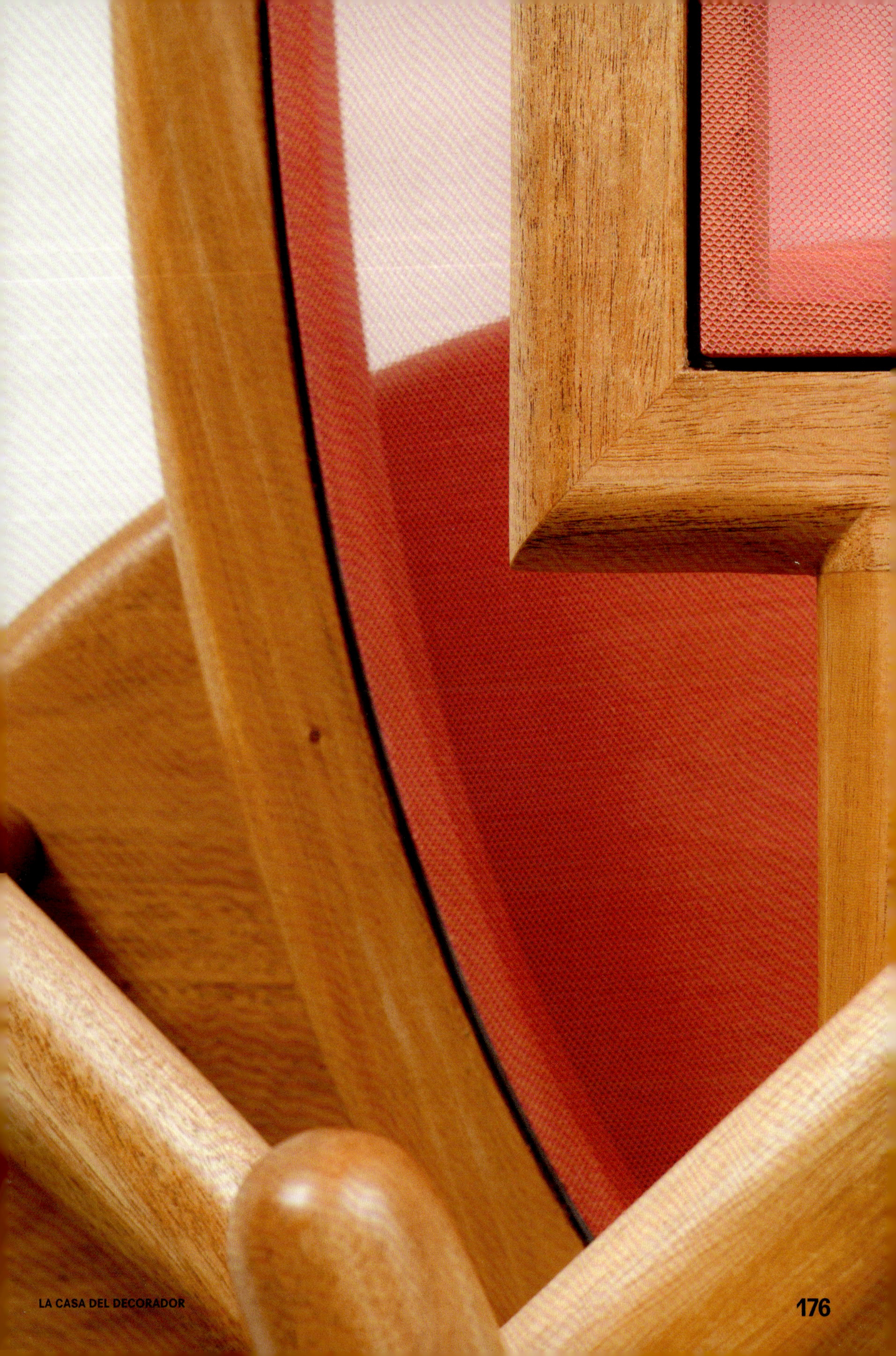

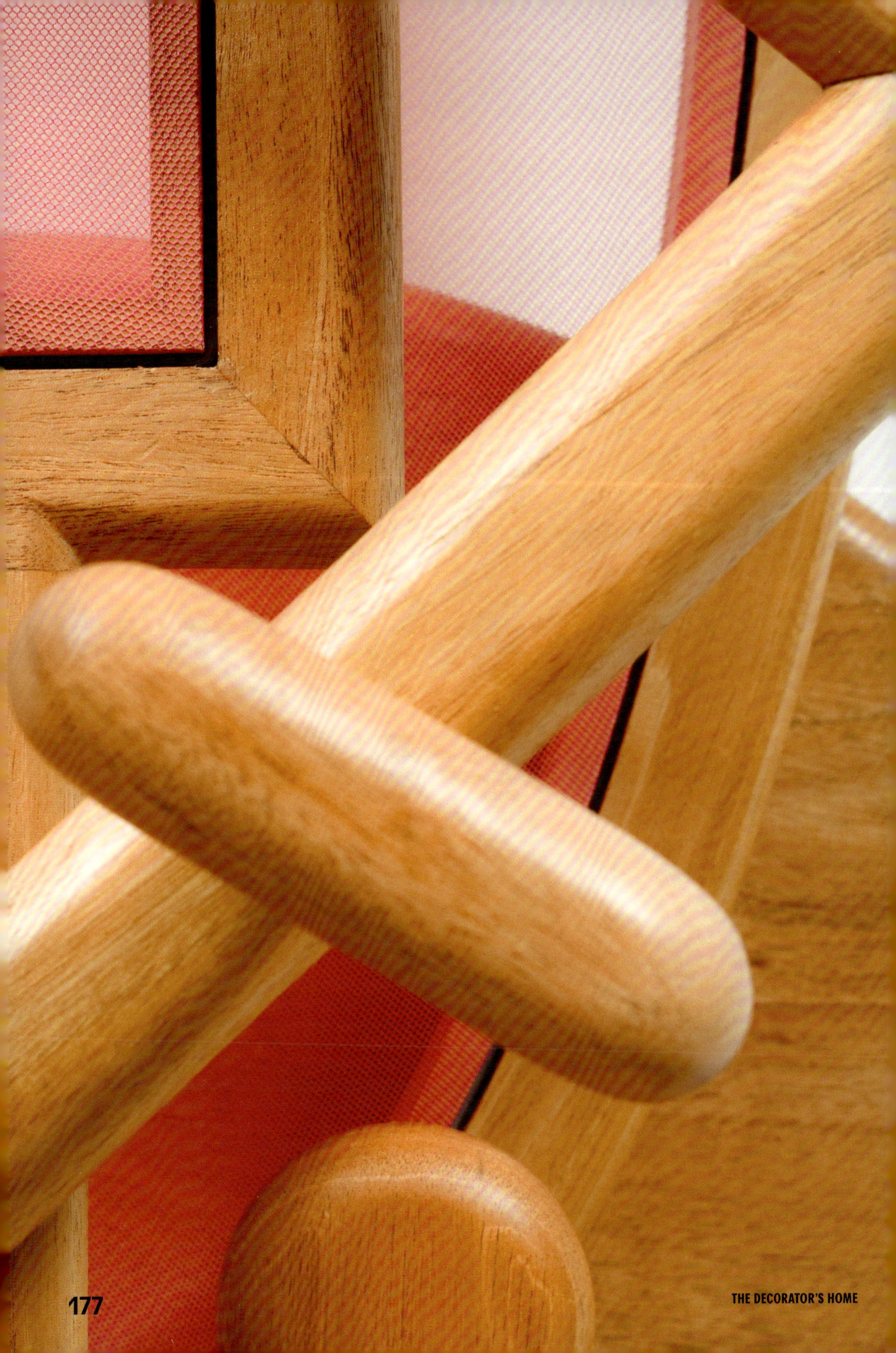

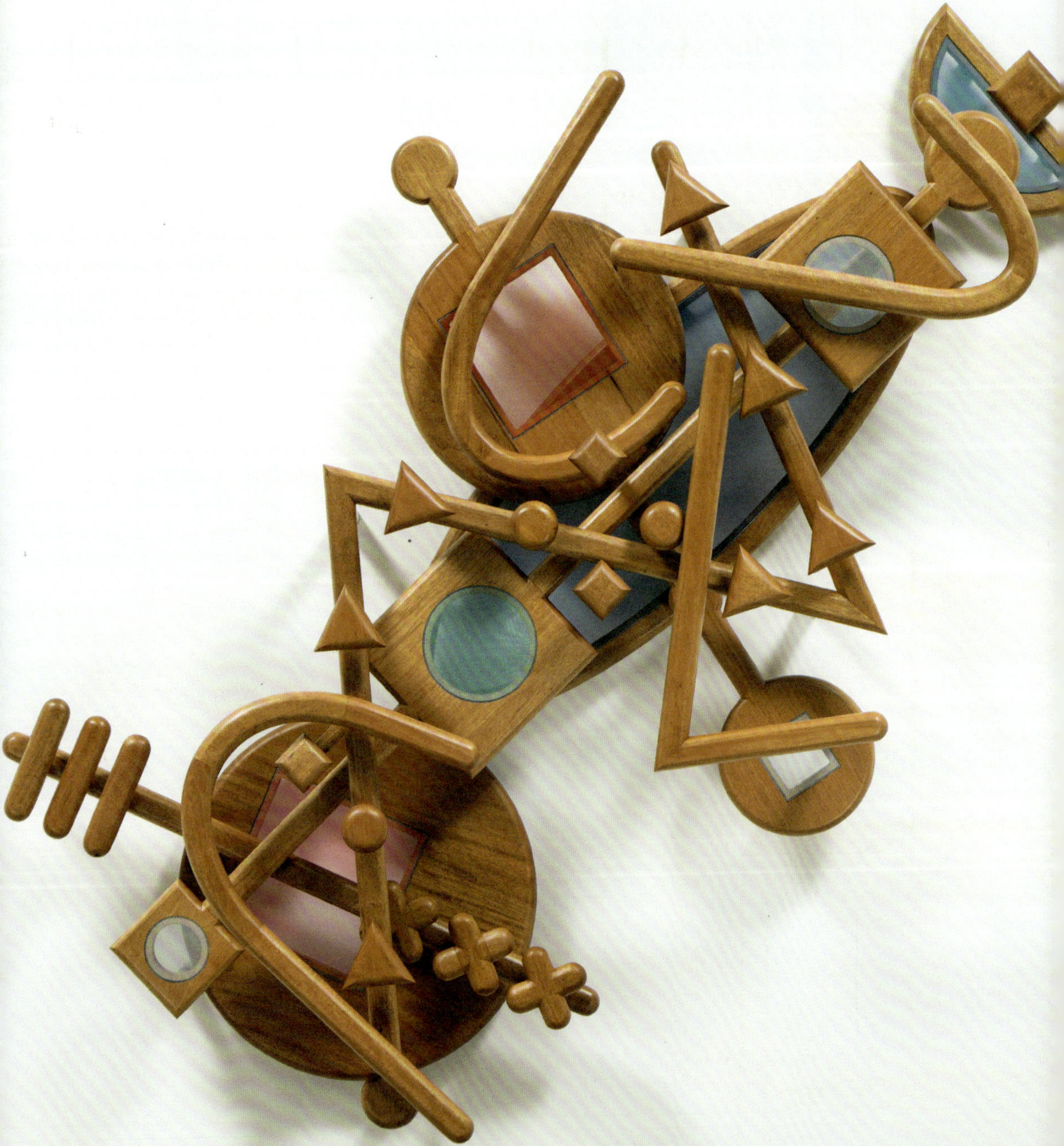

LAM PALO 2 **2024**
Mahogany, mesh, rubber Caoba, malla elástica, goma
180 x 174 x 30.9 cm
Photography Fotografía **David Avilés**

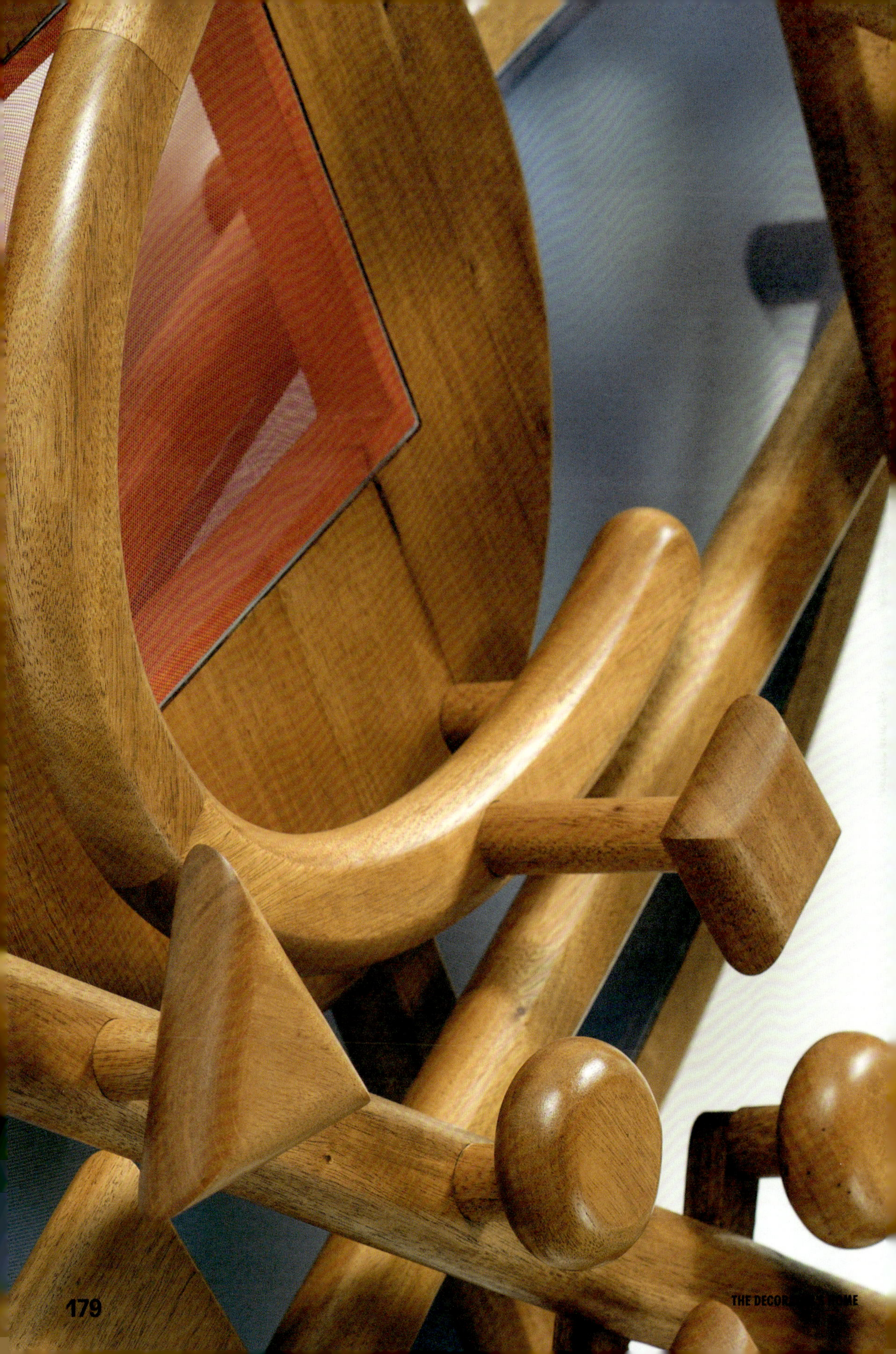

GENERACIÓN

Generación es un cortometraje que se desarrolla en una casa sobre una colina en La Habana, que se convierte en el núcleo conceptual de *La casa del decorador*. La obra funciona como una alegoría de la desaparición de proyectos culturales y estéticos en Cuba. Reflexiona sobre el estado de ánimo derivado del eclipse de una generación, un fenómeno que el país ha experimentado de forma casi cíclica desde 1959. En particular, alude a las realidades y frustraciones de la generación de fines de la década de los setenta y los desafíos que enfrentan los jóvenes en la actualidad.

Los personajes del video —artistas, fotógrafos, escritores, arquitectos y curadores de la escena intelectual contemporánea de Cuba— interpretan figuras ficticias del pasado y establecen una continuidad temporal con las historias del presente de la isla. La pieza musical *Pólvora Mojada*, compuesta por Beatriz Márquez en 1970, permea el relato con una narrativa melancólica que proyecta un misterioso porvenir. A través de este lenguaje visual y sonoro, Castillo reflexiona sobre los discursos dictatoriales y la censura, explorando sus efectos en la libertad de expresión y la vida cotidiana.

GENERATION

Generation is a short film set in a house perched on a hill in Havana, which serves as the conceptual nucleus of *The Decorator's Home*. The work acts as an allegory for the disappearance of cultural and aesthetic projects in Cuba, reflecting on the mood shaped by the eclipse of a generation—a phenomenon the country has experienced almost cyclically since 1959. It specifically addresses the realities and frustrations of the late 1970s generation, as well as the challenges faced by today's youth.

The video's characters—artists, photographers, writers, architects, and curators from Cuba's contemporary intellectual scene—portray fictional figures from the past, creating a temporal continuity with the island's present narratives. The musical piece *Pólvora Mojada*, composed by Beatriz Márquez in 1970, infuses the story with a melancholic tone that hints at an enigmatic future. Through this interplay of visual and auditory language, Castillo examines dictatorial discourses and censorship, delving into their impact on freedom of expression and everyday life.

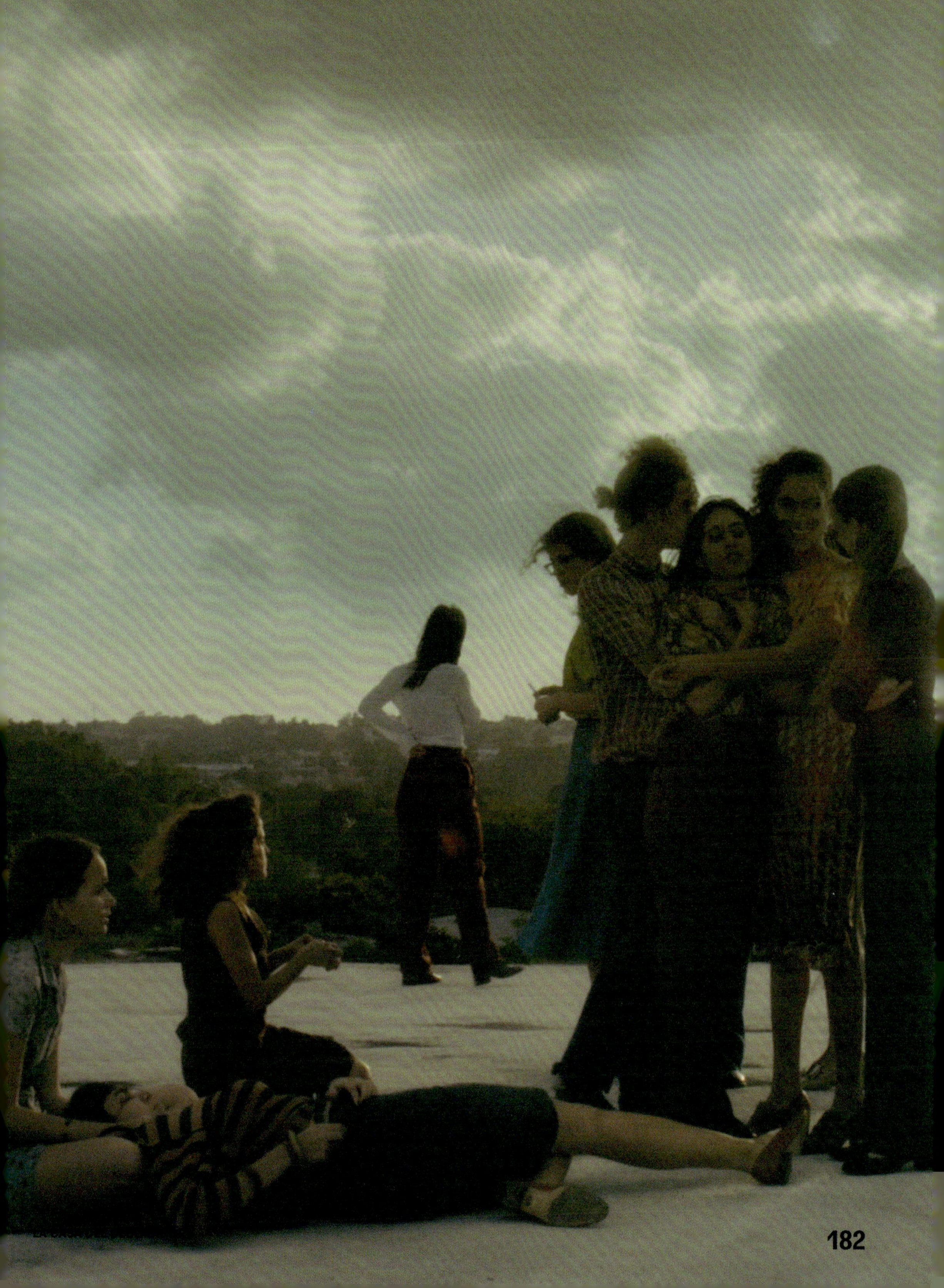

GENERACIÓN **2019**
Video 2K, single channel, video projection, color, stereo sound Video 2k, monocanal, video proyección, color, sonido estéreo **06:45 (ed. 5 + 2 AP)**
Courtesy of Cortesía de **Albarrán Bourdais, Madrid; KOW, Berlin; Nara Roesler, São Paulo**
Collection Colección **Cisneros Fontanals Art Foundation (CIFO), Miami (ed. 1/5)**

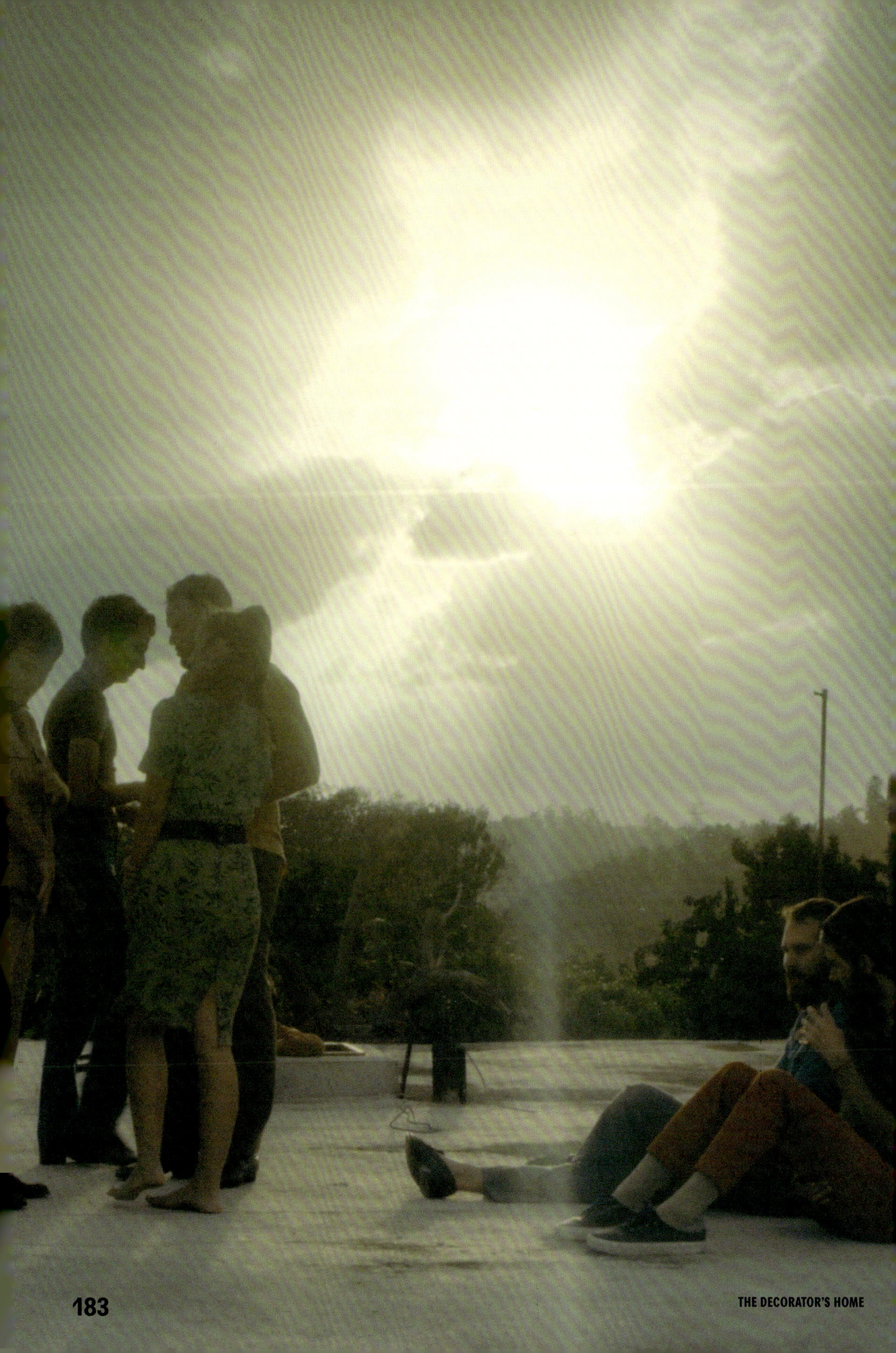

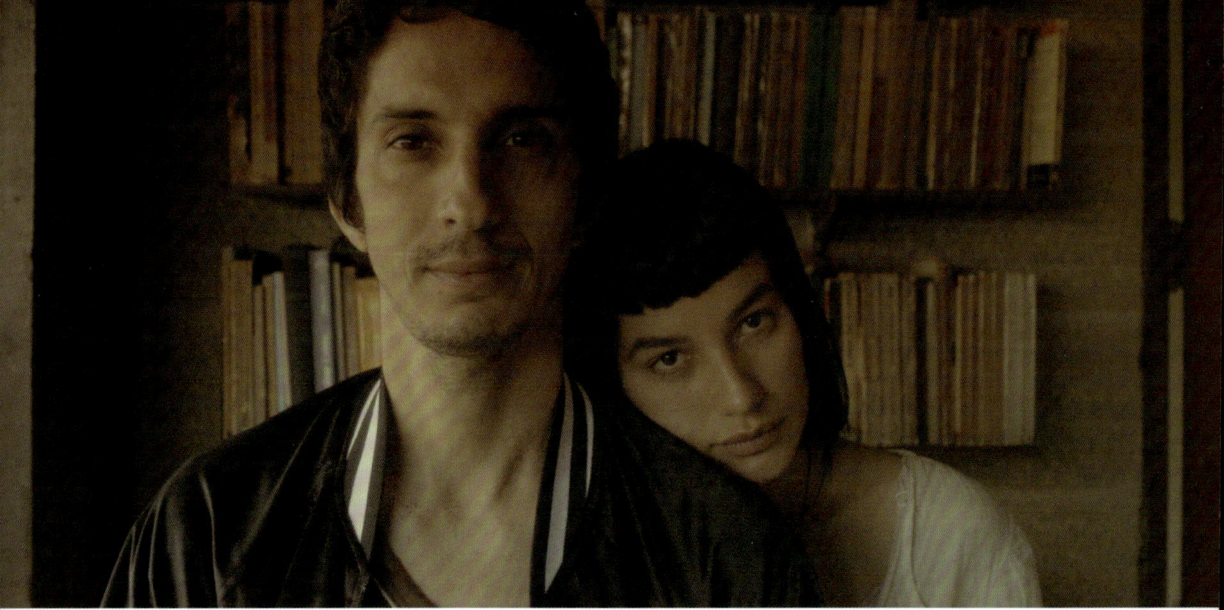

GENERACIÓN **2019**
Video 2K, single channel, video projection, color, stereo sound Video 2k, monocanal, video proyección, color, sonido estéreo **06:45 (ed. 5 + 2 AP)**
Courtesy of Cortesía de **Albarrán Bourdais, Madrid; KOW, Berlin; Nara Roesler, São Paulo**
Collection Colección **Cisneros Fontanals Art Foundation (CIFO), Miami (ed. 1/5)**

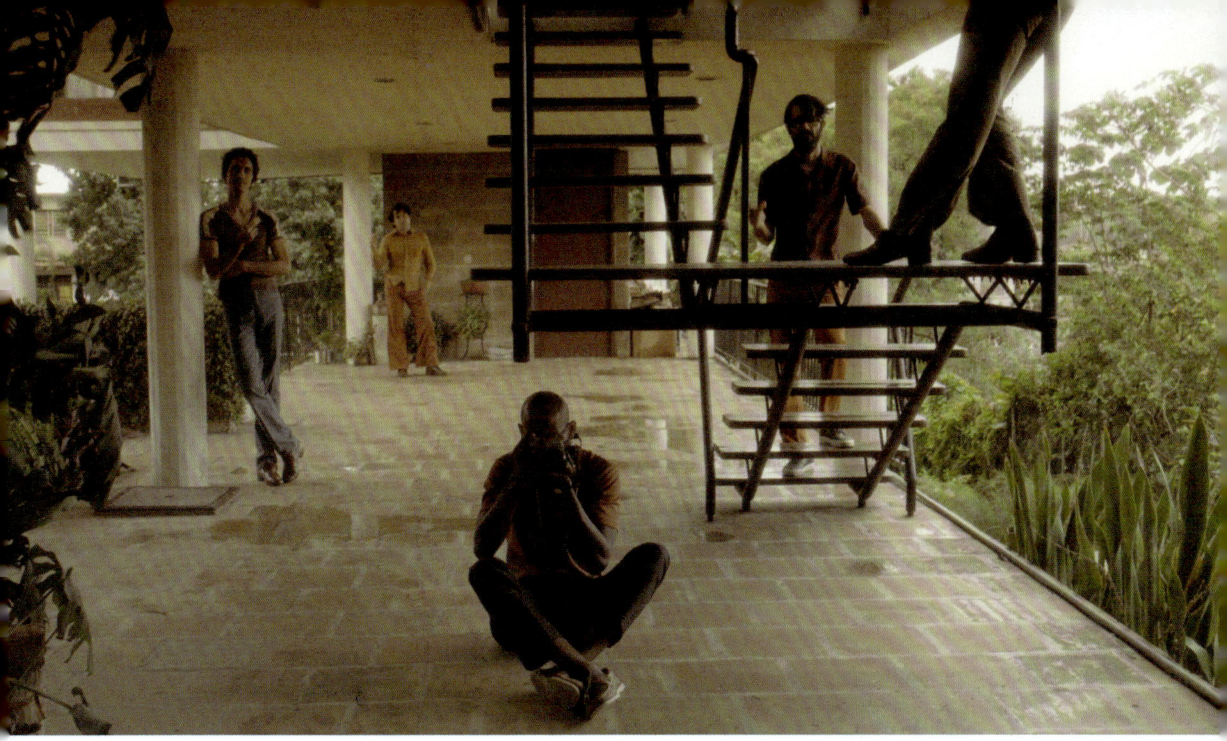

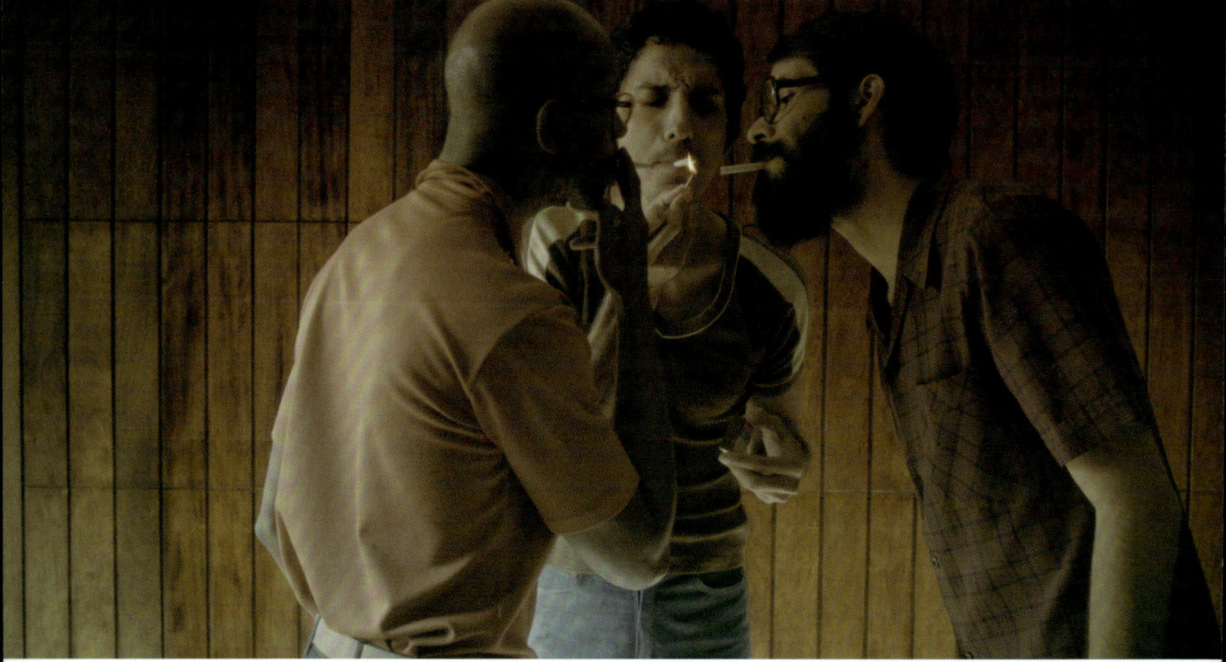

GENERACIÓN **2019**
Video 2K, single channel, video projection, color, stereo sound Video 2k, monocanal, video proyección, color, sonido estéreo **06:45 (ed. 5 + 2 AP)**
Courtesy of Cortesía de **Albarrán Bourdais, Madrid; KOW, Berlin; Nara Roesler, São Paulo**
Collection Colección **Cisneros Fontanals Art Foundation (CIFO), Miami (ed. 1/5)**

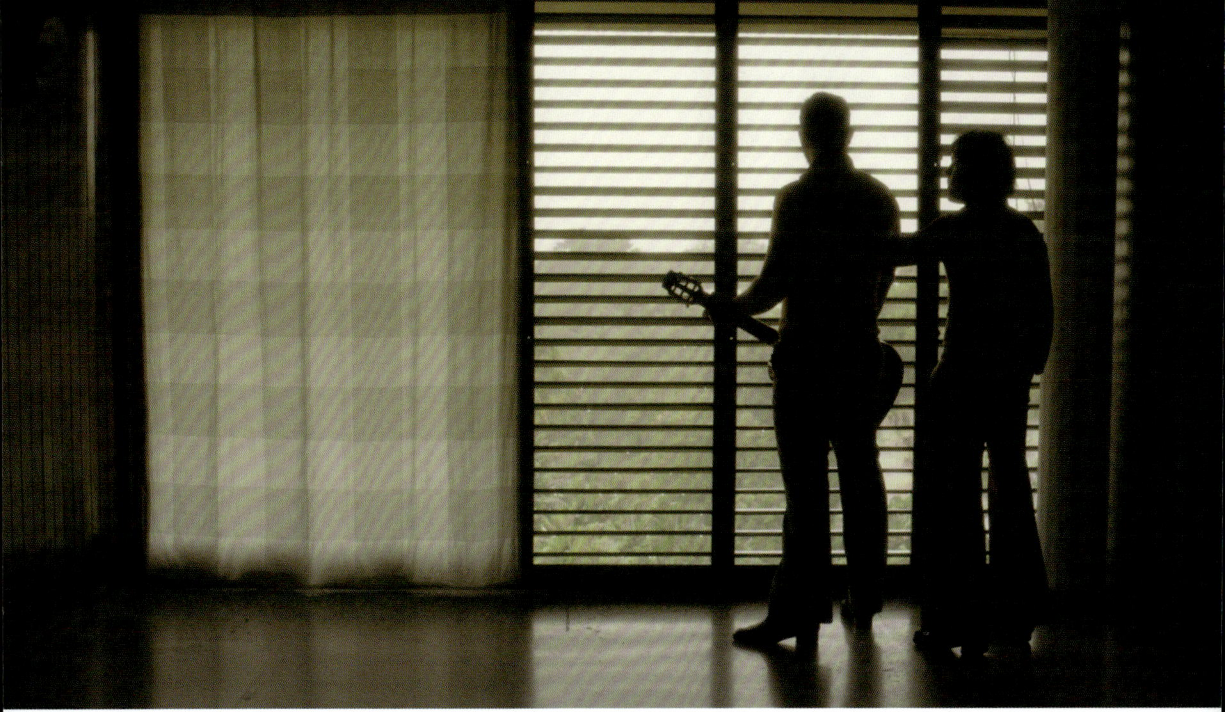

GENERACIÓN **2019**
Video 2K, single channel, video projection, color, stereo sound Video 2k, monocanal, video proyección, color, sonido estéreo **06:45 (ed. 5 + 2 AP)**
Courtesy of Cortesía de **Albarrán Bourdais, Madrid; KOW, Berlin; Nara Roesler, São Paulo**
Collection Colección **Cisneros Fontanals Art Foundation (CIFO), Miami (ed. 1/5)**

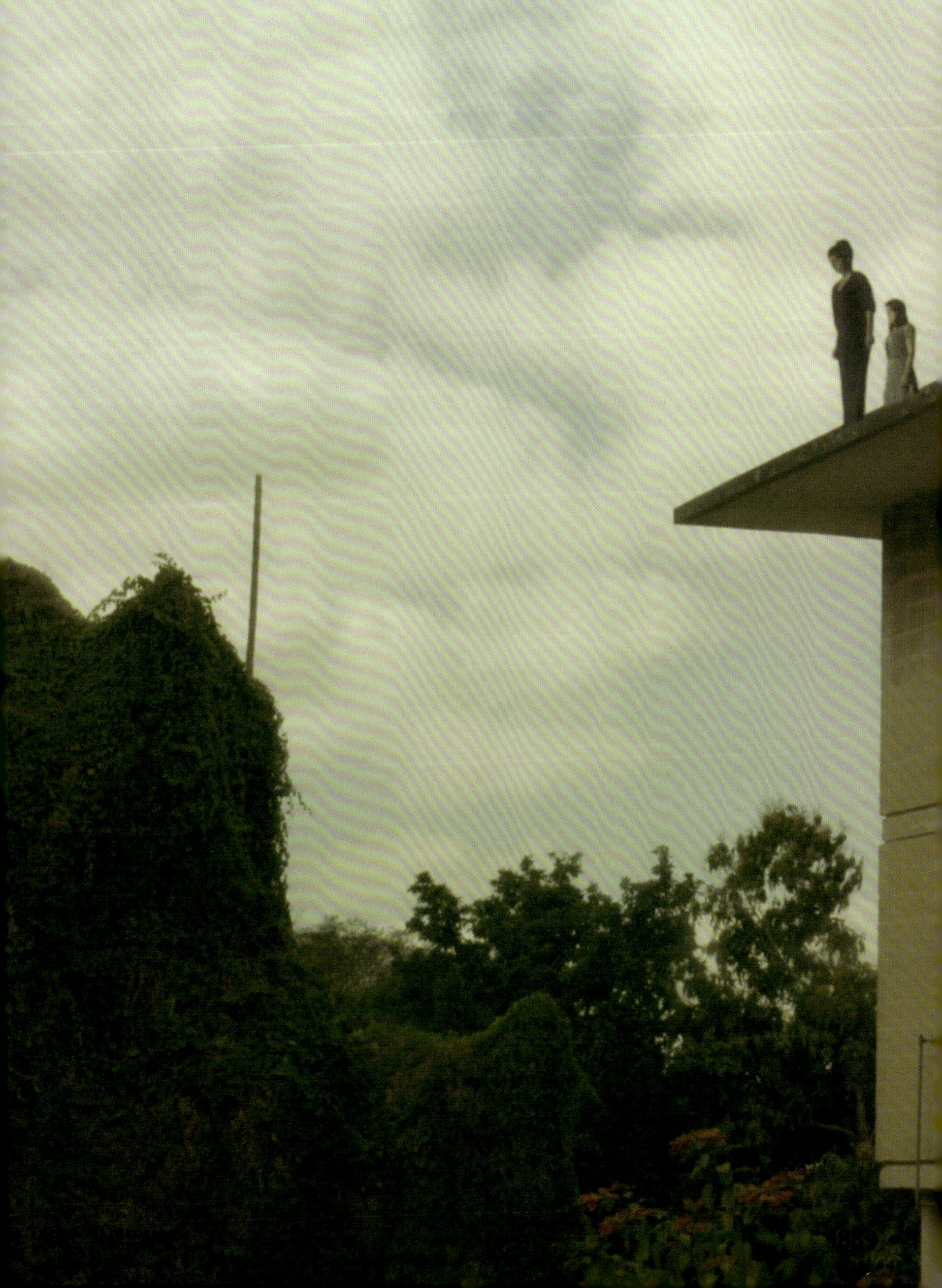

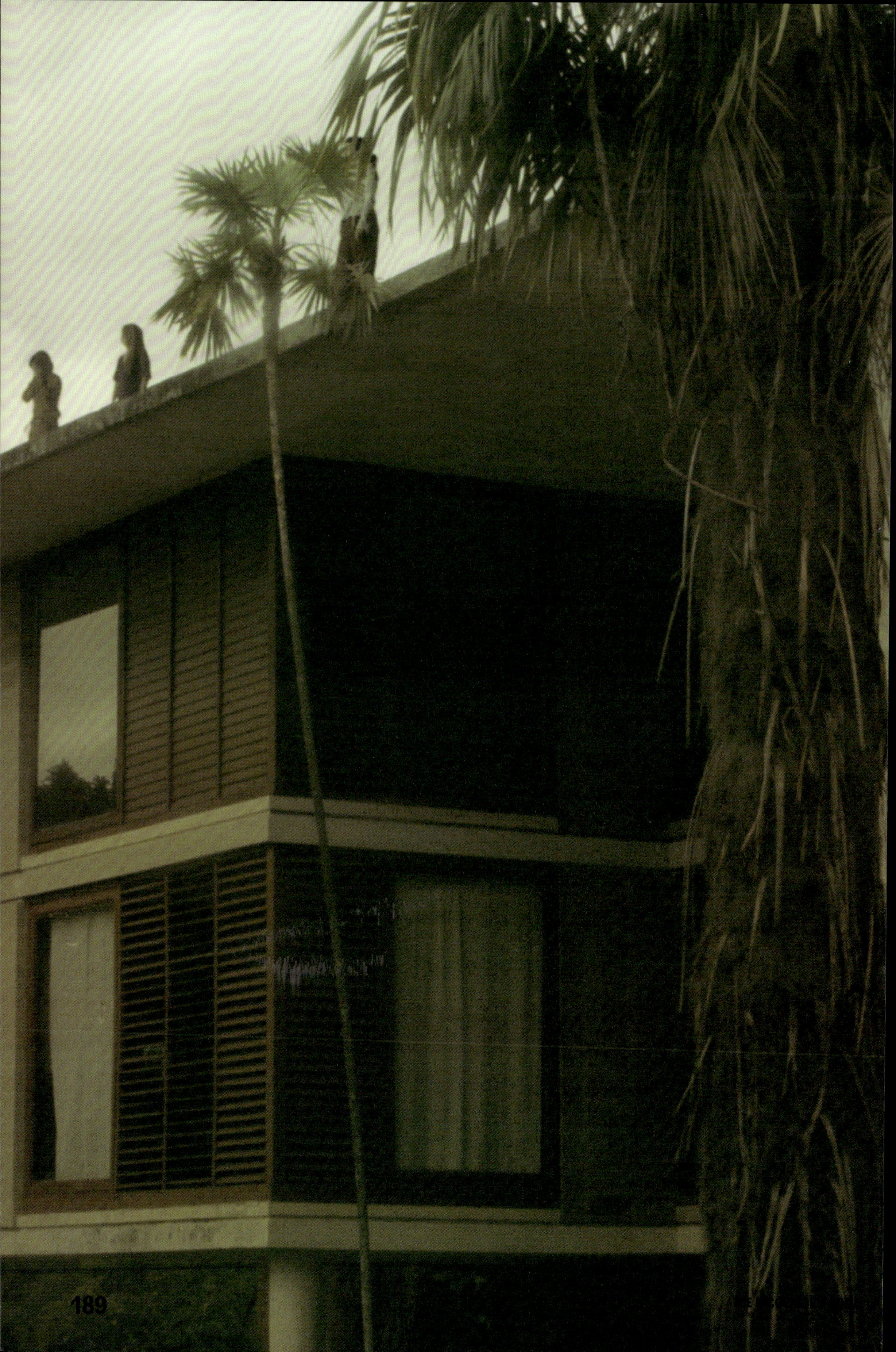

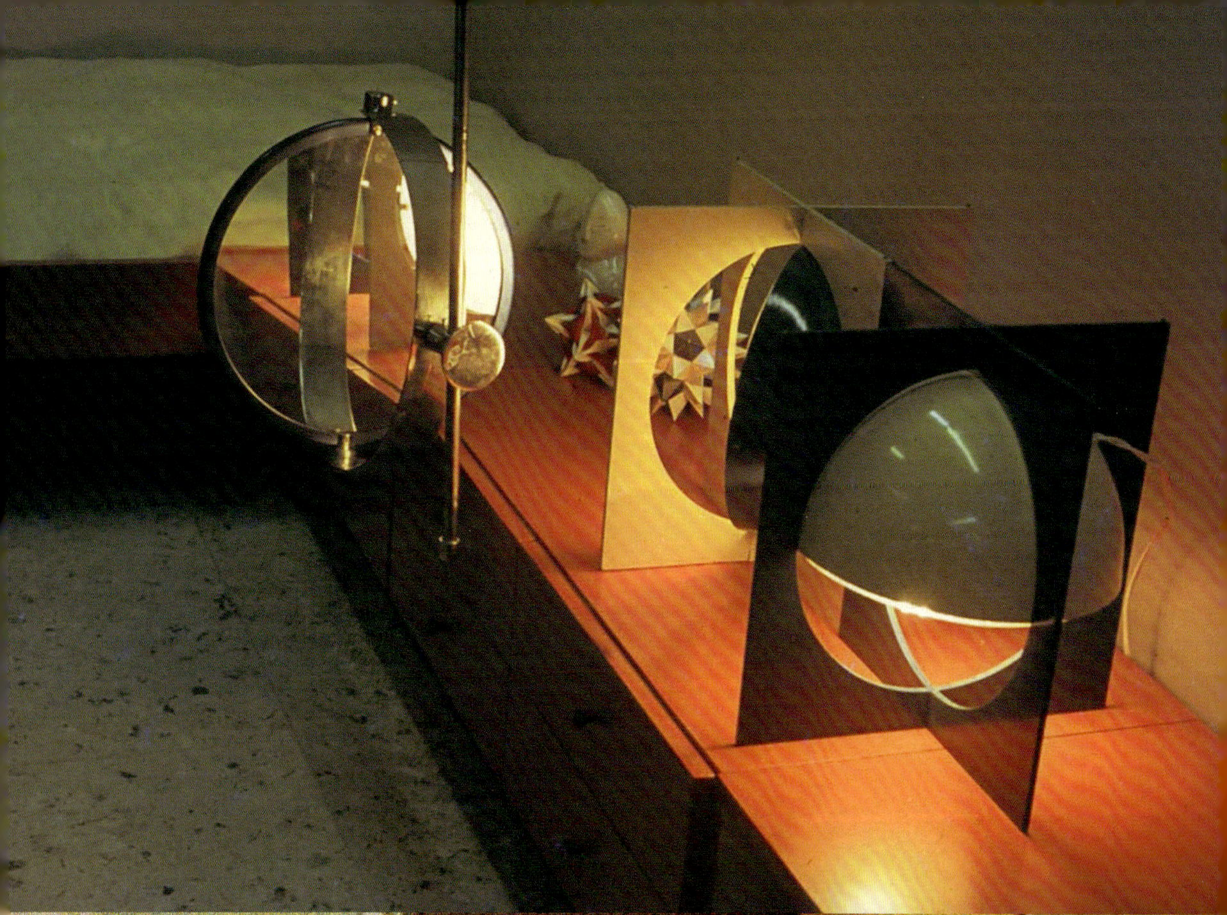

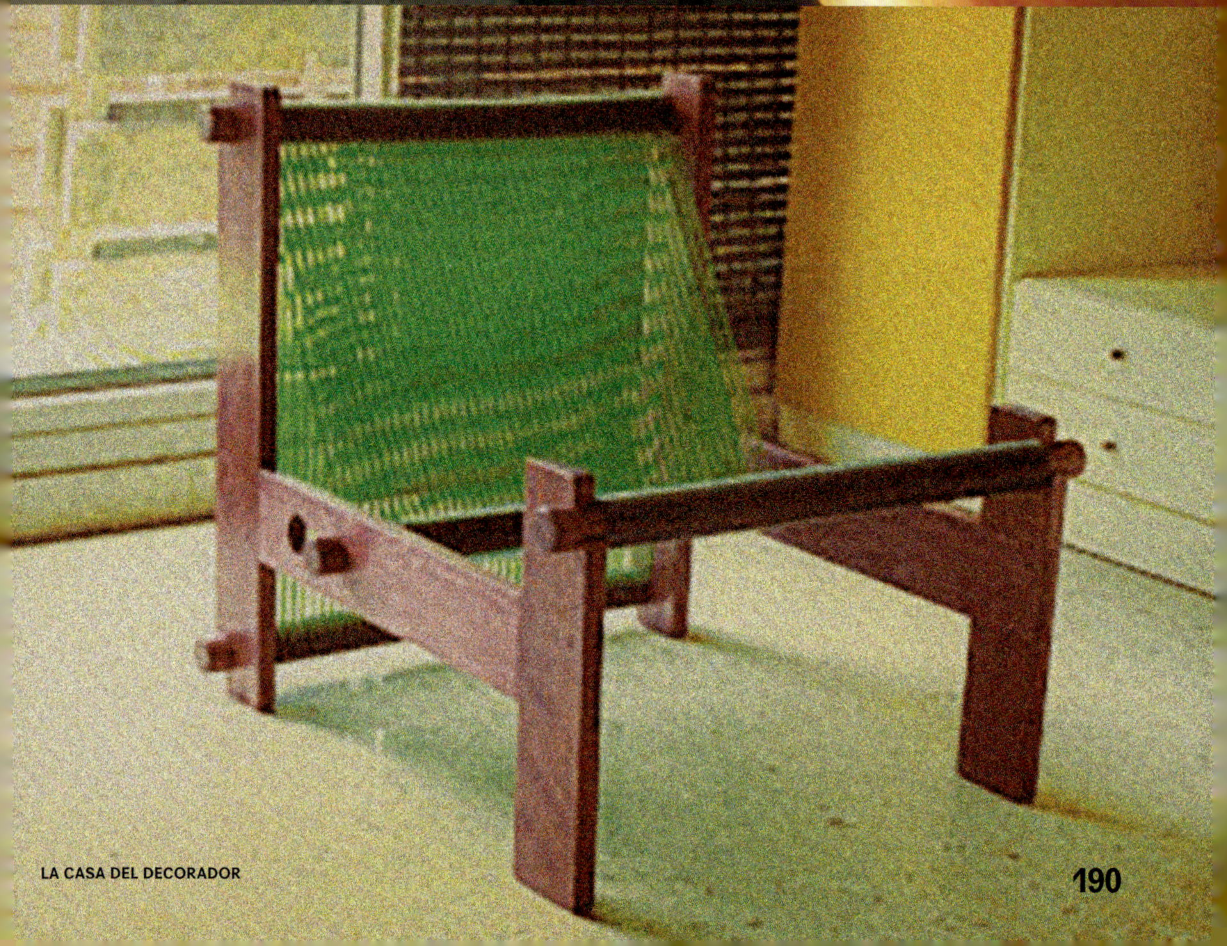

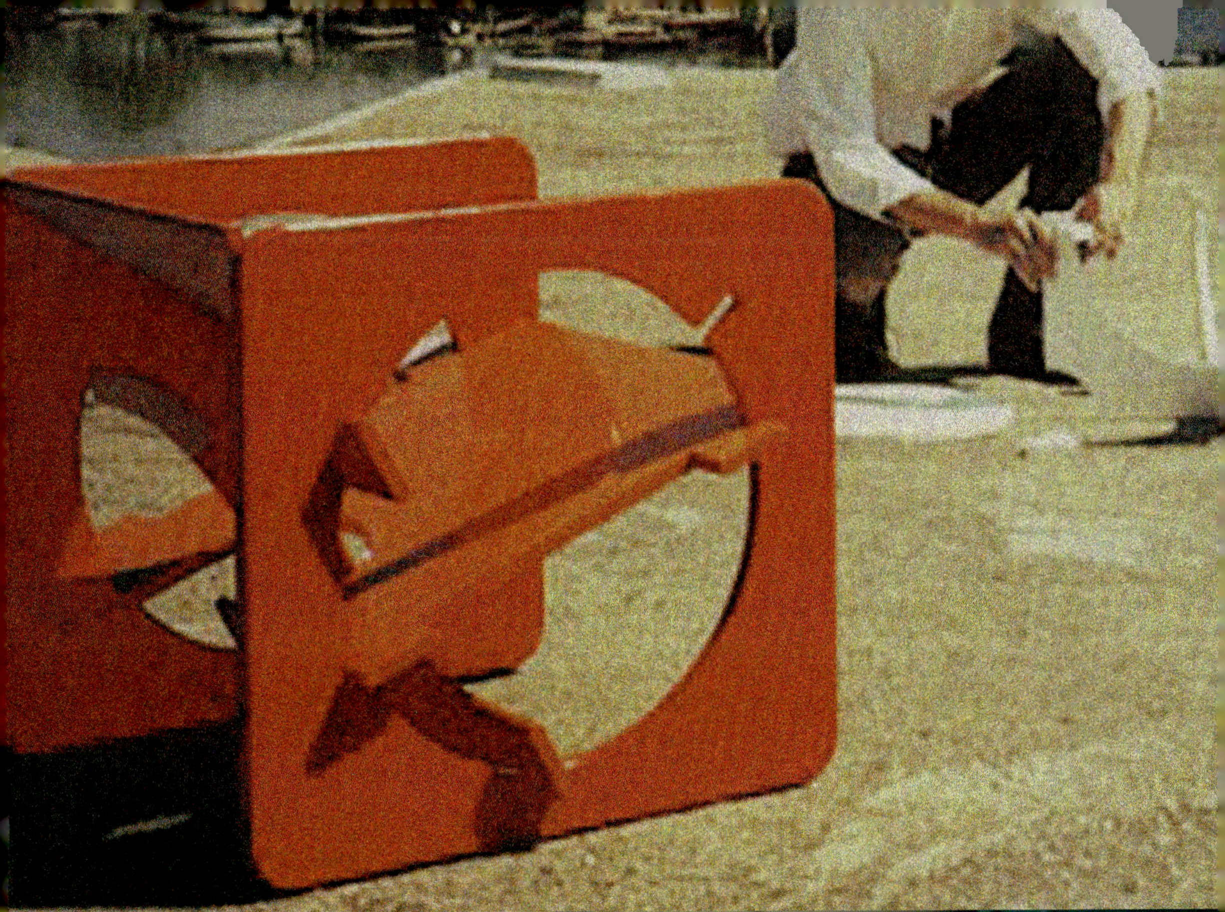

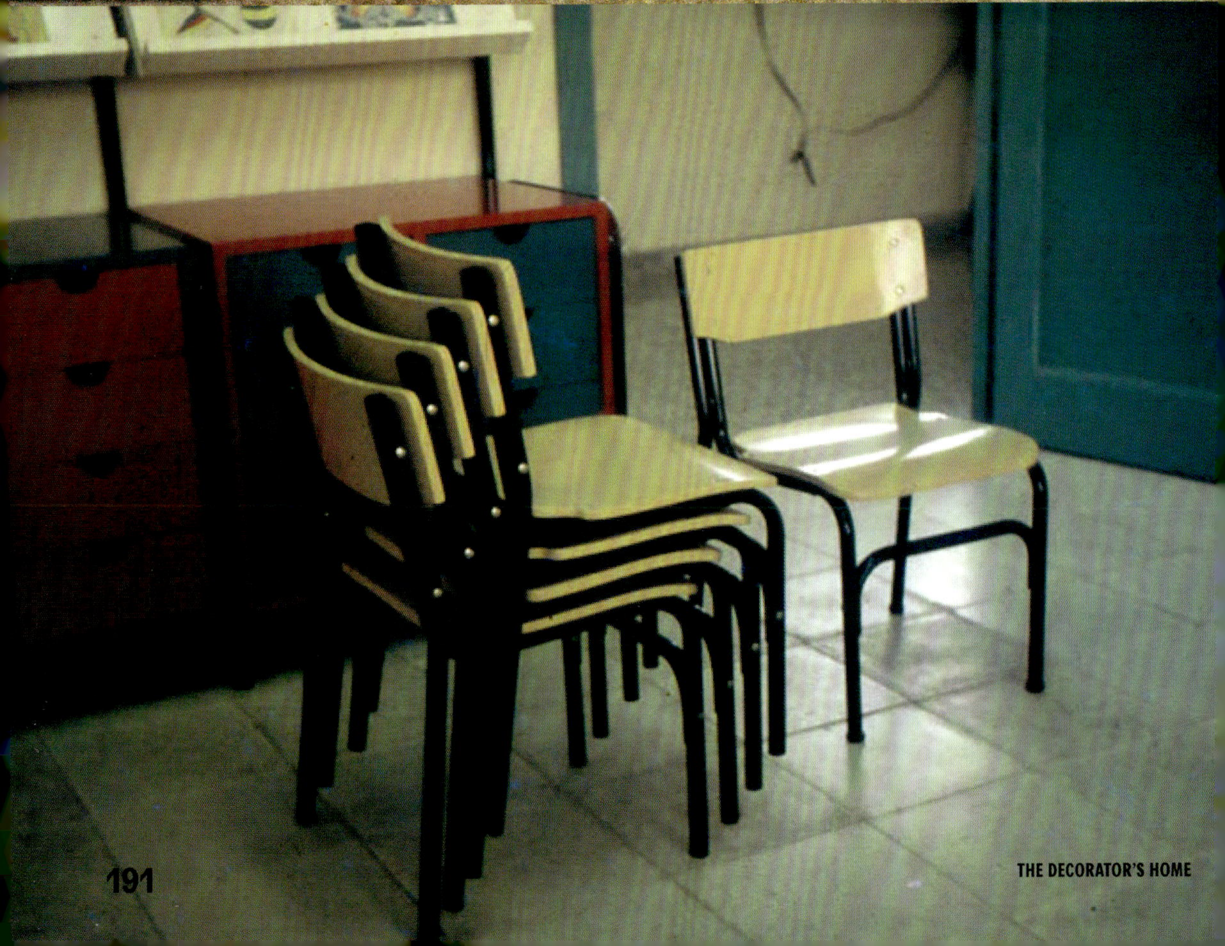

MARCO A. CASTILLO (1971) es un artista cuya práctica reflexiona sobre los cambios que afectaron el entorno social y cultural en los primeros años de la utopía socialista en Cuba. Fue fundador del colectivo artístico Los Carpinteros, junto a Alexandre Arrechea y Dagoberto Rodríguez. En 2018, Marco inició su trayectoria como artista independiente; desde entonces ha desarrollado una obra prolífica que lleva al límite materiales tradicionales como la madera de caoba y la tela de ratán, con una profunda exploración de la modernización de Cuba durante los años 60 y 70.

El trabajo de Marco se distingue por crear instalaciones, dibujos y esculturas que se relacionan con el espacio y negocian la funcionalidad de los objetos, a menudo expresados de manera satírica. Como parte de su trabajo de archivo, Marco ha investigado a figuras fundamentales del diseño industrial cubano, aspecto que se refleja en sus piezas, recordando una "generación olvidada" de diseñadores que son trastocados por la visión personal del artista.

Su obra está representada en las colecciones institucionales y privadas más grandes del mundo como la Tate Modern, Londres, Reino Unido; el Museum of Modern Art, Nueva York, EE. UU.; el Centre Georges Pompidou, París, Francia; el Museo Nacional Centro de Arte Reina Sofía, Madrid, España; la Cisneros Fontanals Art Foundation, Miami, Florida, EE. UU.; Daros Latinamerica Collection, Zúrich, Suiza; y el Whitney Museum of American Art, Nueva York, EE.UU., entre otras.

MARCO A. CASTILLO (1971) is an artist whose practice examines the profound social and cultural shifts that shaped the early years of Cuba's socialist utopia. He is a founding member of the renowned artistic collective Los Carpinteros, alongside Alexandre Arrechea and Dagoberto Rodríguez. In 2018, Castillo embarked on a solo career. Since then, he has developed a prolific body of work that pushes traditional materials like mahogany and rattan to their expressive limits, delving deeply into Cuba's modernization during the 1960s and 1970s.

Castillo's art spans installations, drawings, and sculptures that engage with spatial dynamics and interrogate the functionality of objects, often with a satirical edge. His archival research into key figures of Cuban industrial design informs much of his work, honoring a "forgotten generation" of designers while reimagining their contributions through his own distinctive lens.

His works are represented in some of the world's most prestigious institutional and private collections, including Tate Modern, London,UK; the Museum of Modern Art, New York, USA; the Centre Georges Pompidou, Paris, France; the Museo Nacional Centro de Arte Reina Sofía, Madrid, Spain; the Cisneros Fontanals Art Foundation, Miami, USA; the Daros Latinamerica Collection, Zurich, Switzerland; and the Whitney Museum of American Art, New York, USA, among others.

DOROTHÉE DUPUIS es curadora, editora e historiadora de arte. Su trabajo se enfoca en las prácticas artísticas que materializan las tensiones causadas por la reformulación constante de las políticas de identidad dentro de las estructuras de poder del capitalismo tardío. Analiza estas problemáticas desde perspectivas decoloniales, antirracistas y el materialismo trans/feminista.

Es fundadora y directora de Temblores Publicaciones, además de ser parte del consejo editorial de la revista caribeña *Faire-Mondes*. También fue fundadora y directora (2013 - 2022) de la revista *Terremoto*. En los últimos años, ha curado exposiciones en espacios como el Laboratorio Arte Alameda, Galería La Nao y el Museo de Arte Zapopan, en México; Pivô Arte e Pesquisa, en São Paulo, Brasil; y el Festival Lille3000, en Francia, entre otros. Es candidata a doctora en Historia del Arte por la Universidad Nacional Autónoma de México (UNAM), para lo cual realizó una estancia de investigación en la Villa Médicis, en Roma, durante 2022 - 2023. Antes de mudarse a México, fue curadora adjunta en el Centro Pompidou (2005 - 2007), y directora de Triangle-Astérides, un centro de arte y residencias sin fines de lucro en Marsella (2007 - 2012).

TORRIVILLA es escritor multidisciplinario, especializado en Arte Contemporáneo y Estudios Críticos de la Cultura en América Latina y candidato a doctor en Historia del Arte por la Universidad Nacional Autónoma de México (UNAM). Es autor de *El círculo de la rosa* (2024) y fundador de la plataforma de arte y relaciones institucionales Procuraduría. También es asesor estratégico para proyectos académicos, audiovisuales y periodísticos en torno a la cultura contemporánea. Ha trabajado para iniciativas en el New Inc. del New Museum, en Nueva York, la UNAM y Fundación FEMSA. Es profesor en la Maestría en Estudios Curatoriales de la UNAM y de Estudios Humanísticos en el Tecnológico de Monterrey.

DOROTHÉE DUPUIS is a curator, editor, and art historian whose work critically engages with artistic practices that reflect and interrogate the ongoing tensions of identity politics within the power structures of late capitalism. Her approach is deeply informed by decolonial, anti-racist, and trans-feminist materialist perspectives.

Dupuis is the founder and director of *Temblores Publicaciones* and serves on the editorial board of the Caribbean magazine *Faire-Mondes*. She was also the founder and director (2013 - 2022) of the magazine *Terremoto*.

In recent years, Dupuis has curated exhibitions at prominent institutions such as Laboratorio Arte Alameda, Galería La Nao, and Museo de Arte Zapopan in Mexico; Pivô Arte e Pesquisa in São Paulo, Brazil; and Festival Lille3000 in France, among others.

She is currently pursuing a PhD in Art History at the Universidad Nacional Autónoma de México (UNAM), a path that included a research residency at the Villa Medici in Rome during 2022–2023. Prior to her move to Mexico, she was assistant curator at the Centre Pompidou (2005–2007) and served as director of Triangle-Astérides, a non-profit art and residency center in Marseille (2007–2012).

TORRIVILLA is a multidisciplinary writer specialized in Contemporary Art and Critical Cultural Studies in Latin America. He is a PhD candidate in Art History at the Universidad Nacional Autónoma de México (UNAM). Torrivilla is the author of *El círculo de la rosa* (2024) and founder of the art and institutional relations platform Procuraduría. He also serves as a strategic advisor for academic, journalistic and media projects related to contemporary culture. He has collaborated on initiatives with New Inc. at the New Museum in New York, UNAM, and Fundación FEMSA. He is currently a professor in the Master's Program in Curatorial Studies at UNAM and in Humanistic Studies at Tecnológico de Monterrey.

AGRADECIMIENTOS DEL ARTISTA

Mi más profundo agradecimiento a quienes han hecho posible esta publicación: Randy Shull, Hedy Fisher, Nara Roesler, Eva Albarrán, Christian Bourdais y Cisneros Fontanals Art Foundation. Su apoyo ha sido esencial para que este libro vea la luz. Este proyecto tampoco habría sido posible sin el apoyo y la confianza de muchas personas e instituciones que han marcado mi vida y han sido fundamentales en el reinicio de mi práctica artística.

A Clary, mi amor, por su apoyo incondicional incluso en los momentos más difíciles y por ayudarme a restaurar mi confianza como creador. A mis hijos, por su paciencia y amor durante este proceso de transformación. A Susana Mohammad, por ser mi mano derecha y un pilar clave en esta nueva etapa.

A Ella Fontanals Cisneros, por su invaluable guía y consejos desde el conocimiento exhaustivo del sistema artístico, que seguirán iluminando mi camino. A mi gran amigo Abel González, mi socio en esta excitante aventura e investigación. A Andrew Satake Blauvelt y Laura Mott, por su entusiasmo y colaboración en desempolvar y revitalizar el legado del diseño moderno cubano. A Dorothée Dupuis, editora de este libro y curadora de la tercera saga de *La casa del decorador*. A KOW, Berlín, por su colaboración y acompañamiento en este camino, y a Marcos Ruiz.

A la generación de arquitectos y diseñadores en los que se inspira este proyecto: Gonzalo Córdoba, María Victoria Caignet, Reinaldo Togores, Heriberto Duverger, María Teresa Muñiz Riva, Eva Björklund, Joaquín Galván, Rodolfo Fernández Suárez (Fofi), Félix Beltrán, Fernando Salinas, Antonio Quintana, Frank Martínez, Hugo D`Acosta, Mercedes Álvarez, Gladys Bidot y otros.

A Laura Córdoba, Luis Ramírez y Lourdes A. Hernández, por su invaluable ayuda en la investigación y su experiencia sobre diseño cubano.

Finalmente, a todos los que han creído en mí, directa o indirectamente, gracias por ser parte de esta revolución creativa y personal. Este libro es también un reflejo de ustedes.

AGRADECIMIENTOS DE TEMBLORES PUBLICACIONES

Temblores Publicaciones agradece a Marco A. Castillo por su generosidad y confiar este nuevo momento de su práctica artística en nosotrxs. Su obra nos ha guiado a los pliegues de una historia contradictoria y compleja a través de un espacio íntimo y privado como es la decoración de interiores, dotándolo de una dimensión de trabajo de archivo y pública. Agradecemos a Susana Mohammad por el acompañamiento cuidadoso y apasionado por la historia de Cuba y del diseño industrial, sin su ojo, organización y voz este libro no hubiera sido posible. De igual manera, agradecemos a Gabriela Maskrey y Roxana Ishii por su visión gráfica que permitió construir un diseño tan potente, así como su plena disposición para dialogar y trabajar en conjunto. Y finalmente, a lxs correctorxs y a la traductora, quienes nos han ayudado a consolidar este proyecto con dedicación y cuidado.

ARTIST'S ACKNOWLEDGMENTS

My deepest gratitude goes to those who made this publication possible: Randy Shull, Hedy Fisher, Nara Roesler, Eva Albarrán, Christian Bourdais, and Cisneros Fontanals Art Foundation. Your support has been instrumental in bringing this book to life. This project would not have been possible without the trust and encouragement of many individuals and institutions that have profoundly shaped my life and played a fundamental role in the resurgence of my artistic practice.

To Clary, my love, for her unwavering support during even the most challenging moments, and for helping me rebuild my confidence as a creator. To my children, for their patience and love throughout this transformative process. To Susana Mohammad, for being my right hand and a key pillar in this new phase of my journey.

To Ella Fontanals Cisneros, for her invaluable guidance and insights, rooted in her deep knowledge of the art world, which will continue to illuminate my path. To my dear friend Abel González, my partner in this exciting journey and research. To Andrew Satake Blauvelt and Laura Mott, for her enthusiasm and collaboration in uncovering and revitalizing the legacy of Cuban modern design. To Dorothée Dupuis, the editor of this book and curator of the third chapter of *La casa del decorador*. To KOW, Berlin, for their steadfast collaboration and support along the way, and to Marcos Ruiz.

To the generation of architects and designers who inspired this project: Gonzalo Córdoba, María Victoria Caignet, Reinaldo Togores, Heriberto Duverger, María Teresa Muñiz Riva, Eva Björklund, Joaquin Galván, Rodolfo Fernández Suárez (Fofi), Félix Beltrán, Fernando Salinas, Antonio Quintana, Frank Martinez, Hugo D`Acosta, Mercedes Alvarez, Gladys Bidot, and others.

To Laura Córdoba, Luis Ramírez, and Lourdes A. Hernández for their invaluable contributions to the research and their expertise on Cuban design.

Finally, to everyone who has believed in me—whether directly or indirectly—thank you for being part of this creative and personal revolution. This book is, in many ways, a reflection of you.

ACKNOWLEDGMENTS OF TEMBLORES PUBLICACIONES

Temblores Publicaciones thanks Marco A. Castillo for his generosity and for entrusting us with this new phase of his artistic practice. His work has guided us through the folds of a contradictory and complex history through the intimate and private space of interior decoration, while giving it an archival and public dimension. We also thank Susana Mohammad for her attentive and passionate commitment to the history of Cuba and industrial design. Without her sharp eye, organization, and voice, this book would not have been possible. Similarly, we thank Gabriela Maskrey & Roxana Ishii for their graphic intuition that helped give light to such a potent display of images, as well as for their openness to dialogue and collaboration. Finally, we thank the proofreaders and the translator, who helped us solidify this project with dedication and care.

Published by Publicado por — **Temblores Publicaciones**, **Nara Roesler Books**

Edited by Editado por — **Dorothée Dupuis**, **Jesús Antonio Villalobos Fuentes**

Texts by Textos de — **Marco A. Castillo & Dorothée Dupuis**, **Torrivilla**

Research Investigación — **Susana Mohammad**, **Fernando Villegas**

Editorial design Diseño editorial — **Te MATA**

TEMBLORES PUBLICACIONES

Executive Direction Dirección ejecutiva — **Dorothée Dupuis**
Editorial Direction Dirección editorial — **Dorothée Dupuis**
Editorial Coordination Coordinación editorial — **Jesús A. Villalobos Fuentes**
Editorial Assistance Asistencia editorial — **Fernando Villegas**
Editorial Team Equipo editorial — **Ana Gabriela García**
Administrative Team Equipo administrativo — **Ana Rosella Arce Prado**, **Ana Laura Martínez Jaramillo**
Copyediting in Spanish Corrección de estilo en español — **Manuel Alejandro Ladino Rodríguez**, **Ana Laura Martínez Jaramillo**
English Translation Traducción al inglés — **Odina Skartados**
Copyediting in English Corrección de estilo en inglés — **Ellen Freeman**, **Ana Rosella Arce Prado**, **Chloé Wilcox**
Interns Pasantes — **Diana Laura Hernández Estrada**, **Andrés García Contreras**, **Mariel Atta Delgado**, **Eduardo Ricardo Cruz Ibarra**

MARCO A. CASTILLO STUDIO

Studio Manager Coordinadora de estudio — **Susana Mohammad**

Studio staff Personal del estudio — **Marysabel Castillo**, **Ángel Luis Peña**, **Alejandro Montañéz**, **Isaac Lomas**

NARA ROESLER BOOKS

Founders Fundadores — **Nara Roesler**, **Daniel Roesler**, **Alexandre Roesler**
President Presidente — **Alexandre Roesler**
Curatorial Director Director curatorial — **Luis Pérez-Oramas**
Director Director — **Luiz Vieira**

Front and back cover image
Imagen de portada y contraportada
WAKAMBA 10 **2022**
Museum Board Cartón museo **140 x 200 x 2.6 cm**
Photography Fotografía **David Avilés**
Courtesy of Cortesía de **Nara Roesler, São Paulo**
Private collection Colección privada

ISBN: 978-607-99397-9-3

First edition, 2025
Primera edición, 2025

Printed and made in Mexico
Impreso y hecho en México

DISTRIBUTION IN MEXICO AND LATIN AMERICA
DISTRIBUCIÓN EN MÉXICO Y LATINOAMÉRICA
Temblores Publicaciones
Calle del Artículo 123 116-100, Colonia Centro, Cuauhtémoc,
06040 Mexico City, Mexico Ciudad de México, México
info@temblores.mx **www.temblores.mx**

DISTRIBUTION IN BRAZIL DISTRIBUCIÓN EN BRASIL
Nara Roesler Books
Av. Europa, 655, São Paulo, SP CEP 01449-001
shop.nararoesler.art

DISTRIBUTION IN THE UNITED STATES OF AMERICA AND CANADA
DISTRIBUCIÓN EN ESTADOS UNIDOS Y CANADÁ
ARTBOOK | D.A.P.
75 Broad Street, Suite 630 New York, NY 10004
www.artbook.com

DISTRIBUTION IN EUROPE DISTRIBUCIÓN EN EUROPA
Les presses du réel
35 Rue Colson, 21000 Dijon, France Francia
info@lespressesdureel.com
www.lespressesdureel.com

Printed in February 2025, at the workshops of OFFSET SANTIAGO in Toluca, Estado de México. The typeset is AGIPO, and it was printed on 115-gram glossy couché paper. This edition is limited to 1000 copies.
Impreso en febrero de 2025, en los talleres de OFFSET SANTIAGO en Toluca, Estado de México. Se utilizó la tipografía AGIPO, y se imprimió sobre papel couché brillante de 115 gr. Se tiraron 1000 ejemplares.

[6p] **Gonzalo Córdoba (Muebles Dujo)** ***BUTACA HABANA*** **1968**
Exhibition Exposición ***CUBARAMA*****, Nevers, France** Francia **1968**
Courtesy of Cortesía de **Archivo de Laura Córdoba**

[6p] **Reinaldo Togores** ***LA ROJA*** **1971**
Courtesy of Cortesía de **Archivo de Reinaldo Togores & María Teresa Muñiz**

[7p] **GONZALO CÓRDOBA** **Furniture and interiors of** Mobiliario e interiores de **Cafetería-bar Wakamba, Havana** La Habana **1956**
Courtesy of Cortesía de **Archivo de Laura Córdoba**

[7p] **REINALDO TOGORES, MARIA TERESA MUÑIZ & HERIBERTO DUVERGER**
Exhibition Exposición ***MUEBLEPARED*** **Havana** La Habana **1971** **Photography** Fotografía **Reinaldo Togores** **Courtesy of** Cortesía de **Archivo de Reinaldo**

[70p] **María Teresa Muñiz** **Furniture for the Experimental School of the Plastic Footwear Factory** Mobiliario para la Escuela Experimental de la Fábrica de calzado plástico, **Havana** La Habana **1970** **Courtesy of** Cortesía de **Archivo de Reinaldo Togores & María Teresa Muñiz Togores & María Teresa Muñiz**

[70p] **Gonzalo Córdoba** **Furniture and interiors of** Mobiliario e interiores de **Cafetería Kimboo between** entre **Galiano & Concordia** **Havana** La Habana **1957**
Courtesy of Cortesía de **Archivo de Laura Córdoba**

[71p] **Gonzalo Córdoba** **Furniture and interiors of** Mobiliario e interiores de **Hotel Cerreto Lago, Reggio Emilia, Italy** Italia **n.d.** sf
Courtesy of Cortesía de **Archivo de Laura Córdoba**

[71p] **María Teresa Muñiz** ***ROMPECABEZAS*** **1970** **Children's furniture system** Sistema de mobiliario para niños **Havana** La Habana
Courtesy of Cortesía de **Archivo de Reinaldo Togores & María Teresa Muñiz**

[190p] **María Teresa Muñiz** ***LÁMPARA ESFERAS*** **1971** **Exhibition** Exposición ***MUEBLEPARED*** **Havana** La Habana **1971**
Photography Fotografía **Reinaldo Togores**
Courtesy of Cortesía de **Archivo de Reinaldo Togores & María Teresa Muñiz**

[190p] **Reinaldo Togores** ***LA VERDE*** **1971** **Furniture for Fernando Salinas' Multiflex Modular Housing System** Mobiliario para el Sistema de Viviendas Modular Multiflex de **Fernando Salinas, Wajay, Cuba** **Courtesy of** Cortesía de **Archivo de Reinaldo Togores & María Teresa Muñiz**

[191p] **Heriberto Duverger** ***BUTACA YAB YUM*** **ca. 1968 - 1972**
Courtesy of Cortesía de **Archivo de Reinaldo Togores & María Teresa Muñiz**

[191p] **María Teresa Muñiz** **Furniture for the Experimental School of the Plastic Footwear Factory** Mobiliario para la Escuela Experimental de la Fábrica de calzado plástico **Havana** La Habana **1970**
Courtesy of Cortesía de **Archivo de Reinaldo Togores & María Teresa Muñiz**

[199p] ***CÍRCULO SOCIAL OBRERO (5 ELEMENTOS C)*** **2024** **Mahogany, rattan** Caoba, ratán **237.8 x 153 x 24.7 cm** **Private collection** Colección privada

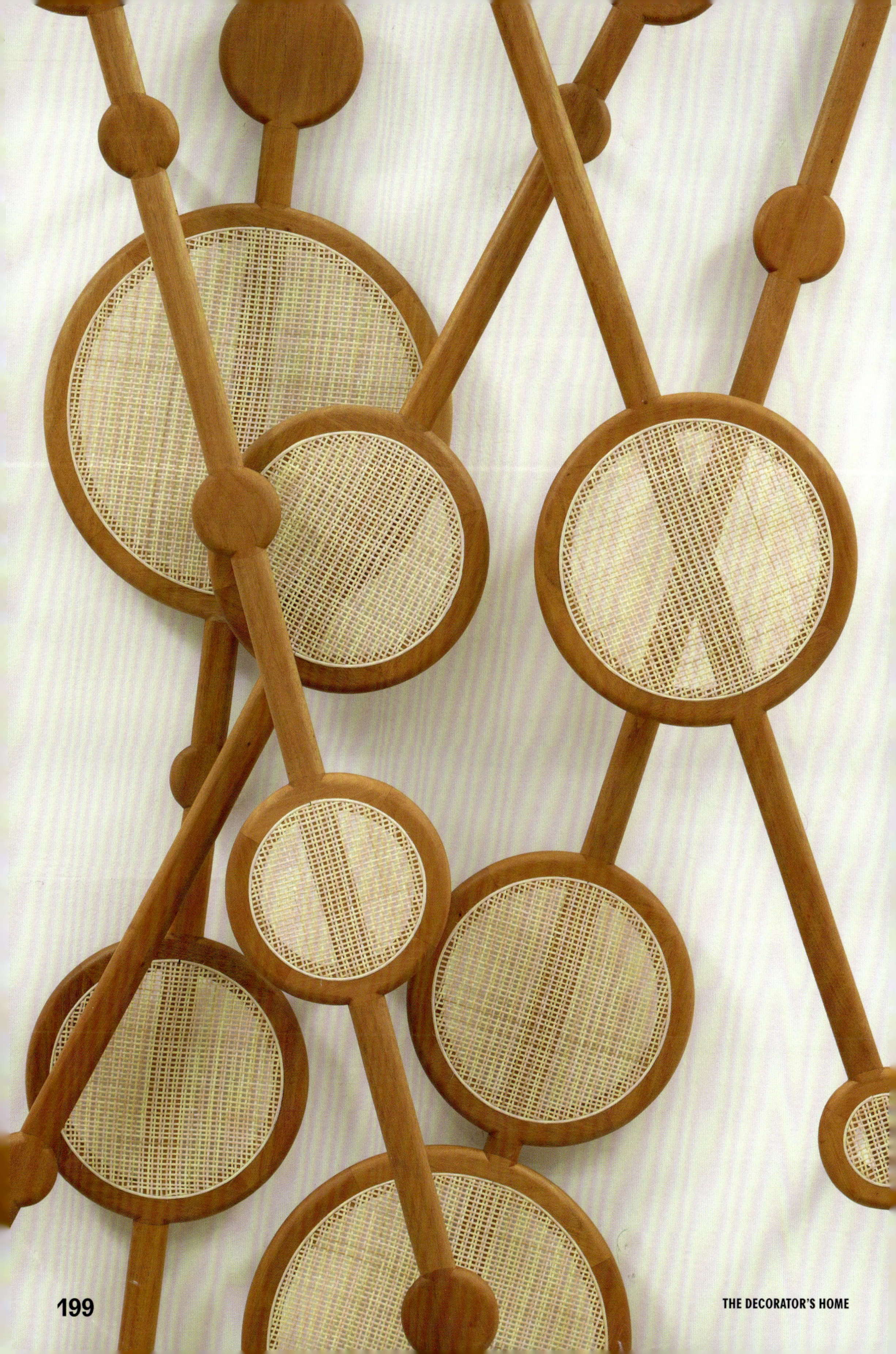

LA CASA DEL DECORADOR

MARCO A. CASTILLO